連清吉　著

日本江戶後期以來的莊子研究

臺灣學生書局印行

自序

江戶後期是指享保（一七一六～一七三五）到幕末（一八五〇～一八八六）的一百五十年。從思想史的觀點來說，開始批判傳統學術，對於中國學的承受方面，當時的知識分子大抵能消化中國的學術思想，除了江戶初期以來所重視的宋明理學外，江戶以前的五經正義之經學傳承，即漢唐注疏再度成爲研究的對象。而特別値得一提的是，當時中國本土最新的研究——明清的注釋——也經常被引用。幕府初期以程朱理學爲官學，因此，宋學大行於世。隨著這個趨勢，對於莊子的理解也以宋代林希逸的《莊子鬳齋口義》爲根據。但是古學派，即伊藤仁齋提倡直探聖人本義的古義學，荻生徂徠以古文獻發揮聖人著述要旨的古文辭學派興起，程朱官學就逐漸式微。仁齋的古義，大抵止於經學的研究，徂徠的古文辭學則兼及諸子。因此，對《莊子》的研究，徂徠的影響比較大。徂徠門下在反程朱學的旗號下，主張捨棄林希逸的《老莊口義》，而以王弼《老子注》、郭象《莊子注》來理解老莊思想。

日本江戶後期的《莊子》注本，特別是中井履軒的《莊子雕題》、龜井昭陽的《莊子瑣說》和帆足萬里的《莊子解》旁徵郭象注、成玄英疏、林希逸口義等十數家的注解，尤其是中國最新的《莊子》注本，如明朱得之的《莊子通義》、陸西星的《南華眞經副墨》、沈一貫的《莊子通》、焦弱侯的《莊子翼》、清胡文英的《莊子獨見》、林西仲的《莊子因》等經常被徵引。這或許可以說江戶後期『莊子』注釋者頗留意於中國本土最新的研究，進而以學問研究的先端意識進行學術研究。就日本江戶時代的《莊子》研究史而言，這個時期不但承繼五山時代流行的郭象《莊子注》和江戶初期以來盛行的林希逸《莊子口義》的傳承，在學術趨勢的影響下，也注目中國最新出版的注本，從事研究以提出新的見解。因此，就傳統與創新的意識而有特出的研究成果而言，這個時期的研究可以說是江戶時代《莊子》研究的全盛期。

所謂「寓言十九」，大抵可以用寓言推敲《莊子》的全貌，對《莊子》思想作通盤的理解。然後以實存義、即「因是」與轉換義、即「兩行」，來分析《莊子》由齊物論而逍遙遊，由工夫而境界的思想架構。

《莊子》思想的闡述是研究所以來經常思索的問題，是對黃錦鋐、王邦雄二位先生的《莊子》詮釋系統所作的疏解。探討江戶後期《莊子》研究在江戶時代《莊子》解釋史的位置，則是留學東瀛以後，在町田三郎先生的指導下，以學問的意識，關懷彼邦中國學研究者所未必重視的「先哲學問」、即「漢學」的產物。

《日本江戶後期以來的莊子研究》只是以中國本土學術爲基礎而探究東洋漢學之研究的開始。承蒙中央研究院中國文哲研究所林慶彰教授之引介推薦，此書與《日本江戶時代的考證學家及其學問》乃得以出版，特誌謝忱。

連清吉

一九九八年春　序於福岡

日本江戶後期以來的莊子研究

目次

一、從文獻資料看日本江户時代的《莊子》研究

一、前言——江戶漢學的概況

日本漢學研究鼎盛於江戶時代（一六〇三～一八六七）的二百六十多年間。德川幕府掌政之初，爲建立其家天下的統治政體，鞏固其政令自將軍出的基業，乃探求某一學說思想，以作爲其階級統治的理論基礎，進而教化天下子民，使之奉行不渝。至於幕府何以導入朱子學，其原因有二。一者，是時日本本身的「國學」未興，西洋的洋學未入，爲學問僧及學者之間傳授切磋的是漢學，尤其自五山時代❶以來，以爲新學問的程、朱理學。幕府在別無選擇下，自然採用程、朱之學。再者，朱子學講倫常秩序，幕府掌政雖有篡逆之嫌，但天下人民長年

❶ 五山者，本爲南宋的官寺制度，日本仿此，於建長五年（一二五三），稱建長寺爲五山第一寺。建武元年（一三三四），移轉官寺中心至京都，列南禪寺、東福寺、建仁寺、建長寺、圓覺寺爲五山。其後，在幕府的保護下，禪林導入漢文學，開創五山文學。

驚慌於流離失所的戰亂綿延之餘，頗思安居苟涎，幕府當政，爭鬥止熄，適有喘息之機，得免於顛沛之苦，自不以幕府爲篡奪，甚且能聽從於將軍的政令。朱子學既爲平實之說❷，又重政治秩序，故爲幕府所用。而與德川幕府相終始，成爲江戶時代官學主要講授的思想，亦爲政教的主要依據。雖然如此，在這二百六十多年間，漢學研究並非只有程、朱一家之說而已，探究江戶時代的漢學研究流衍，大抵可區分爲三個時期❸：

第一期　家康將軍——吉宗（慶長八年～享保十二年，即一六〇三～一七三一）

朱子學勃興時期

受容時代

第二期　吉宗——家治（元文元年～天明八年，即一七三五～一七八八）

諸學隆盛時期

批判性受容時代

第三期　慶喜以下（寬政元年～明治元年，即一七八九～一八六七）

朱學一尊、官私對立時期

諸學大成時代

---

❷ 說引牧野謙次郎《日本漢學史》三，〈德川時代序論〉，頁一〇〇（昭和十八年，世界堂書店）。

❸ 江戶漢學之分期兼採牧野謙次郎及町田三郎先生之說。

茲略述其發展情形及各時期研究漢學的特徵於下。

德川初期，國學未興，幕府獎勵學術，僅能承襲前期，即鎌倉、足利時代的學術宗尚，亦即僧侶所傳授的朱子學。蓋五山時代以來，學問僧自中國學成歸返東瀛，以在中國所學的新學問，即《四書》的新詮釋以探究佛經大義。換而言之，以朱子《四書集註》爲最新穎的學問而輾轉傳承於日本。自此以來，朱註《四書》乃成爲日本漢學研究的主要依據，德川將軍掌政，爲鞏固其春秋大業，乃以朱子學爲其治國平天下的治具，進而委任藤原惺窩傳朱子學於全國。其後立惺窩的弟子林羅山爲「大學頭」，亦講朱子學。自此德川政權三百年，朱子學始終爲幕府官學。此爲江戶時代第一期學術的大勢，即接受中國學的時代。

十八世紀初期，一百多年的朱子學傳授，或有途窮的傾向，故元文元年（一七三五）以後，乃有朱子學非純粹孔門之學的學說興起，即主張不依據程、朱注疏而直探《論語》《孟子》眞義的「古學派」流行於日本學界一百多年，再者，「古學派」的學者，非但否定朱子學的儒學純粹性，甚且懷疑儒門經典的一致性，進而逐漸有本土意識的興起。如「古義學」的伊藤仁齋以爲《論語》二十卷，依形式體例而言，宜分爲前後各十卷。而「古文辭學」的荻生徂徠以爲《論語》不僅是道德實踐的經典；典章制度的陳述，亦爲其主題之一，宜與《周禮》《荀子》同爲探討先秦政治制度的重要依據。又徂徠以「國學」解釋中國典籍，使有志於漢學研究的初學者，能藉之理解中國原典。故不但漢學得以廣爲流傳，亦助長本土文化的滋生。此江戶時代第二期漢學的發展大勢。即對朱子學及中國古典成書之批判性反省，進而產生本土性意識。故可稱爲「批判性受容」的時代。

十八世紀末葉，幕府於寬政元年（一七八九），實施「異學之禁」，即獨尊朱子學而視古學、陽明學爲異端。於是產生官學與私學對立的形勢。亦即雖然昌平黌學問所及各藩藩校講習朱子學；而私人所設的私塾，依然有古學、陽明學、折衷學、考證學的傳授。再者，各藩藩校及私人興建的私塾，如春筍般的林立，故寬政以後，日本漢學教育極爲普及。最顯著的成效是，在此以前，人才往往出自江戶（東京）、京都及大阪，即所謂的「三都」。但是，此時以後，各地的藩校，甚且窮鄉僻壤，也有俊才的出現。如幕末昌平黌教授安井息軒，即爲九州東部一個小藩飫肥藩的子弟。至於此時的學術風尚，由於官學一尊，仍以程、朱之學爲正宗；而私學的研究，則轉趨於純學問的探究，特別是考證學派的學者，以清代考據學爲學問研究的新方法，乃專注於訓詁考據的研究。由此之故，此時的學界頗推崇皓首窮經的學者。如古賀精里以大阪的中井履軒研究經史而著《七經雕題》《四書雕題》《史記雕題》，乃稱譽其爲「天下之偉人」。又安井息軒雖非研究朱子學者，以其著述《左傳輯釋》《管子纂詁》等考據學派的學問而知名海內外，故破格任用爲官學昌平黌的教授。是知以精密研究，審愼地詮釋中國古典義蘊爲宗尙的學術風氣，乃江戶漢學第三期的大勢，亦即諸學大成的時期。然則此一時期之殊異於前二期者，在於所謂「漢學」，不僅僅是儒學的研究，舉凡詩歌之吟詠與散文的創作等，只要能表達心靈的感受，而深具趣味性，且足以玩味贊嘆之文藝性活動，皆屬於「漢學」研究的範疇。換而言之，以詩文見長的文學家亦可以稱之爲「漢學家」。以故，時人極推崇饒富文采之文學家，如日田的廣瀨淡窗即以文學而知聞於世。此第三期漢學獨具特色的風尚。影響所及，幕末、明治期的學界，即墨客詩人獨領風騷的時代。蓋儒學的研究，雖依然有其傳承授受；但是發言爲詩，下筆成文，或寄興遺懷；或酬酢唱和的文藝創作，則盛極一時。因此，可以說幕末、明治之際，漢學研究乃以文學活動爲主流❹。

二、《莊子》注疏的傳入

平安朝初期的《日本國見在書目錄》所載，關於《莊子》研究之書目，有：

司馬彪註二十卷、郭象註三十三卷、王穆夜義疏二十卷、張機義記十卷、周僕射講疏八卷、成玄英疏十卷。

等。可知當時就有爲數極多的《莊子》注疏傳入日本。其後，據武內義雄指出，村上天皇的皇太子具平親王所撰《弘決外典鈔》，經常引述郭象的《莊子注》。又現存最早的寫

---

❹ 江戶第三期文風鼎盛之說，參中村幸彥〈近世の文人意識の成立〉（《中村幸彥著述集》第十一卷，漢學者記事，頁三七五—四〇七，中央公論社，一九八二年十月出版）之文。

本，栂尾高山寺所藏的郭象《莊子注》殘卷七卷，推測是鎌倉時代所傳鈔的。是故，平安朝到鎌倉時代，廣爲流傳的是郭象《莊子注》。至於爲江戶時代學者據以爲底本的林希逸《莊子鬳齋口義》之傳入，則是五山時代的禪僧以林注爲《莊子》的新註而講於東瀛的。據倭版書籍考卷六所記：「（莊子）口義爲南宋儒者林希逸所作。……口義之倭訓始出於羅山先生。」即德川初期或木刻，或銅版印刷了林希逸的《口義》，其後林羅山始以日文訓點林氏《口義》。此後，林氏口義廣披流傳，爲江戶初期學者理解《莊子》的主要依據❺。據慶應大學斯道文庫所編《江戶時代書林出版書籍目錄集成》❻的著述，關於《莊子》注本之出版情形：

寬文十年（一六七〇）

莊子鬳齋林希逸註	十冊
同頭書	十冊
同抄	十冊
同註疏	十三冊

❺ 參武內義雄〈日本における老莊學〉之三「林希逸口義の渡來と流行」（《武內義雄全集》第六卷・諸子篇一，頁二三〇—二三一，角川書店，一九七九年八月出版）。

❻ 《江戶時代書林出版書籍目錄集成》，斯道文庫編（井上書房，一九六三年六月出版），前有阿部隆一的解題，敘述江戶時代出版書籍目錄源流、概觀及各目錄書之提要。

同三註大全　二十一冊
老莊翼註　十八冊
寬文十一年（一六七一）
莊子鬳齋林希逸註　十冊
同頭書　十冊
同抄　十冊
同註疏　十三冊
同三註大全　二十一冊
老莊翼註　十八冊
延寶三年（一六七五）
莊子口義　林希逸口義　十冊
同頭書　熊谷立節作　十冊
同抄　十冊
莊子註疏　晉郭子玄作　十三冊
莊子三註大全　二十冊

老莊翼註　北海焦弱侯編訂，建業王元貞校壅序，採古今註解而解　十八冊

延寶三年（新增書籍目錄）

莊子林希逸註　十冊

同首書　熊谷立節　十冊

同抄　松永昌三　十冊

莊子註疏　成玄英　十三冊

莊子大全　淛秀水，會魁陳懿典輯　二十一冊

莊子棧航口義　十一冊

天和元年（一六八一）

莊子　林希逸註　十冊

同首書　十冊

同抄　十冊

莊子註疏　十三冊

莊子大全　二十冊

貞享二年（一六八五）

莊子口義　十冊

同頭書　十冊

同抄　十冊

莊子註疏　十三冊

莊子三註大全　二十冊

老莊翼註　十八冊

莊子棧航口義　十一冊

元祿五年（一六九二）

莊子口義　十冊

同首書　十冊

同抄　十冊

莊子註疏　晉郭子玄，唐成玄英作　十三冊

莊子三註大全　二十冊

莊子棧航口義　十一冊

老莊翼註　十八冊

元祿九年（一六九六）

莊子口義　林希逸註　十冊

同首書　十冊

同抄　十冊

莊子註疏　唐成玄英　十三冊

莊子三註大全　淛秀水，會魁陳懿典輯　二十一冊

莊子棧航口義　十一冊

元祿十二年（一六九九）

莊子口義　林希逸註　十冊

同首書　十冊

同抄　十冊

莊子註疏　十三冊

莊子三註大全　二十冊

老莊翼註　十八冊

莊子棧航口義　十一冊

寶永六年（一七〇九）

莊子口義　林希逸註　十冊

同首書　十冊

同抄　十冊

莊子註疏　十三冊

莊子三註大全　二十冊

莊子棧航口義　十一冊
莊子口義俚諺抄　二十一冊
莊子　白文、訓點付

正德五年（一七一五）

莊子口義　林希逸註　十冊
同首書　熊谷立節　十冊
同抄　松永昌三　十冊
莊子註疏　唐成玄英　十三冊
莊子三註大全　二十冊
莊子棧航口義　十一冊
莊子口義俚諺鈔　一十一冊
莊子　白文、訓點付

享保十四年（一七二九）

莊子俚諺抄（僅內篇）
莊子　白文、訓點付

明和九年（一七七二）

莊子因　林雲銘

日本書林的出版情形以知，郭注、成疏的《莊子註疏》依然流行於江戶時代初期的十七世紀中、末期至十八世紀初期之間。又集注似的焦竑《莊子翼》與陳懿典《莊子三註大全》，或以便於閱讀之故，亦於東瀛付梓刊行。至於林希逸的《莊子口義》，不但有翻刻印行；並且還有抄本、眉批（即所謂的「首書」或「頭書」）、日文口語似的注解（即所謂的「俚諺抄」）等相當於《莊子》疏的出版。是知，此時期的日本，果眞以林希逸的《口義》來理解《莊子》。

十八世紀初期以後，或順隨著日本學術風尙的推衍，《莊子》研究的參考，也有新的注疏本自中土傳入。由上述《江戶時代書林出版書籍目錄集成》所載，明和九年（一七七二），江戶書林之出版《莊子》的注本，僅清林雲銘的《莊子因》而已。又據大庭脩氏所主編的資料❼顯示，用船舶輸入中國的書籍中，關於《莊子》的注疏本，有：

寶永二年（一七〇五）
增補莊子因　　一部四本

---

❼《江戸時代における唐船持渡書研究》，大庭脩主編，關西大學東西學術研究所叢書之一，一九六七年出版。書分研究篇及資料篇。前者敘述江戶期輸入書籍之概觀、唐船持書之資料說明、唐船持渡書之出版及價格之考察，後者則分齎來書目、大意書、長崎會所記錄帳目及分類編輯書目等。

寶永六年（一七〇九）

老莊通義　一部十二本

享保八年（一七二三）

南華經解旁註　一部八套

享保十年（一七二五）

莊子因　一部一套

文元四年（一七三九）

老莊翼　一部一套

（以上據《商舶載來書目》）❽

寬延三年（一七五〇）

莊子因　一部六本

（據《唐船持渡書覺書》）❾

---

❽《商舶載來書目》，今藏日本國立國會圖書館。輯錄元祿六年（一六九三）至享和三年（一八〇三）輸入書目，以日文字母之音讀歸類羣書，各類之書則按年代先後排列（參《唐船持渡書の研究》的「資料篇」所錄《商舶載來書目》凡例）。

❾《唐船持渡書覺書》，宮內廳書陵部藏《船載書目》第十三冊所收（「覺書」者備忘之類的記載）。

寶曆四年（一七五四）

莊子因　一部一套四本

老莊精解　一部一套四本

（以上據《舶來書籍大意書》）❿

寶曆六年（一七五六）

老莊精解　一部一套

莊子獨見　一部一套

寶曆七年（一七五七）

莊子故　一部一套

寶曆十年（一七六〇）

南華經解　一部二本

寬政九年（一七九七）

莊子解　一部一套

（以上據《商舶載來書目》）

---

❿ 《舶來書籍大意書》，內閣文庫藏（「大意書」者，猶目錄的解題，大抵著錄輸入書的作者及書目的篇卷）。

寬政十二年（一八〇〇）

增注莊子因　四部一套

（據《外船齎來書目》）⓫

弘化四年（一八四七）

南華經　一部一套

嘉永三年（一八五〇）

老莊解　一部一包

（據《唐船書籍元帳》）⓬

除弘化四年，船舶載來書目的帳上所見的《南華經》一部一套，或爲郭象《莊子注》外，其餘諸注皆中國明、清兩代研究《莊子》的注本⓭，並無林希逸的《莊子口義》一書。或林氏《口義》在日本已出版流傳甚久，無需再由中國輸入。也或許中國傳統治《莊子》所根據的《郭注・成疏》與日本江戶初期以來，研究《莊子》之主要依據的《林氏口義》，由於長久

⓫《外船齎來書目》，長崎縣立長崎圖書館渡邊文庫藏。

⓬《唐船書籍元帳》，長崎縣立圖書館藏，載記輸入長崎之書籍的帳簿。

⓭此時期輸入之《莊子》注疏書，大抵皆明、清之際的注本。如明朱得之《老莊通義》、明陳孟常《老莊精解》、清林西仲《莊子因》、清吳文英《莊子獨見》、清宣穎《南華經解》等。

以來的引用，成爲研究《莊子》的俗套，又在「批判性受容」的學術風尚下，乃輸入中國本土新刊的《莊子》注本，期望有後出轉精的「新註」可資參考，進而刺激更新的《莊子》詮釋產生⓮。

三、江戶時期的《莊子》研究書目

自林羅山板刻林希逸《莊子口義》，開啓日本江戶期研究《莊子》之端緒以來，據《慶長以來諸家著述目錄》、《近世漢學者著述目錄大成》、《漢學者傳記及著述集覽》、《國書總目錄》等書⓯的著錄，江戶時代研究《莊子》的書目，近九十本之多。茲摘錄於下：

⓮ 日本於《莊子》研究而有獨自見解者，蓋大成於十八世紀末、十九世紀初，如中井履軒《莊子雕題》、帆足萬里《莊子解》、龜井昭陽《莊子瑣說》等，或可說明「批判性受容」的學術風尚。

⓯ 所錄江戶時代研究《莊子》書目，乃據嚴靈峰《周秦漢魏諸子知見書目》卷二、目三《莊子》之二「日本《莊子》書目錄」，而參採《國書總目錄》及各大學《和漢書目錄》等著錄，增補嚴氏《目錄》之不足，並按作者生卒年（生卒年不詳者，按書之刊刻時間）排列之。

書	人	學派	存佚	出版年	現藏（印行）
鼇頭莊子口義	林羅山（1582—1652）	朱子學派	未見	據《莊了口義棧航》序	
眉批標點莊子注疏	林羅山	朱子學派	存	萬治四年（一六六一）	據周秦漢魏諸子知見目錄
頭書莊子	菅得庵（1581—1628）	朱子學派	未見	據倭版書籍考	
莊子抄	松永尺五（1592—1657）	朱子學派	存	正保二年（一六四五）	靜嘉堂文庫藏
莊子叢話	那波活所（1595—1648）	朱子學派	未見	據近世漢學者著述目錄大成	
頭書莊子口義	熊谷活水（？—1655）		存	寬文五年（一六六五）	據周秦漢魏諸子知見目錄
莊子口義抄	不詳		存	寬文十年（一六七〇）	國立國會圖書館藏
莊子口義棧航	小野壹	朱子學派	存	延寶九年（一六八一）	無求備齋老列莊三子集成補編收
翻刻標點莊子翼	小出永庵（？—1684）		存	寬延四年（一七五一）	據周秦漢魏諸子知見目錄
修身奇語田舍莊子	佚齋雲山		存	享保十一年（一七二六）	岩波書店出版（新日本古典文學大系）

繪圖都莊子	信更生		存	寶曆三年（一七五三）	據周秦漢魏諸子知見目錄
莊子口義大成俚諺抄	毛利貞齋		存	文祿十五年（一七〇三）	九州大學文學部圖書館藏
莊子國字解	荻生徂徠（1666—1728）	古文辭學派	存	明治三十七年（一九〇四）	據周秦漢魏諸子知見目錄
校訂郭注莊子	服部南郭（1683—1759）	古文辭學派	存	元文四年（一七三九）	東北大學狩野文庫藏
考訂唐陸德明莊子音義	服部南郭	古文辭學派	存	元文四年（一七三九）	同右
莊子口義愚解	渡邊蒙庵	古文辭學派	存	寶曆十二年（一七六二）	國會圖書館藏
莊子國字解	南霞主人		存	天明四年（一七八四）	據周秦漢魏諸子知見目錄
莊子郭注紀聞	五井蘭洲（1697—1762）	朱子學派	存	和文解不詳	靜嘉堂文庫藏
莊子翼解	角田青溪（？—1788）	折衷學派	未見	據近世漢學者著述目錄大成	
莊子通義	澀井太室（1720—1788）	朱子學派	未見	據漢學者傳記及著述集覽	
校訂增注莊子因	渾暉辰		存	寬政四年（一七九二）	據周秦漢魏諸子知見目錄

莊子闕誤同異考	渾暉辰		存	寬政四年（一七九二）	據周秦漢魏諸子知見目錄
莊子雕題	中井履軒（1722—1817）	朱子學派	存	明治十一年（一八七八）	無求備齋老列莊三子集成補編收
莊子考	戸崎淡園（1724—1806）	古文辭學派	未見		據近世漢學者著述目錄大成
訓點郭注莊子	千葉芸蘭（1724—1792）	古文辭學派	存	天明三年（一七八三）	據周秦漢魏諸子知見目錄
莊子摘腴	本居宣長（1730—1801）	國學	存	寶曆六年（一七五六）	天理大學圖書館藏
莊子類考	片山兼山（1730—1782）	折衷學派	未見		據漢學者傳記及著述集覽
莊子筌	重野櫟軒	折衷學派	未見		據近世漢學者著述目錄大成
莊子繹解	皆川淇園（1734—1807）	折衷學派	未見		據漢學者傳記及著述集覽
讀莊子	市川鶴鳴（1740—1795）	古文辭學派	未見		據近世漢學者著述目錄大成
郭注莊子覈玄	杜多秀峰		存	文化元年（一八〇四）	無求備齋老列莊三子集成補編收
標註訓點莊子	小田穀山（1741—1804）	折衷學派	未見		據近世漢學者著述目錄大成

莊子牋注	冢田大峰（1747—1832）	折衷學派	未見	據漢學者傳記及著述集覽
莊子考	萩原大麓（1752—1811）	折衷學派	未見	據近世漢學者著述目錄大成
莊子獨了	龜田鵬齋（1752—1826）	折衷學派	未見	同右
莊子捃解	龜田鵬齋	折衷學派	未見	同右
莊子文訣	馬淵會通（1753—？）		存	抄本（不詳） 國會圖書館藏
莊子譯說	鎌田柳泓（1754—1821）		未見	據國書總目錄
莊子考	大菅南坡（1754—1814）	古文辭學派	未見	據近世漢學者著述目錄大成
莊子解	海保青陵（1755—1817）	古文辭學派	未見	據近世漢學者著述目錄大成
莊子聞書	伴徒義		未見	據漢學者傳記及著述集覽
莊子解	伴徒義		未見	同右
莊子十論	米谷金城（1758—1824）		未見	據近世漢學者著述目錄大成

莊子解	久保筑水（1759—1835）	折衷學派	未見	同右	
補義莊子因	秦　鼎（1761—1831）	古文辭學派	存	寬政八年（一七九六）	和刻本諸子集成收
城山手批莊子	中山城山（1763—1837）	古文辭學派	未刊	據周秦漢魏諸子知見目錄	
莊子神解	葛西因是（1764—1823）	朱子學派	存	文政五年（一八二二）	京都大學圖書館藏
莊子增注	巖井文		存	明治二十六年（一八九三）	早稻田大學圖書館藏
莊子集註	巖井文		存	明治二十七年（一八九四）	國會圖書館藏
莊子辨疑	三宅橘園（1767—1819）	折衷學派	未見	據漢學者傳記及著述集覽	
莊子解	金子鶴村（1768—1840）	折衷學派	未見	據近世漢學者著述目錄大成	
莊子獨斷	鳥海松亭（1772—1819）	朱子學派	未見	同右	
莊子瞉音	龜井昭陽（1773—1836）	古文辭學派	存	抄本	慶應大學斯道文庫藏
莊子瑣說	龜井昭陽	古文辭學派	存	抄本	九州大學圖書館藏

莊子解	帆足萬里（1778—1852）	獨立學派	存	大正十五年（一九二六）帆足萬里全集收
郭注莊子標註	東條一堂（1778—1857）	折衷學派	未見	據近世漢學者著述目錄大成
莊子道德字義竝性命	東條一堂	折衷學派	存	東北大學狩野文庫
解莊	宇津木益夫（1779—1848）		存	明治十五年（一八八二）九州大學文學部圖書館藏
莊子覆言要言	三野謙谷（1782—1852）		未見	據近世漢學者著述目錄大成
莊子全解	堤它山（1783— ）		未見	據近世漢學者著述目錄大成
莊子詮	堤它山		未見	同右
莊子文鈔	齋藤鑾江（1785—1848）	朱子學派	未見	同右
莊子解	仁科幹（1791—1845）	折衷學派	未見	據漢學者傳記及著述集覽
莊子考	太田晴軒（1795—1873）	考證學派	未見	據近世漢學者著述目錄大成
莊子集覽	中井乾齋	考證學派	未見	同右

標註補義莊子因	東條保（1795—？）		存	明治二十三年（一八九〇）	和刻本諸子集成收
莊子問答	栗原如心		存	嘉永二年（一八四九）	據周秦漢魏諸子知見目錄
莊子虛字類聚	岡本保孝（1796—1878）	考證學派	存		尊經閣藏
莊子解	昭井全都（1819—1881）		存	昭和四年（一九二九）	日本儒林叢書收
莊子說	昭井全都		存	抄本（不詳）	無求備齋老列莊三子集成補編收
莊子考	岡松甕谷（1820—1895）	獨立學派	存	明治四十年（一九〇七）	無求備齋老列莊三子集成補編收

就目錄書的著錄而言，江戶初期，即十七世紀中，到十八世紀中葉的百餘年間，日本的《莊子》研究，雖然仍有承襲五山的風尚，眉批標點郭象的《莊子注》及成玄英的《莊子疏》。但是，大抵而言，此時所重視的《莊子》注本，則是林希逸的《莊子鬳齋口義》⑯。另外，

⑯ 時代區分蓋據出版年代而言者。如《莊子口義抄》《莊子口義棧航》刊行於十七世紀中。又渡邊蒙庵《莊子口義愚解》則刊行於十八世紀中葉。

則類似說書體的方式，通俗性解釋《莊子》的注釋本。如《修身奇語田舍（即鄉野）莊子》及《繪圖都（即京城）莊子》。

十八世紀中葉以後，荻生徂徠提倡古文辭學，一則直探中國古典原義；一則主張本土文化的抬頭。影響所及，此時的《莊子》研究，就目錄所見，則有回復郭象注之重視的趨向。尤其值得注意的是，《國字解》的產生，進而直接以日文訓詁《莊子》的字義和疏解《莊子》的義理。前者如服部南郭的《校訂郭注莊子》、千葉芸蘭的《訓點郭注莊子》。後者如荻生徂徠的《莊子國字解》、本居宣長的《莊子摘腴》。

十八世紀以後，風尚又有所改變，即雖然仍有訓點，考校郭象注之研究，且有針對新傳入之林西仲《莊子因》，作校訂、補註的工作。然則，就整體研究而言，此一時期，日本漢學家於《莊子》的研究，其所傾注心力的是，如何有自己的詮釋系統，故此時所見的《莊子》研究，泰半以上，皆是標舉自有見地的著述。換而言之，此一時期的《莊子》研究，是中國學問之攢繼與遠紹較少；而東瀛自身學術建立的色彩較濃。如龜井昭陽《莊子瑣說》，帆足萬里《莊子解》等即是。

四、結　語

據《日本國見在書目》所載，日本平安朝時，即有郭象《莊子注》的傳入。林羅山說：

本朝昔讀注疏不見《口義》。南禪寺嚴惟肖始讀《口義》。今時往往人皆得見之。（《林羅山文集卷三》答祖博）

即五山時代南禪寺僧惟肖用林希逸《鬳齋口義》講《莊子》以前，於《莊子》研究，仍以郭象注爲依據。自僧惟肖講《口義》及林羅山印行林希逸《莊子口義》，則有捨郭象注而就林氏口義的趨勢。林羅山又說：

> 本朝古來讀老莊者，老則用河上公，莊則用郭象，列則用張湛；而未當有及希逸者。近代南禪寺沙門岩惟肖嘗聞《莊子》於耕耘老人明魏，而後惟肖始讀《莊子希逸口義》。爾來比比皆然。雖然，未及《老子希逸口義》，至今人皆依河上。（《林羅山文集》卷五十四老子口義跋）

即日本傳統研究《老》《莊》《列》三字，仍依循中國的門徑；然自悄肖以林希逸《口義》講《莊子》後，則《莊子口義》取代郭象《莊子注》而流行於日本江戶時代初期的學界。故據慶應大學斯道文庫所編《江戶時代書林出版書籍目錄集成》的記載，寬文十年（一六七〇）至正德五年（一七一五）的四十五年間，所付梓刊行或傳抄流傳的《莊子》注疏，雖郭象注、林氏口義及焦竑翼並列流行；但是據《近世漢學者著述目錄大成》等目錄書的載記，此時的學者，於《莊子》的研究，其所傾注心力的是《莊子口義》的眉批、訓點及《俚諺抄》的通俗化注解。此文獻記載，固可說明江戶初期，日本研究《莊子》的大勢。

十八世紀中葉以後，徂徠的古文辭學派流行，批評朱子注未足以發揮《論語》《孟子》的眞義。由此對宋學之批判，荻生徂徠亦以爲林希逸的《莊子鬳齋口義》，雜儒家思想於《莊子》之中，固未足取，故不以林氏《口義》理解《莊子》精義。其曰：

> 漢以前之書籍、《老》《莊》《列》之類，蓋人知見，林希逸之解則不佳。（《答問書》下）

其弟子太宰春臺亦指出：

> 林希逸《老莊列口義》，最爲鈍劣淺學，不足取已。（《紫芝園漫筆》卷五）
> 宋儒之愚者，當以林希逸爲最矣。夫爲老列莊三子著《口義》，往往傅會以釋氏之說，又時以吾聖人之道較之，夫三子之所以爲道，與吾聖人皆異其指。雖間有如同者，但其末而已。希逸見之，因欲合而一之。所謂不揣其本而齊其末者也。既不知三子，又不知釋氏之道。何況吾聖人之道乎。（《同上》卷七）

則以林希逸的《莊子口義》欲納儒、釋之思想於《莊子》之中，終不見《莊子》本義。故以林氏《口義》不足以據此理解《莊子》思想。在徂徠古文辭學的批判性受容的風潮下，元祿十五年（一七〇二）刊行的《倭版書籍》，解題《莊子注疏》曰：

晉郭象注、唐玄英法師疏也。《莊子》之古注也。看《莊子》當先依注疏，不應只專看林氏《口義》。

亦反映當時探究《莊子》旨趣，不執著於林希逸《口義》而已的風尚。故徂徠門下的服部南郭，有《校訂郭注莊子》及《考訂陸德明莊子音義》的撰述。稍後於服部南郭的徂徠學派之千葉芸蘭，亦有《訓點郭注莊子》的著述。

再者，據《近世漢學者著述目錄大成》等目錄的記載，自荻生徂徠以日文注解《莊子》以來，誠如武內義雄所說，自徂徠而後，日本學者於《莊子》之疏解訓詁，皆有自身的見解⑰。此由諸目錄書所著錄的書目，如中井履軒的《莊子雕題》，龜井昭陽的《莊子瑴音》《莊子瑣說》，帆足萬里的《莊子解》等，皆能推陳出新，探究《莊子》思想的精義而見知。另一方面，自十八世紀初期以來，自中國輸入之《莊子》注疏，據《唐船持渡書研究》所收之資料，或郭注、林氏《口義》既已盛行於日本，故此時所傳入者，如林西仲《莊子因》、胡文英《莊子獨見》、宣穎《南華精解》等注疏書，皆較郭注、林氏《口義》晚出的新研究。或許由於新傳入之注疏，引發江戶中晚期學者脫離郭注或林氏《口義》的傳統因襲，參酌清

⑰ 參武內義雄〈日本における老莊學〉之三「林希逸口義の渡來と流行」（《武內義雄全集》第六卷・諸子篇一，頁二三〇—二三二，角川書店，一九七九年八月出版）。

代考據方法，進而提出自己對《莊子》研究的見解。

綜上所述，就文獻記載所見：由《日本國見在書目》以知，日本自平安朝以來，即有郭象《莊子注》行於世。五山時代，由於僧惟肖講林希逸《莊子鬳齋口義》，江戶初期，據《倭版書籍考》以知，林羅山刊行林氏《口義》，故林氏《口義》一時流行。民間則有類似說書式的及通俗訓解的《莊子》流傳於市井鄉里。十七世紀中葉，荻生徂徠出，批評林氏《口義》，並撰述《莊子國字解》。由是，徂徠門下弟子及再傳弟子，則崇郭注、抑林氏《口義》。故十八世紀中葉，又有郭象《莊子注》之研究。再者，徂徠以日文訓解《莊子》，所謂《國字解莊子》之注釋亦自此時而後流傳於世。再者，中國明、清注《莊子》之書，於十八世紀初傳入東瀛，或由此引發新方法之產生，加以徂徠以降，本土化文化創立之覺醒，影響所及，《莊子》之注疏，則有日本學者本身見解的提出。此十八世紀中葉以後，日本研究《莊子》的大勢。茲以圖示江戶時代《莊子》注疏之傳入及其研究之流衍。

平安時代　郭象《莊子注》（《日本國見在書目》）

五山時代　林希逸《莊子口義》（《林羅山文集》）

江戶初期　林希逸《莊子口義》（《倭版書籍考》）

　　　　　說書體、俗語訓解（《近世漢學者著述目錄大成》等）

江戶中期　郭象《莊子注》（《同上》）

　　　　　林西仲《莊子因》等（《唐船持渡研究》附錄資料）

《國字解》（《近世漢學者著述目錄大成》等）

獨自見解之提出（《同上》）⓲

	平安時代	五山時代	江戶初期	江戶中期
郭注	↔	↔	↔	↔
說書體俚諺抄				
林氏《口義》		↔	↔	↔
林西仲《莊子因》			↔	↔
《國字解》				↔
獨自見解				↔

⓲ 所列舉的《莊子》研究書目，大抵皆各時代主要流傳者。

二、中井履軒及其《莊子雕題》

提要

中井履軒（一七三二～一八一七），江戶時代大阪人。爲懷德堂第二任堂主中井甃庵的二男。

《莊子雕題》凡十卷。全書以批駁林希逸《莊子口義》之注疏，以展開其對《莊子》的見解。綜觀其詳議，固有不以儒、佛之義疏解《莊子》思想，而主張以莊解莊，探究《莊子》眞義的用心。亦有仔細推敲《莊子》文字之訓義，不作虛妄怪誕之引申；甚且求諸史實，以考辨《莊子》章節之眞僞。至於義理的疏解，則以「隨化而安」爲《莊子》之主要思想。

履軒激烈地駁斥林希逸之《莊子口義》，雖不免有偏執太甚之失。惟不穿鑿附會，曲爲疏解；不屈就儒教是尚的流俗，《莊子》思想亦可資應世的主張，乃反映了日本江戶時代研究《莊子》之演變及關西學術之風貌。換而言之，履軒之批判林希逸之注，乃脫離以林注理解《莊子》思想之研究《莊子》的傳承。不以《論語》《孟子》規範

《莊子》，乃程、朱之學立爲官學而獨尊，而導致學術衰微不振的開放性反省。是故履軒之《莊子雕題》雖批判性濃厚，亦有其值得探究及適切評價的所在。

一、生平傳略

中井履軒，日本江戶時代的漢學家。享保十七（一七三二）年，生於大阪。通稱德二，名積德，號履軒幽人，是懷德堂第二代學主中井甃庵的二男。文化元（一八〇四）年，七十三歲時，其兄竹山沒，繼任懷德堂第五代學主。古賀精里稱譽履軒爲天下之偉人，西村天囚則以爲其繼承父兄之業，開創自由學風，使懷德堂得以與江戶昌平黌官板學問所並峙，爲關西一枝獨秀的塾校。文化十四（一八一七）年沒，享年八十六。茲略述其年譜於后❶：

享和十七年（一七三二）

生於大阪。

元文四年（一七三九）　八歲

❶ 此年譜參考西村天囚《懷德堂考》所附「懷德堂年譜」及井上明大「竹山·履軒略年譜」（收載於加地伸行編著的《中井竹山·中井履軒》，頁三二五—三三二，《叢書日本の思想家》二四，明德出版社，一九八〇年七月出版）。

五井蘭洲自江戶返大阪，履軒與其兄竹山師事之。

寶曆八年（一七五八）　二十七歲

父甃庵沒，三宅春樓爲懷德堂第三代學主。竹山爲庶務長。

寶曆十二年（一七六二）　三十一歲

五井蘭洲沒。

明和三年（一七六六）　三十五歲

應中納言高辻胤長卿招聘，至京都授徒。

明和四年（一七六七）　三十六歲

自京都歸，開設「水哉館」授徒。

北遊讀書雜記中，有「五經雕題」、「四書雕題」之名。蓋改其前所作雜記「逢原」而成者。

安永九年（一七八〇）　四十九歲

將所租賃之屋，命名爲「華胥國」，以其居室爲「天樂樓」。《莊子雕題》之作，或在此時。

天明元年（一七八一）　五十歲

以顯微鏡觀察生物，作《顯微鏡記》。

天明二年（一七八二）　五十一歲

三宅春樓沒，竹山繼任第四代學主。

寬政四年（一七九二）　六十一歲

懷德堂遭祝融，焚燒殆盡。

寬政七年（一七九五）　六十四歲

作《雕題略》。

寬政八年（一七九六）　六十五歲

懷德堂重建落成。

文化元年（一八〇四）　七十三歲

竹山沒，履軒任第五代學主。

文化五年（一八〇八）　七十七歲

作《史記雕題》。

文化十年（一八一三）　八十二歲

輯所著，成《七經逢原》三十二卷、《七經雕題》五十六卷、《七經雕題略》十九卷。

文化十四年（一八一七）　八十六歲

二月十五日卒。

履軒生於懷德堂，家學淵源深遠，又蒙名師五井蘭洲的傳授，得窺浸染漢學的門徑。加以懷德堂的庶務，其父甃庵屬意其兄竹山掌理，履軒乃能潛心於經傳子史的鑽研，故著述甚夥。如松村操《近世先哲叢談》所載：

履軒自少至老，矻矻考索經旨，手不釋卷，始著《七經雕題略》；晚又著《七經逢原》，發明經旨，益致精緻，世罕其儔，歸然別爲一家之言。（上卷）

履軒志氣卓絕，自許甚高。且性格孤介，不苟於世，不若其兄竹山之圓融博通，故深交者甚鮮，亦未得時知而用世。西村天囚分析履軒的性格及其行誼說：

履軒幽人性癖，雖初不與世合，亦不與世相背。其出管家之賓師可知也。（《懷德堂考》）

即履軒雖性格奇癖，雖不苟合於世；亦非執意求異於俗，不求世用，然則履軒何以終身隱居於華胥國的天樂樓。西村天囚說：

山田三川手記：履軒以禮樂征伐自天子出之世，則志行可仕。據此文而觀之，履軒之志在王道。……既入京，見王室之衰，朝士之無氣力；而幕威之熾。終悲王道之不可行，慨然絕仕進之念。（同上）

乃自負王佐之才，以王道復古爲志。唯見是時王室衰微，朝官頹喪；禮樂征伐自將軍幕府出，終以志不得伸而斷絕仕進之念，歸返大阪。至於履軒何以自號幽人而退取於華胥國門之內。西村天囚指出：

> （履軒）厭當世人情風俗之穢，自氣取於伏義以上之人，誇無形之尊貴，以示天爵之不可抗。自稱華胥國王，以和於天而享天樂。安心於莊周蝴蝶之夢中，超脫世外，行無為無言之政於烏何有之鄉。（同上）

則感時世淆亂，人情澆薄，乃不與俗人相交往，免招致無謂的麻煩。然則履軒果眞拒世人於千里之外而索居嗎？西村天囚說：「履軒杜門不出；其意氣投合之朋友對坐，心氣和平，終日不倦。交苟不合，厭俗物之往來。惡客之至，辭色忽露不平之色，或叱逐之，或避不相見。」（同上）則以「無友不如己者」，幽居於天樂樓中。蓋以自視甚高，曲高和寡之緣故。《懷德堂考》收載龜井昭陽詣見履軒之事，固可明瞭履軒和於天而未必和於人的豪傑氣象。

> 龜井元鳳（昭陽）江都歸途，過大阪，訪履軒。履軒大喜，與語足下道載（龜井南冥）之子乎。對曰諾。乃命酒對酌。酒酣，披橫卷示元鳳。中有日出大樹之上，一人坐其下之畫。履軒問解其意否，元鳳答：不得解。履軒笑而收卷。旋日暮，告別入舟，審思畫意，終有所悟。大樹者，扶桑木也。日在其上者，日本也。其下者履軒也，蓋日本唯我一人之意也，歸鄉後，見友朋，每語此事曰，幸逢斯人。惟匆匆辭去，未及請示

經義，殊爲憾事。

「日本唯我一人」之喻，眞可見履軒的豪氣，至於其學術成就，由其著述及龜井昭陽之遺憾可知，乃在經義的發明。而其治學之謹嚴，以其知命之年，潛心研究博物細微觀察的實證科學，與著重實事，以《三楠實錄》乃虛構而非實事的考證，可以清晰明瞭。

二、《莊子雕題》的作成時間

《莊子雕題》凡十卷❷，爲中井履軒何時之作，今所見諸資料皆未詳。考察履軒之著述的記載，「雕題」二字以冠於著述與箚記者，在明和四（一七六七）年，三十六歲時，北遊讀書雜記中的〈五經雕題〉、〈四書雕題〉的命名。故《莊子雕題》的完成，未必早於此時，即其卅六歲以後的著作。

履軒定所居之室爲「天樂樓」，蓋出自《莊子．天道篇》：「與人和者謂之人樂；與天和者謂之天樂。」則爲其安於所處，而精神逍遙之心境的寫照。時安永九（一七八〇）年，四十九歲，探究《莊子雕題》之疏解主旨，在於「隨化而安」的發明。如：

莊子只欲不受外役，安閑自在而已。（解〈齊物論〉之文）

❷ 採近藤南洲手寫本。（收載於嚴靈峰所編的《無求備齊老列莊三子集成補編》四七、藝文印書館）。

隨身之變化，輒以爲喜，則其樂無窮也。（解〈大宗師〉之文）

化則變通自在。（同上）

則以「安時處順」爲人生的大自在。此「安排入化」而徜徉自在的旨趣闡述，誠與逍遙於「天樂樓」的心境相符應。故《莊子雕題》之作，或在知天命之年的前後。

《莊子雕題》的篇目次第乃採《口義》的順序，逐篇疏解。唯並非通篇引起而後加注，故非長篇鉅著。其篇卷的分合情形如下：

卷一　逍遙遊、齊物論。
卷二　養生主、人間世、德充符。
卷三　大宗師、應帝王、駢拇、馬蹄。
卷四　胠篋、在宥、天地。
卷五　天道、天運、刻意、繕性。
卷六　秋水、至樂、達生、山木。
卷七　田子方、知北遊、庚桑楚。
卷八　徐無鬼、則陽、外物。
卷九　寓言、讓王、盜跖、說劍。
卷十　漁父、列禦寇、天下。

則未採郭象本所分內、外，雜篇的定式，僅略以篇幅的長短，歸納為十卷而已❸。至於注解的形式，則未引錄《莊子》全書的文字；但摘取所欲訓解的文辭，或解釋字義，或考校缺謬、或疏解義理。如：

○內篇齊物論第二

後儒語錄隨筆，往往據是篇名，排莊子、謬解作齊物之論也。讀書之鹵莽，其害不少。

南郭節

今之隱几者云云　今之隱几，昔之隱几，以一人而言也，猶言今之子綦，非昔之子綦也。

吾喪我　吾字稍泛，我字指身也。吾我二字，無大奇特。文勢固不得言我喪吾也。註依字妄生義，可厭矣。

「內篇齊物論第二」者，全書之篇目標識，皆有內、外、雜的分別及第一至三十三篇的載記，則按郭象本之舊。「後儒語錄隨筆」云云，則是「解題」，檢尋《莊子雕題》全篇，僅內篇的〈逍遙遊〉〈齊物論〉〈養生主〉〈人間世〉〈大宗師〉〈應帝王〉等六篇有「解題」的注記，其餘諸篇則無之。「南郭節」，則畫分章節段落，或以各段的首二字，或以首句的某

❸ 翻檢履軒的《莊子雕題》，其所謂的「據林希逸口義」者，即以林希逸《莊子口義》為底本，無論是篇卷的分合；或章節段落的區分皆然。

二字爲章節之名而誌記之。「今之隱几者」，乃《莊子》原文的引述，然後空一字，「今之隱几」以下，則是履軒所注解的文字，若有換行，則第二行以下者，皆較第一行低一字以辨識之。

考察履軒《莊子雕題》的注解形式，蓋有以「章、節、行、目」的區分，以清晰辨識其注解之所在的用心。即雖無引述《莊子》全篇的文字，按循其所標記的章節形目，亦不難釐然地索求其所注解的《莊子》原文。另外，也有眉批、夾註以補足原注之意。❹

三、批評林希逸的《莊子口義》

《莊子雕題》的字義訓詁、文辭解析、義理疏解及錯簡考校，多以林希逸的《莊子口義》爲基底而衍生的。如其書卷首《莊子雕題一》之下的小注所記的「據林希逸口義」。唯履軒雖以林氏口義爲據，卻多用以批判林氏之說，進而申論己見。如

（注）論語之門人云云　注傅會太甚，宜刪去。

注這老子　老子指莊子。

---

❹ 履軒之作眉批者，多用以文字脫衍謬誤的考證。如「二力字恐刀字誤」（〈養生主〉）、「莊子因乎作乎，似可從」、「其脫肩肩之脫、脫誤」、「禮下有落字」（〈人間世〉）。至於夾註，則多針對林希逸《莊子口義》而言，如「注夫子所依行者，方外耶，方內耶，謬矣」（疏〈大宗師〉的「然則夫子何方之依云云」）。又「注侔、合也、非」（疏〈大宗師〉的「而侔於天」）

注可以讀芣苢矣云云　詩之樂只，與論語之樂異解，況與漆園之逍遙，有何干涉。

以上為履軒於〈逍遙遊〉之解題，皆以林希逸之注為條目；而無一不是以批評出之。故履軒之《莊子雕題》雖據林希逸《口義》；而批判性的論議為多。而且非但開示明義之處如此，僅〈內篇〉所論，批評林注者，即有一百五十多條。幾乎是每章每節皆有之。至於其批評林氏口義的形式，有但略引林氏注而批評之者。如：

注下一怒字，便自奇特　怒只是奮疾之意，何奇特之有。（〈逍遙遊〉）

注此兩句又是文之一體云云　文體文勢非鬳齋所能知也。注中是類皆可刪去。（〈逍遙遊〉）

注不動之貌云云　注之貌並謬。（〈齊物論〉）

注六根皆然　此不當以六根解。（〈齊物論〉）

「注」者，乃林希逸的《莊子口義》。其下空一字以下的文字，則是履軒的《莊子雕題》。由此觀之，是直接引述林氏《口義》，並無《莊子》原文。至於履軒的注疏，則在批評林注的缺失。如上所舉例的，或有指出林注謬誤的所在，如「怒只是奮疾之意，何奇特之有」；或未說明林注何以有錯的原因，但以林注為誤而已，如「此不當以六根解」。此履軒指陳林注為非的敘述方式之一。

樂出虛、蒸成菌　二句當在下章之首，不然錯簡耳。注大牽強。（〈齊物論〉）

化聲之相待，若與不相待　化疑和之譌字。衆聲相和，皆相待者。其字屬下，與若不相連。注若其猶言何似也，大謬。（〈齊物論〉）

此以爲注疏條目的「樂出虛、蒸成菌」及「化聲之相待、若其不相待」者，皆《莊子》原文，其下，空一字以下的敘述，則是履軒究明《莊子》文義，進而指陳林希逸《莊子口義》有誤的論述。此履軒指陳林注爲非的敘述方式之二。

不求其所終注即所謂原始反終云云　不求終與反終意相反，且可也。與易語意皆不同，勿相援據可也。（〈齊物論〉）

其容寂　注面壁十九年，是容寂處。面壁泥甚。（〈大宗師〉）

此以爲注疏條目的「不求其所終」及「其容寂」，亦爲《莊子》原文。其下，以小字的「注」引述的，則是林希逸《莊子口義》之文，其後空一字的文字，則是履軒的論說及其糾正林注誤謬的所在。此履軒指陳林注爲非的敘述方式之三。

然則夫子何方之依云云　是節方與上文方外之方不同。上文明言某遊方之內者也，則此何得問方之內外焉。（注夫子所依行者方外耶、方內耶，謬矣）下文敢問其方之方，正與此同耳。（〈大宗師〉）

而侔於天　侔如字、齊也。（注侔，合也，非）

「然則夫子何方之依」及「而侔於天」的條目，皆《莊子》原文。其下的文字是履軒所提出的見解，既而兩行小字夾注的是林注之文的引述及履軒對林注的批評，此履軒指陳林注爲非的敘述方式之四。

同則無好也，化則無常也　同承上文，即同於大通耳，不待別解。化字即上文通字之義

也。化則變通自在矣，不必援佛語，同化，非遞送之語。（〈大宗師〉）

若歌若哭　若歌若哭、謂其音甚哀也。此未及力弱聲微矣。且哭豈必微聲哉。（〈大宗師〉）

此以爲條目之「同則無好、化則無常也」、「若歌若哭」，一如前文之例，也是《莊子》原文的引述。其下的文字，則是履軒的論述。雖此處所舉之例，乃異於前者諸敘述方式。即履軒於其所批評林希逸《莊子口義》的文字，並未引述及之，而於其論述中，指陳林氏注疏之非。如「不必援佛語」的指陳，乃針對林希逸《口義》所述「便是禪家面壁一段公案」而發的。又「此未及力弱聲微矣。且哭豈必微聲哉」的敘述，則以林氏所說的「若歌若哭者，力弱而其聲微也」爲說。此履軒指陳林注爲非的敘述方式之五。

檢尋履軒《莊子雕題》全書，其批評林希逸《莊子口義》的敘述方式，如上所述的，有

㈠未引《莊子》原文，僅略述林注而批評其脫誤。

㈡以《莊子》原文爲條目，其下空一格，究明《莊子》文義，繼而指陳林注的謬誤所在。

㈢以《莊子》原文爲條目，其下以小字的「注」字引述林注，繼而指陳林注的錯誤所在。

㈣以《莊子》原文爲條目，其下以兩行小字夾注的方式，引述林注，而後指出林注的缺誤。

㈤引述《莊子》原文，其下雖未引林注，而於文義敘述中，指出林注之非。

五類批評林希逸《口義》爲非的敘述形式。至於履軒指陳《莊子口義》爲誤的根據爲何，茲敘述於後

(一)以莊解莊

注即孟子所謂旦晝所爲云云　此與孟子異科，孟子旦晝所爲，指其不善也，莊子接構心鬥，合善不善而無擇，不得相比擬。

讀莊子只以莊解之可也，切不當引論，孟作據焉。後學愛莊子者，往往欲推之納於孔、孟域中，故不免牽強之過也。殊不知大本殊異者，枝葉雖有相肖者，竟不得合爲同木也。他並傚此。（〈齊物論〉）

林希逸以《孟子》「旦晝之所爲」（〈告子上〉）訓解《莊子》「與接爲構、日以心鬥」之義。即援儒入道，以爲儒、道亦有相同旨趣，相互映照的義理。但是履軒以儒、道原本異科，即便偶有相合的意趣，也不得援引作爲同義的證據，唯有以莊解莊，乃能究明《莊子》思想的眞義，否則便牽強太過，附會太甚。實則，不僅不宜以儒解莊，若以佛、老解莊，履軒亦以爲穿鑿之說。其曰：

而已反其眞　以死爲眞，自是異端之通言，總是羨死願從之意。注援偈失竅。（〈大宗師〉）

彼遊方之外者也云云　注釋氏所謂世間法、出世間法也。　方猶禮法也。如釋氏世間，出世間，蓋就其術中分二法也。與此不合。（〈大宗師〉）

注此老子禮以強世之意　老子強世之說，與此無涉。（〈大宗師〉）

所謂「援偈失竅」、「釋氏世間、出世間，蓋就其術中分二法也，與此不合」、「老子強世之說，與此無涉」等，清楚地瞭解履軒不以佛、老解莊的主張，雖《老子》《莊子》頗有淵源，又《莊子》與佛家思想亦有暗合者；但是三者的義理發用亦未必玄同。如《莊子》所謂的方內與方外之遊，則未必是佛家所指稱的入世與出世之法。又〈大宗師〉的「惡能憒憒然爲世俗之禮」，是提出人未必非執著於親友死而必須哀慟守喪不可的思想。至於與「老子禮以強世之意」是否相涉，則未可知。故履軒以爲不可以佛、老疏解《莊子》的思想。至於林希逸何以援儒入道而對於《莊子》文義的疏解，有殊多誤謬。履軒以爲：

> 鬳齋竟不失儒者氣象，故往往不得莊子口氣。（疏〈齊物論〉「俄而有無矣」林注）
>
> 注人事盡而天理見　莊子以其所見，離天於人，而注家以理學合人於天，何謬。（〈大宗師〉）
>
> 其天機淺　天機者、其所謂天眞耳。機字存形容，又與宋儒天理異，不得湊合作解。（〈大宗師〉）

儒、道的宗旨，原本殊異，然林希逸卻「湊合作解」。探究其注解的本義，蓋以林氏的思想乃以儒家爲宗。王阮亭居易錄云：「鬳齋爲林艾軒理學嫡派，而詩多宗門語。」❺故其注釋

---

❺ 語出《宋元學案補遺》卷四十七，清馮雲濠的案語。

《莊子》之書，每多用《論語》《孟子》等儒家典籍或宋儒理學以理解《莊子》文義。故不免有牽強而未盡切合的解釋，而招致「注家以理學合人於天，何謬」等批評。甚至有「莊子之放言，豈得援周，孔大教相釋哉。鬳齋每有是癖」及「莊之異於儒，開卷至末尾皆然，何特是章，亦何必論焉。鬳齋本有助莊意，故時時舉其異，乃所以護之，可厭可厭」❻的譏斥。

履軒既提出「以莊解莊」的主張，其於批評林希逸《口義》的文字中，又有辨章學術流派及其宗尚的論述。其曰：

> 所謂道家，是當時黃冠一流，服食方術之學，雖祖老子，亦自不同，非直指老莊。所謂佛家，是禪學，佛即大惠之徒，常以死生爲話柄者，非直指翟曇立法之初也。宋時禪學盛行，故學者所闢，皆禪學矣。凡稱佛子，佛道，皆是好佛者，乃把達磨以前諸說遮掩圖解免，事失條理，未遑問當否。（疏〈德充符〉「仲尼曰，死生亦大矣」）

即清楚地拾出道教與道家之別；佛家與禪學有異，道教雖祖師老子，而主於「服食方術之學」，不但與標示「道德」的《老子》有別，亦迥異於倡齊物論、遊逍遙之域的《莊子》。至於佛家的離苦與禪學的成悟，其人生困境的提出與對應之道的探究自然不同，固不能混道教

---

❻ 「莊子之放言」云云，履軒疏〈德充符〉的「莊子曰道與貌，天與之形」云云。「莊之異於儒」云云者，疏〈應帝王〉的「曾二蟲之無知」。

與道家、佛家與禪學爲一說。履軒之所以釐析學術宗派的分野，乃與其「以莊解莊」的主張，有相同的用心，蓋唯有復歸各家原貌，才能究明其眞義。

(二)求諸史實，以爲考辨的依據

容成氏大庭氏云云　注或出於莊子自撰云　大庭氏、祝融氏、左傳諸書明載，其號必非後人撰出，其餘七氏蓋亦相傳之言耳，雖眞僞不可知，必非莊子自撰矣。（〈胠篋〉）

林希逸《莊子口義》曰：「十二個氏，只軒轅、伏羲、神農，見於經，自此以上，吾書中無之，或得於上古之傳，或出於莊子自撰，亦未可知。」是林氏以未見於經書所載之九人，或上古傳說，或莊子杜撰的人物。然則履軒求諸《左傳》諸書，大庭、祝融二氏既載記有之，固不得爲莊子自撰。由此以推，其餘七人，皆古來口耳相傳而可知者，雖存在的眞實，尙待考證；而七人之名權輿於《莊子》以見知者，則未必。又

注自無諸以來，方見於漢云云，無諸之前，當猶草昧，可也。句踐之後，無諸以前，百有餘年，皆爲王，不可謂無聞。無諸又復爲王而經世，何異於王者之葬哉。註說無當。

夷俗雖陋，王者百餘年，何必草昧，且漢初復王，至武帝又百年有國者，何得無王者之葬。（〈胠篋〉）

則履軒以爲「自句踐之後，無諸以前，百有餘年」，史書載記，固有其事，自不能謂吳越一帶爲文明未開的草昧之域，又林希逸曰：閩地出土物中，有「銅鐵所灌，意非有國者之墳，

不然書籍所載，閩之上無聞焉。」（同上）履軒考諸史事，以爲「無諸又復爲王，……至武帝又百年有關」，其有王者之葬，必也。雖閩地方志之類的書冊不錄此事，亦不能謂至漢武帝百餘年間，吳越之地無王國的存在。此履軒求諸史實以考正林注之譌的論述。

(三)校訂缺誤

以國量乎澤若蕉　七家，蓋有錯誤也。注妄作解，不可從。雲土而夢作又，功之早晚也。玄與纖與縞，是三物，非玄縞皆纖也。即日玄縞纖亦可，皆非此文之例。　此宜言死者以澤量，國中茗蕉。鬳齋到錯文闕誤，諸艱澀難讀處，輒以文法嚇人，謂爲奇爲妙，亦其一癖，讀者愼勿受其誑。（〈人間世〉）

林希逸以此句「本是若澤蕉」，「卻倒一字曰澤若蕉」，是「作文奇處。」但是履軒以爲《莊子》此句宜與《荀子・富國篇》之「以澤量」相同，是《莊子》之文爲錯簡，亦即有缺謬；而非行文有何奇妙的所在。又

然而至此極者、命也夫　子來是語，鄙甚哀極矣，雖終歸之命，亦無奈何之癡想耳。莊子豈特撰此等語，以污衊大宗師哉。蓋此下本有子輿啓發至言，而脫之耳。凡卷末多脫漏者，古書之恆例矣。鬳齋不之覺，輒稱奇贊妙，極力回護，不知何益。莊子有靈，其必絕倒欲活。（〈大宗師〉）

林希逸以爲「自然之理在於天地之上，命者自然之理也，是所謂大宗師也。」即以儒家之

「天命」理解《莊子》的「大宗師」，而謂理在天地之上。但是，履軒以爲「所謂大宗師，以造物爲師」（〈大宗師〉解題），即以天地爲「大宗師」，就思想的義理層次而言，是理上有天，與林氏所理解的不同。故履軒以爲「子來之語鄙甚，……莊子豈特撰此語，以污衊大宗師」，是「子來語」之後，必有脫文，而林氏不知，故批評林注失當。亦即，若卷末未有脫文，義理之疏解當不致有謬誤。此履軒考校《莊子》脫衍，以糾正林希逸《莊子口義》缺失之所在。

探究履軒之所以嚴厲批斥林希逸注誤謬的原因，或在反省日本江戶期以根據林注以理解《莊子》的因循不前。是以雖據林氏《口義》之段落以釐析各篇的章節條目；但是於義理的疏解，文義的訓詁及脫衍誤謬的考校，則如讐家相對，峻嚴地闢斥林氏之非。是故履軒之批評林注，固具體地說明江戶期《莊子》研究之流衍，即既已自林氏《口義》超離出來，逐漸地能提出自己對《莊子》的看法。

再者，履軒於批評林注中，所提出「以莊解莊」的見解，即不以儒家思想加諸《莊子》思想的探討，如此乃能究明《莊子》的原貌，正確地闡述其眞義。此一主張，蓋可反映日本江戶初期以來，程、朱學立爲官學，儒學獨尊而導致諸子思想及史學探討不振的積弊之現象。換而言之，履軒「以莊解莊」的提出，不但可以說明江戶學術的流衍，而且摒棄儒學獨尊之陳腐，乃可以顯現各家學術的精彩，亦即履軒固有開放性研究學術，經傳、子、史並行發展的用心，於其批評林注的字裡行間，可以推敲而知。

四、指陳《莊子》的缺誤

《莊子》外，雜篇中有後學僞撰而羼入者，前人既已詳論有之，中井履軒的《莊子雕題》，亦有糾謬匡正的論述。如

> 可謂莊生之疎處，豈言虛辭，自不免於疏漏耳。（疏〈天地〉「請祝聖人云云」）
>
> 以之謂混冥……以上數節類囈語，無佗，是莊生之所短，故文字亦無光輝，似屑然應需者。（〈天地〉）
>
> 動無非我之謂治，無非我謂自得也　此類是莊生短處，其實無所見，徒撰出語言，以備員也。是故字句均疏，使人思睡，殊無英發醒人者，讀莊子者，尤不可弗知也。（〈庚桑楚〉）

或以《莊子》文辭疏漏；或指出《莊子》所述虛誕不實；或以《莊子》的議論，毫無精警之處，故提示門弟及後學之「讀莊子者，尤不可弗知也」。明治三十一（一八九八）年寺町雅文跋《莊子雕題》亦曰：「（雕題十卷）識見卓絕，嶮處不易所其所眩，易處不更深求焉。可謂彼使其不易解者易解也。」即就履軒平實簡明以訓解《莊子》文義，析辨荒誕不經，「誕還其誕、妄還其妄」❼，而不加回護。或有疏漏誤謬者，亦翔實考辨，終能釐析《莊子》的文

❼ 疏〈天地〉的「去而上僊」。

義，除此之外，履軒指陳《莊子》缺誤者，尚有以下數端：

㈠蔽於天而不知人

以《莊子》思想乃「蔽於天而不知人」者，是《荀子》所提出的，履軒則具體地說明《莊子》如何「蔽於天」，如何「不知人」，進而以為《莊子》的思想是天人不相接的。其曰：

> 注莊子亦是憤世疾邪，而後著此書，其見又高云云　莊子過當處，由見高而生也。見高，以不知至道而駕空也。然則其高非實高也，妄也。聖人之高猶喬木之杪，沖雲霄也。異端之高，猶紙鳶乘風也，無本而在上也。甚高妄也。（疏〈駢拇〉「余愧乎道德」）

其「高」者，「猶紙鳶乘風」而戾天也，是履軒以為《莊子》所尚者是「天」。唯其以《莊子》之高，是「不知至道」，即「無本」，亦即不知人之所以生存於人間世的至道，故其高是「駕空」的。亦即天人是不相接的。所以，履軒曰：「莊子以其所見，離天於人」❽。至於《莊子》如何「離天於人」，履軒論述曰：

> 禽獸成群，草木遂長云云，同與禽獸居云云　野蟲近室則蛇虺必多，狐兔成群則豺狼必至。烏鵲巢多則鵰鴞必來，是自然之勢。其害豈不中人哉，草木盛長，禽獸逼人，是聖人所惡也。莊生蓋億度想像其美耳，不實踐其地，故不知其害也。凡老莊欽羨太古之無

---

❽ 疏〈大宗師〉的「天知有所待而後當，其所待者，特未定也」。

事者，皆是之類。假令一踐其地而嘗其害，則必悔其言者，猶葉公之龍云。（〈馬蹄〉）

即以現實事象以批評《莊子》所謂上古自然無事，是虛構的理想國。故履軒曰：「意料想像撰出方驗耳，要之空花非實際。」❾亦即未能落實於人間世的生存之道，即便高標天道之妙，上古自然之美，亦如空中樓閣，無能攀援而及之。

㈡不合史實年代的論述

易嘗不法聖人哉　夫齊國、聖人之禮樂刑政掃地而盡矣，故有盜臣田氏興焉耳。其宗廟社稷既失其禮，則亦非聖人之法矣。助徹之法已廢，而什征二三，則五畝之宅，豈獨存焉。伍法興而鄰保之制廢矣，則是州閭鄉里，豈有復聖人之法哉。

履軒以為田陳篡齊後，宗廟社稷之禮法盡失，齊國豈復有聖人禮樂之法。具體而言，「助徹之法」既亡，什征之制何能獨存，又鄰保守望之制已廢，鄉里鄰居豈能相助，是故《莊子》所謂「聖人之法」滅昧於事實，未能確信。或為後學假託莊子之名的偽作，後世不察，眞偽夾雜，蒐輯成《莊子》一書。諸如此者，尚有

逐於州郡　莊生之時，恐未有州郡之稱也。亦是偽文破綻。（《達生》）

則清楚地指出偽作羼入的現象。此履軒以《莊子》所述有不符史實而可議的所在。

---

❾ 疏〈在宥〉的「神動而天隨」。

履軒《莊子雕題》的批評色彩甚濃，探究其原因，蓋以是時反徂徠⑩的風潮流行，履軒採己身所作《非物繼聲篇》（三十五歲時作）及其師五井蘭洲《非物篇》、其兄竹山《非徵》（作成於履軒三十六歲時）的批判性筆法，於十數年後，用於《莊子雕題》的注釋。至於履軒嚴厲地指陳林希逸《莊子口義》及《莊子》原文之缺誤，固反映江戶研究《莊子》流衍的演變之勢，亦可以窺知其「以莊解莊」，究明《莊子》原貌，進而正確地理解《莊子》眞義的用心。

五、《莊子雕題》的義理疏解

中井履軒《莊子雕題》於《莊子》義理的疏解，主要用心於〈齊物論〉篇思想的闡述。或提出人各有分際，各得其所的平等觀，或以爲隨化而安閑自在的自在說。或分別「以明」與「照天」爲上、下兩層次，而架構其「和之以是非」的詮釋系統。茲分述於下。

---

⑩ 日本江戶時代，有以荻生徂徠（一六六六～一七三八）爲宗師的古文辭學派。排斥程朱之學，批判伊藤仁齋的古義學，而以古文辭的研究，即以究明經書之文義爲宗旨。徂徠門下有太宰春台，服部南郭知名，頗能傳授徂徠之學，致取代仁齋古義學而盛行於元文（一七三六～一七四一）至寬延（一七四八～一七五一）年間。雖然如此，由於徂徠學派不以道德修養爲尚，故徂徠、春台、南郭沒後，英才不出，門人既無經術之學，文章辭采之才，又乏道德修養，以致招致非議，一時反徂徠之風盛行，如五井蘭洲的《非物篇》、中井竹山的《非徵》、中井履軒的《非物繼聲篇》出，批判徂徠之學。

㈠平等觀——履軒以爲：「莊子之意，憎賢不肖之分峙。」⓫即以爲《莊子》所論，原本不在於賢與不肖的分別，亦即人人各有分際，不以天資的聰明與昏愚而作存在價值的判準依據。至於履軒如何推衍《莊子》的平等觀。其曰：

成心，就現成人品舉其心也。人雖知愚之相敻也，亦各有智慮，能分別是非黑白矣。師此心而行，可也。（疏〈齊物論〉的「夫隨其心而師之」）

即天生才性是人的定分，雖有知與愚的分別，但不論是聰知者，或魯鈍者皆能作思維的活動。故就人人都有其思維方式而言，則知愚皆一。即皆有其生存於天地間的存在價值。是故，履軒曰：「凡人隨分竭思慮，費考索，亦自有稽古，亦自有經歷，各有一定見識。⓬」即在說明人人各有分際而皆各得其所的意義。至於存在價值之肯定，究竟有何意義，履軒曰：

通物，使物各得其所。（疏〈大宗師〉的「故樂通物」）

天生才性本來有別，然終究由是而衍生高下的分別，是非的判準，進而以之而相彼相非，爭亂不止。若能因其所是，安其所處，以通人我，則人間世乃能圓滿和諧。此履軒以人各有分

⓫　疏〈在宥〉的「舉天下以賞其善者不足，舉天下以罰其惡者，不給」。

⓬　疏〈齊物論〉的「未成乎心而有是非」。

而皆能得其所在的平等觀，來解釋《莊子》通人我而逍遙遊於人間世的思想所在，至於如何通人物，即「通物」的形上根據所在爲何，履軒則提出了隨化而自在的見解。其曰：

> 化則變通自在。（疏〈大宗師〉的「化則無常」）

所謂「化」者，一般以爲是天道自然的無窮衍化，但是履軒則以爲「物自化亦在吾陶鈞上，非物自能然。」⓭即不以「化」爲萬物自然循環不已之意；而就主宰意義說，以爲「化」是「隨機適變，無一定之方。」⓮即以隨物適變以爲應世之方，由於隨化適變，不執不取，故能「變通自在」。至於隨化的對應對象爲何，履軒以爲：

> 莊子只欲不受外役，安閑自在而已。（疏〈齊物論〉的「不亡以待盡」）

即不爲所役的「外物」。而此所謂的「外物」，則是是非得失與死生禍福的人生兩難困境。對於「是非得失」的對應，履軒曰：

> 化物者，爲物欲所誘而汨沒焉者也。其本在我身上，有一箇不化融者，知識也。棄去是不化的，則自不化於物矣。（疏〈則陽〉的「日與物化者，一不化者也」）

⓭ 疏〈在宥〉的「汝徒然無爲而物自化」。

⓮ 疏〈田子方〉的「其應物也不窮」。

所謂「知識」，是認知的我執，即定著於我見爲是的彼我是非，不能圓融化解，故汨沒於相彼相非的爭執而不得安閑自在。倘能隨化順變，因彼所是，既然存在，即有存在的根源依據，則「變通自在」，其樂無窮。再者，對於「死生禍福」的對應，履軒則曰：

天之所以劫制人者，唯禍福矣，而死生爲禍福之主。人安死生而不哀樂焉，天安能劫制之，縣謂繩索之劫制人者，如倒懸之懸，帝之懸解，則百自在矣，千自在矣。（疏〈養生主〉的「是謂帝之懸解」）

人之所以會如倒懸式的生活著，乃在於有避禍趨福的祈願未必應驗與哀死樂生的執著。履軒以爲「人能安於死生而不哀樂」，倒懸自然開解，則安閑自在，是故隨化順變，則既無死生禍福之憂，又無相彼相非的爭執，終能千百自在的優遊逍遙。至於優遊之場，亦在衆人所生存的人間社會，故履軒說：

棄世仍是避世，然不必深山幽谷而後避世。（疏〈達生〉的「其爲不免矣」）

譬世亂而避於海濱，聖人豈其然乎。（疏〈知北遊〉的「聖人遭之而不違」）

即安閑自在的場所，並非「深山幽谷」，人煙罕至之所，縱使適值亂世，也非「避於海濱」演而冀求倖免於禍害的苟且避世，故知履軒以爲《莊子》的逍遙，乃是隨化順應的安閑自在，而優遊之場，則是天地之間的人間社會。而履軒的大自在，亦在大阪南本町，其所居處的

「華胥國」的「天樂樓」。

在「天樂樓」中，履軒以爲「善解莊子者，噫千載其有一幽人而知之」。⓯何以履軒如此自負，自許爲千載下，異域的莊子知己。蓋在於其所理解《莊子》的詮釋系統。履軒曰：

> 以明謂去彼此畛界，至明燭之無彼此，斯無私心，則是非自定。（疏〈齊物論〉的「莫若以明」）

意謂「以明」者，乃在化除人我之間的是非，以無相彼相非的分界，故眞是非乃現，而人我是非自然泯除。再者，

> 照天與上章以明稍異。以明以定眞是非也。此又說一上層，是沒是非也。

則分明將「莫若以明」與「照以天倪」區別爲上下先後兩個層次。即以「以明」爲作用，而「照以天倪」爲本體。換而言之，「以明」是消弭既定的是非制準及由之衍生的相彼相非之紛爭。然則「以明」固然能「定眞是非」，但是必也「照以天倪」，即因於天的「沒是非」，「以明」所去除的是非，才是「眞是非」。「由此以明」與「照天」的分別意義之詮釋，履軒架構了其對於〈齊物論〉的義理系統。

⓯ 疏〈天地〉的「同於大順」。

> 凡有見於道理者，皆不能明淨。我若明淨矣，世間無能對當焉者。則雖辯之，將不聽，故曰辯不若默。（疏〈知北遊〉的「明見無値、辯不若默」）

履軒所謂的「道理」，即人間世所存在的既定判準，其意以爲凡陷溺於我見爲是的執著，則人間世不得澄淨。若因之「以明」，則是非自泯而無論辯的紛爭。又

> 物物者，與物無際。我與物齊，則物與我有際。我超然立乎物之上，則物皆囿乎我之懷袖。（疏〈知北遊〉的「物物者與物無際，而物有際者，所謂物際者也」）

「我與物齊，則物與我有際」，即有人我分別的分界，至於「物物者，與物無際」，則是，「以明」而分別的泯除。再者，「我超然立乎物之上」，則是「照以天倪」，以沒有是非，故人我共通，人間世圓滿地融合。又

> 不明於天者　不明於天，不通於道，分明是兩件。（〈天道〉）

即釐然地將「天」與「道」判別爲兩個層次，故知在履軒的詮釋系統中，「照以天倪」是「天」，「莫若以明」是「道」。而且「不明於天，不通於道」，則「天」是「體」，「道」是「用」。亦即道之爲用，以消弭既定是非而「定眞是非」，是應世之方。天之爲體，以天無是非的分別，故爲「定眞是非」的形上根據。然則此天體道用的義理詮釋之終極旨趣，則

在人間世的和諧。履軒曰：

> 聖人和之以是非云云　言聖人休乎天均，無彼此、無是非。然其應乎世也，因人有是非，亦立是非以和之耳，猶朝三也，即因是也。（〈齊物論〉）

意謂雖以「休乎天均」的「無彼此、無是非」爲體，唯其作用仍然在人間世的對應，即以「天倪」之照映因循，進而「以明」爲用，雖「朝三」或「朝四」之作有異，而「兩行」皆可。其終極則在「和之以是非」，即肯定人各有分，各得其所之存在價值，進而是非無辯，人我共通。茲以圖示履軒的義理詮釋系統：

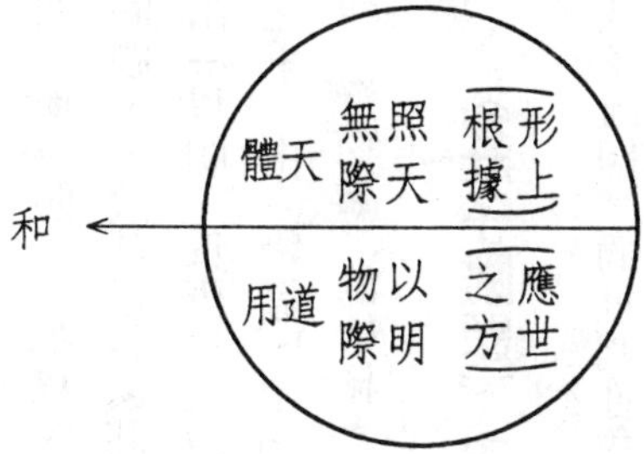

即履軒雖以「以明」與「照天」架構〈齊物論〉的義理系統，然則其所關懷的，仍然是人間世的人我和諧的問題上，故其以爲《莊子》之〈齊物論〉，乃以人間社會之有是非紛爭的反省爲始，進而提出「以明」爲應世之方，「照天」爲應世之方的形上根據，而展開其論議。然則，泯除是非之爭，由「物際」至「無際」的探討，其終極乃在人間世之人我共通，物我爲一的提出。亦即〈齊物論〉的終極，乃在人間世的圓滿和諧。

六、《莊子雕題》之可議者

中井履軒《莊子雕題》的批判性色彩濃厚，由其對林希逸《莊子口義》與《莊子》的駁斥，可以清晰地理解。特別是以林希逸援引宋儒理學解釋《莊子》思想爲最大的誤謬，而大肆批駁。如

> 鬳齋好援六經語孟而溱合焉，皆非。（〈天運〉）
>
> 鬳齋歹以舉業讀莊子……性與自然不同，理與順不同。（〈繕性〉）

即以林氏援儒入道爲非，又宋儒所謂性理與《莊子》所謂自然，順隨有異，自不能援引作據。換而言之，履軒乃主張「以莊解莊」，即直探《莊子》眞義而不多方援引爲說。雖然如此，檢尋履軒《莊子雕題》的注疏，仍不免引述儒、佛之說，以解釋《莊子》之意者。如

> 幸能正生，以正眾生　生是生業之生，謂其身處於世者也。……佛經所謂眾生，即眾人也。文字蓋本於此云。（〈人間世〉）
>
> 成然寐、蘧然覺　成然寐，謂今就死之安也。蘧然覺、料轉生之後也。（〈人間世〉）

此「佛經所謂」云云，即以佛家用語相比爲類。是履軒缺失者。又「蘧然覺，料轉生之後」的解釋，則取佛家轉世輪迴之說，《莊子》書中但說「安時處順」，又何嘗以轉生爲生死觀。又

> 無古無今、無始無終　法太極，其理不違，然莊生口中無太極兩字，文字宜避。（〈知北遊〉）

即以《莊子》所謂的無古今始終與宋儒的「太極」之說相類，唯《莊子》並不說「太極」，故以爲林希逸的注疏用字不夠審愼。然則，

> 所謂根者，即儒者所謂太極，是也。（疏〈知北遊〉的「今彼神明至精……莫知其根也」）

即以《莊子》所謂的「神明至精」的根本，與儒家所說的「無極而太極」之意相同，如此，同爲一篇的注疏，且同一意義的解說，或以林氏注爲失當；或自己引用爲說。則履軒之注不免自相矛盾，又其疏解《莊子·齊物論》的形上根據，

意謂生與死是二物，而其有待，則一。……其待者，待先天生者也，是太極之理而未有太極之名。（疏〈知北遊〉的「死生有待邪，皆有所一體」）

雖天地之大，不能踰太極之域也。雖秋毫之小，亦必得太極以成其體也。（疏〈知北遊〉的「六合爲巨，未離其內。秋毫爲小，待之成體」）

前者以「安時處順」的死生觀之形上根據，是「先天地而生」的「太極」。則「太極」乃在天地之先而有，後者，則直言天地萬物之巨細皆在「太極之域」中。如此，前者是就形上根據的義理說；後者是就自然生成說，而無論是「理」或「自然」，「太極」皆先天地而有。據此太極爲天地生成的根源主宰，豈不是宋儒周、朱學說的因循嗎？故雖然履軒批評林希逸援儒入道爲非；但是一旦探究天地生成根源，欲於天地之上加一層說時，仍不免於己身所學的儒學淵源之援引爲說。若林希逸有引宋儒之說以注《莊子》之缺失，履軒亦不免於此弊。

七、結　語

《莊子雕題》凡十卷，爲中井履軒在安永九（一七八〇）年，四十九歲前後，作於其所居「華胥國」的「天樂樓」。全書大抵以批評林希逸《莊子鬳齋口義》的注解，進而展開其對《莊子》的見解爲主。綜觀其評議，固有仔細推敲《莊子》文字的訓義，而不作虛妄的引申。亦有求諸史實，以考辨《莊子》章節眞僞的考證文字，然則履軒最具用心的是不以儒、佛之義疏解《莊子》思想；而主張以莊解莊，探究《莊子》眞義。至於《莊子雕題》的義理疏解，則以「隨化爲安」爲《莊子》的主要思想，更以「以明」與「照天」架構其疏解〈齊物論〉的詮釋系統。固可見知其對《莊子》的會心。

履軒之駁斥林希逸《莊子口義》，雖不免有偏執太甚的缺失。惟其不穿鑿附會，曲爲疏解，又不屈就儒家思想是尙的時尙，轉而主張「以莊解莊」，以爲《莊子》思想亦足以應世。則反映了日本江戶時代研究《莊子》的演變。換而言之，履軒之批評林希逸莊子注，乃脫離以林注理解《莊子》思想的莊學傳承。再者，不以《論子》《孟子》加諸於《莊子》思想的詮釋，乃程、朱之學立爲官學以來，儒學獨尊而導致學術衰微不振的開放性反省。是故，中井履軒的《莊子雕題》雖批判性色彩濃厚；但是有其反映學術思潮及如何探究《莊子》眞義的見解提出，故誠値得探究，進而作適切評價。

三、龜井昭陽及其《莊子瑣說》

提要

龜井昭陽（一七七二～一八三六），筑前（今福岡）人。爲福岡藩儒龜井南冥的長子。綜觀其生平事蹟，蓋以講學著述，飲酒賦詩終其一生。

《莊子瑣說》三卷。據昭陽《空石日記》的記載，乃十七年間，經五次講授、三次會讀後，以三個月的時日，解詁考校而成。此書於前人注疏之徵引情形，可窺知昭陽的用心。除了中國治莊慣引的郭象注及日本習用的林希逸口義外，昭陽於明清的注疏頗爲留意，尤其是胡文英《莊子獨見》、林西仲《莊子因》及日人秦鼎（一七六一～一八三一）的《莊子因標義》，引述尤多。此不棄古注，尤重視近人注疏成果的用心，誠昭陽值得推崇的所在。

《莊子瑣說》於莊子思想的理解，如以大自在說〈逍遙遊〉、以生死如一爲《莊子》的生死觀等，皆前人已發之論，無奇特處。唯其以「諸家是非不定」的現象提出，如何以知有此現象，如何對應及對應的理論架構，解釋〈齊物論〉，固爲條理分明的詮釋系統。再者，「和是莊子第一義」、「在、任其自然」的〈在宥〉解，神明體用論、「德、天民本然」的天德說等義理疏解，以發明《莊子》所述的思想。則是昭陽深會《莊子》思想義理的所在。

一、生平傳略

龜井昭陽，江戶時代，筑前（今福岡縣）人。名昱，字元鳳，通稱昱太郎，號昭陽、又號空石。福岡藩儒龜井南冥的長子，幼受家學，寬政三（一七九一）年，十九歲，遊山陽，入德山藩鳴鳳館島田藍泉門下。翌年，異學禁令頒行，南冥的西學甘棠館總受持（即教授）免除，昭陽受命西學訓導，教授生徒。十年（一七九八年），唐人町（今福岡市內）大火，甘棠館焚燒殆盡，藩議西學不得再建。昭陽乃徙居百道林（今福岡市早良區內），營設私塾，授徒著述以終。安永二（一七七三）年生，天保七（一八三六）年沒，享年六十四。茲參考《萬曆家內年鑑》及荒木見悟先生《龜井南冥、龜井昭陽》略年譜❶，簡述昭陽的生平及相關情事，以窺知其講

❶ 《萬曆家內年鑑》，於文化十二（一八一五）年刊。乃龜井家歷代自述年譜。昭陽所記錄者，其祖聽因出生之寶永元（一七〇四）年以降，至文政九（一八二六）年、五十四歲止。《年鑑》所記，除龜井家事外，尚有藩政要事，祖先崇拜之儀式等。今藏於慶應大學斯道文庫。又收入《龜井南冥、昭陽全集》卷八（上），（葦書房，一九八〇年十月出版）

授及著述的生涯。

安永二年（一七七三）年

八月十一日生於福岡。

天明四（一七八四）年　十二歲

西學甘棠館落成，南冥爲祭酒。

「漢倭奴國王」金印於志賀島（福岡東郊）出土。

天明五（一七八五）年　十二歲

昭陽隨南冥謁見秋月藩主黑田長舒（朝陽公）。後，南冥前往講學，其後，昭陽代之。

寬政三（一七九一）年　十九歲

昭陽出山陽道，至德山藩，游學於島田藍泉門下。撰《成國治要》三卷、《月窟謾草》一卷。

寬政四（一七九二）年　二十歲

寬政異學禁令頒布，南冥遭貶斥，終身不用。時年五十。

昭陽任西學訓導，給十五人扶持。撰《字例述志》二卷、《月窟謾草》二卷。

荒木見悟先生所記《略年譜》附於其撰《龜井南冥・龜井昭陽》（日本思想家叢書，頁一八一—一八七，明德出版社，一九八九年十月出版）

寬政五（一七九三）年　二十一歲
南冥《論語語由》二十卷成。
寬政七（一七九五）年　二十三歲
南冥《語由補遺》二卷成。
昭陽撰《日記》三卷、《箴言》二卷、《內訓》一卷、《荀子校》二卷、《管子校》一卷。
寬政九（一七九七）年　二十五歲
廣瀨淡窓入學門下，時年十六。
昭陽撰《月窟沙筆》二卷。
寬政十（一七九八）年　二十六歲
唐人町大火，甘棠館及龜井家皆延燒殆盡。藩議西學不得再建，昭陽之教職撤去，且降爲士人。
寬政十一（一七九九）年　二十七歲
昭陽重葺龜井家。
寬政十二（一八〇〇）年　二十八歲
唐人町再火，昭陽家又罹災。
昭陽撰《古傳概》二冊。

亨和元（一八〇一）年　二十九歲

移居百道林，爲南冥築草香亭，其側營設家塾。

昭陽《詩經古序翼》六卷成。

亨和二年（一八〇二）年　三十歲

昭陽《字例述志》七卷成。

亨和三（一八〇三）年　三十一歲

昭陽撰《尚書考》三冊、《蕿文談》一冊。

文化元（一八〇四）年　三十二歲

昭陽撰《五子文評》三冊、《蕿文說》二卷。

文化二（一八〇五）年　三十三歲

昭陽《蛾子》一冊，《蕿文說》成。

文化三（一八〇六）年　三十四歲

昭陽隨秋月藩主赴江戶。以秋月藩主之助，南冥《論語語由》得於江戶開雕。歸途，昭陽取道大阪，訪中井履軒，又至備後（今廣島）訪菅茶山，至安藝（今廣島）訪賴春水。❷

---

❷ 昭陽歸途，經大阪、備後、安藝而訪中井履軒、菅茶山、賴水者，乃根據西村天囚〈異彩める學者〉（有異彩的學者）之所記。此文連載於明治四十年至四十一年間的朝日新聞。

文化四（一八〇七）年　三十五歲

昭陽作《東遊賦》《蔆文絮談》。

秋月藩主黑田長舒沒。

文化五（一八〇八）年　三十六歲

昭陽撰《莊子鷇音》三卷。

文化六（一八〇九）年　三十七歲

昭陽受命守烽火。

島田藍泉沒，年五十九。

文化九（一八一二）年　四十歲

昭陽撰《讀辨道》一卷。

文化十一（一八一四）年　四十二歲

昭陽《蒙史》六卷草成。

南冥沒，年七十二。

文化十二（一八一五）年　四十二歲

《蒙雅秘錄》成。

元政元（一八一八）年　四十六歲

賴春水來訪。

起筆《空石日記》（至天保六年止）。

《蒙史》六卷完成。

文政二（一八一九）年　四十七歲

《神經蒙史》《蓼莪九德演義》成。

文政三（一八二〇）年　四十八歲

註《夏小正》，作《穆天子傳考》。

文政四（一八二一）年　四十九歲

《烽山五記》成。著《周易僭考》三卷、《病床抄筆》、《病間漫筆》。

文政五（一八二二）年　五十歲

註《太玄贊》。讀《詩經》、《爾雅》、《山海經》作《翫古》一冊。

文政六（一八二三）年　五十一歲

三兒修三郎夭折，作《傷逝錄》三冊、附錄一冊。

廣瀨旭莊入學門下。

文政七（一八二四）年　五十二歲

作《家學小言》一卷、撰《周禮抄疏》三冊、《周易僭考》續篇。

文政八（一八二五）年　五十三歲

《尚書考》十一卷、《孝經考》一卷、《孟子考》二卷成。

文政九（一八二六）年　五十四歲

《語由述志》十冊成。著手《左傳纘考》。

文政十（一八二七）年　五十五歲

撰《春秋經例考》。

文政十一（一八二八）年　五十六歲

撰《左傳纘考》三十三卷。並作附錄、總論。❸

文政十二（一八二九）年　五十七歲

《左傳纘考》改作。

天保元（一八三〇）年　五十八歲

撰《大學考》一卷、《中庸考》一卷、《養生訓抄譯》。

天保二（一八三一）年　五十九歲

《尚書考》十一卷、《國語考》八冊成。

天保三（一八三二）年　六十歲

撰《禮記抄說》十四卷、《夏小正廣說》一冊。

天保四（一八三三）年　六十一歲

---

❸ 昭陽撰《左傳纘考》而作附、總論者，乃參其所作《空石日記》之記載。

撰《毛詩考》二十五卷。

天保五（一八三四）年　六十二歲

《楚辭玦》二卷成。

天保六（一八三五）年　六十三歲

撰《莊子瑣說》三卷、《老子考》（至六十七章止）

天保七（一八三六）年　六十四歲

五月十七日沒。

昭陽一生，蓋竭盡心力於學問之鑽研及經術文章的撰述。由年譜以知，其受南冥之啓蒙，耳濡目染於中國古籍之涵泳，淵源深遠。弱冠之年，其父南冥遭異學禁錮，終身不仕，昭陽牽連波及，亦不受重用，遂轉念於家塾營設，或開班授徒，或專注撰述。故著述甚豐。廣瀨淡窓的儒林評❹曰：「昭陽著述極多，壯年閉戶閑居，用力於著述，數十年如一日。不與世儒交通，亦不喜見俗人，是其名譽少之故也。」則指出昭陽皓首窮經，勤於著述的情形，然以其鮮與時人交往，故著述未能廣泛流傳，知其聲聞者亦少。雖然如此，明治、大正年間的

---

❹ 廣瀨淡窓（一七八二～一八五六），豐後（今大分縣）日田郡人。寬政八（一七九六）年，十五歲至福岡謁龜井南冥父子，翌年入學甘棠館。所著《儒林評》，在評騭江戶以來之儒者。以持論允當，固可爲理解江戶儒學之參考。今入錄於《增補淡窓全集》（日田郡教育會編，思文閣一九七一年出版）。

漢學家西村天囚，於昭陽的學問倍加推崇。其曰：「龜井昭陽乃儒林畸人，九州經學大家。三浦梅園著述至富，經學非其所長。古賀精里爲一代泰斗，不脫性理窠臼。帆足萬里標註四書五經，猶不免雜學家數。安井息軒以經學標榜，識者以文章家視之。其餘或以詩、或以文章、或以學行兼優，聲名馳世者多。至於經學，蓋以昭陽爲巨擘。以人而言，南冥高於昭陽；以經學而言，昭陽優於南冥。昭陽非獨恢宏龜井氏之先業，稱霸九州而已。恐當年經生中，鮮出其右，亦海內之一大儒也。」❺

昭陽之爲江戶時代經學巨擘者，以其專注於經傳注疏，於易、書、詩、禮、春秋左氏傳、四書、孝經等無不涉獵，固可略知一二。然而其鑽研之功如何，於經傳傳述有何闡發，町田三郎先生以昭陽的《禮記抄說》爲例，具體地指陳而出：

> 昭陽雖未必有明確地考證方法的提出；而其盡力於分析性、結構性之思考與開展，亦即致力於素材的分析，章篇結構的解釋，全體旨趣的闡明，進而辨明諸章節之有無連貫性。如此注疏，蓋有助於後代學者之研究，或可以之而系統性的解詁經傳，進而建立考證的方法。故於經學的研究，昭陽宜有極高的評價。

此說蓋可予龜井昭陽於日本漢學史之定位。

---

❺ 西村天囚之文，見前引〈異彩める學者〉。

二、注疏《莊子》的經過

昭陽於《莊子》之注疏，有《莊子瞉音》三卷、《莊子塡說》三卷。據前引《萬曆家內年鑑》所記，《莊子瞉音》寫成於文化五（一八〇八）年，昭陽三十六歲時。《莊子瑣說》則成於天保六（一八三五）年，六十三歲時，即死前一年撰述的。至於《莊子瞉音》的撰述過程，未可詳知；而《莊子瑣說》之完成，以昭陽有《空石日記》四十卷，自文政元（一八一八）年九月一日，四十六歲起，至天保六年九月七日止，逐日記事，❼其中有講授、會讀（即讀書會）、解詁《莊子》等情事，故可知其一二。

文政元年

九月十四日　夜會《莊子》。

十七日　夜會〈齊物論〉。宰日夫吹萬不同。昔人云，萬不同是成語，參考有□

❻ 町田三郎先生之說，見其所撰「「漢學」二題」（地域における國際化の歴史的展開に關める總合研究——九州地域における——平成元年科研成果報告書）。

❼《空石日記》收於全集卷七，但止於八月四日。然則似未完竟，宜有後繼之記述。其日記至天保六年九月七日而止者，據昭陽次子陽洲於《萬曆家內年鑑》於天保六年之欄內所記「先考日記止于九月七日」。

吹吹字下添者字看，如何。是說頗雋。

廿四日　夜會《莊子》。

廿七日　《莊子》會。（〈養生主〉畢）

十月一日　夜會《莊子》。

四日　會《莊子》。

七日　夜會《莊子》。

十一日　是日當會《莊子》，命緩一日。

十二日　夜會《莊子》。（按補前日者）

十七日　夜會《莊子》。

廿一日　夜會《莊子》。

廿四日　夜會《莊子》。

十一月十四日　夜會《莊子》。

十七日　夜《莊子》會。

廿四日　夜會莊。

廿七日　夜會莊。（〈秋水〉畢）

十二月四日　夜莊會。

五日　呼友也改定《莊子》《毛詩》《蒙求》《中庸》會日，並書帖壁。徂來

集講于《莊子》會前，詩、莊、蒙並間二日。（按友也，昭陽長女少琹）

七日　夜會《莊子》。

文政二年

正月廿四日　削友也讀莊七篇。

二月廿八日　夜始會《莊子》〈田子方〉篇。

三月一日　夜會《莊子》。

四日　夜《莊子》會。

七日　夜《莊子》會。

十一日　夜會《莊子》。

十四日　夜《莊子》會。

廿一日　夜《莊子》會。

廿四日　《莊子》會。

四月九日　夜《莊子》會。

廿八日　夜《莊子》會。

閏四月一日　夜《莊子》卒會。

十六日　《莊子》竟宴。

文政四年

三月四日　爲正遵始講《莊子》。

六日　講〈齊物論〉。

十二日　正遵歸。（按正遵歸，故《莊子》卒講）

文政五年

六月十一日　知厚請聽《莊子》講，許之。

十二日　先食起，一覽〈逍遙遊〉，食後，講〈逍遙遊〉，終篇。

十四日　朝校〈齊物論〉，食後談。

十五日　爲祇園會，輟《莊子》講。

十六日　校《莊子》。

十七日　朝披閱〈齊物論〉、〈養生主〉。食後談了。又披〈人間世〉通覽。

十九日　講了〈人間世〉。

廿二日　講〈德充符〉，閱〈大宗師〉。

廿四日　昨講〈德充符〉、〈大宗師〉，今又講〈大宗師〉，未盡。

廿五日　輟《莊子》講，校莊盡〈應帝王〉。

廿八日　講《莊》。
廿九日　〈應帝王〉講了。
十一月四日　夜《莊子》會。
九日　《莊子》會。
十四日　夜《莊子》會。
十九日　夜《莊子》會。

文政六年

二月廿四日　《莊子》會。
廿八日　《莊子》會。
三月五日　夜《莊子》會。
九日　夜《莊子》會。
十九日　夜《莊子》會。
四月朔日　夜《莊子》會，因醉輟。
二日　夜《莊子》會。
九日　夜〈天下篇〉會。
十四日　夜《莊子》〈內篇〉會

五月朔日　夜《莊子》會。
　四日　夜〈人間世〉會。

文政八年

十二月廿一日　抄《莊子》。

文政十一年

五月廿九日　朝講增《左傳》止《莊子》。（按不詳何時起講《莊子》）
八月五日《莊子》始講。
九月四日《莊子》屬講。
十二月十三日　《莊子》卒講。

天保四年

五月十八日　夜《莊子》會。
九月十三日　夜《莊子》會。（按全集所錄《空石日記》卷二十九至卷三十四正月五日，即天保元年至四年之日記闕。又卷三十五末，有「以上甲午（天保五年）三月所登」之載記，即日後補記者，請情事或未必纔記。）

天保五年

十月廿一日　始草《莊子瑣說》。

十一月四日　夜《莊子》會。

七日　夜《莊子》會。

十六日　夜《莊子》會。

十二月十六日　《易》、《莊子》卒講。（按小字兩行記曰〈大有〉〈天道〉。即《易》之卦名與《莊子》篇名，皆《易》《莊子》之半，蓋可測知講二書已多時，唯始於何時則未詳。）

十九日　終日釋莊覺勞。

天保六年

正月十三日　句點《莊子》說。

十五日　瑣說句點了。

廿四日　《莊子瑣說》卒業。

三月七日　《易·謙》、《莊子·天運》續講。

十九日　朝寒甚，講《易》不講《莊》。

四月十一日　夜宮埒來，以《莊子》會，不得對酌。
六月二日　《莊子》卒講。
十六日　《莊子》煗講。
閏七月十九日　釘《莊子瑣說》。
廿九日　緒方連來，乞止五六日，削稿，講〈齊物論〉。
八月三日　爲連講〈齊物論〉。

據《空石日記》所載，昭陽自文政元年九月以至天保六年八月的十七年間，前後會讀《莊子》三通，即文政元年九月十四日至二月閏四月十六日，每月朔、四、七、十一、十四、廿四日會讀，即每旬而間二日一次。其後，文政五年十一月四日至六年五月四日。又天保四年至死前。其講授《莊子》，前後凡五次。即文政四年三月四日，爲正遵講〈齊物論〉。文政五年六月十一日至二十九日止，應知厚之請，講內七篇。文政十一年至十二年，天保五年十二月至六年六月十六日，各一次。天保六年八月三日，爲緒方連講〈齊物論〉。至於《莊子瑣說》之撰述，則自天保五年十月廿一日起草，至六年正月廿四日卒業，前後約費三個月。又於是年閏七月間改訂。

由是以知，昭陽之撰述《莊子瑣說》，乃經五次講授、三次會讀，即於旁徵博引，涵泳覃思之後，又用三個月的時日解詁疏義，點校補訂以成書。

三、《莊子瑣說》的引用書目

昭陽於十七年間，數次講授，多次督導生徒研讀《莊子》，以故其所著《莊子瑣說》，頗衆採中外前賢時人的解詁。綜觀其書，屢見徵引者，晉郭象《莊子注》唐成玄英《莊子疏》、陸德明《音義》及陸氏所引司馬彪注。崔譔注、宋林希逸《莊子鬳齋口義》、褚伯秀《莊子義海纂微》、明朱得之《莊子通義》、陸長庚《莊子副墨》、沈一貫《莊子通》、焦竑《莊子義》及焦氏所引呂惠卿注、羅勉道注・楊愼《莊子闕誤》。清胡文英《莊子獨見》、林西仲《莊子因》。與昭陽時人秦鼎（一七六一～一八三一）《莊子因補義》、東條一堂（一七七八～一八五七）《郭注莊子標注》❽。

昭陽之所援引以爲注解者，舉凡漢魏以下，唐、宋、明、清、甚且本邦時人之注莊者，若有可採者，皆網羅之。由是以知，其之注釋《莊子》，略無學派門戶之見。此昭陽《莊子瑣說》頗値注視者一也。又，就研究《莊子》之流衍而言，中國所推重的郭注、成疏、陸氏音義；日本江戶以來廣布流傳的林希逸口義，此姑謂之古汴，昭陽皆引述及之。其次，明代諸家注莊之書❾，清初及時人疏義解詁，此姑謂之今疏，昭陽亦多引證。如此，古往與今疏

❽ 東條一堂《郭注莊子標注》見引於其子東條淡齋《標注補義莊子因》（《和刻本諸子大成》第十二輯，汲古書院，一九七六年七月發行）。

之折衷並用，尤其於清初刊刻的林西仲《莊子因》及胡文英《莊子獨見》，多所徵引，於時人秦鼎補義的珍視❿，東條氏標注的徵引，固可以說明昭陽不薄古注，亦愛今疏的折衷觀點。此昭陽《莊子瑣說》足以稱許者二也。茲圖示其引證書目，藉以明晰昭陽注疏之用心。

- **古注**
  - （中）郭注、成疏、陸氏音義。
  - （日）林希逸口義。
- **今疏**
  - （明代諸家）朱得之通義、陸長庚副墨、沈一貫《莊子通》、焦竑《莊子翼》、楊慎闕誤。
  - （清初注解）林西仲《莊子因》、胡文英獨見。
  - （時人疏義）秦鼎林西仲《莊子因》補義。

---

❾ 褚伯秀《莊子義海纂微》附載於朱得之《莊子通義》。呂吉甫注、羅勉道注多為焦竑《莊子翼》所引。檢尋昭陽引褚注者，乃收載於朱得之《莊子通義》。所引呂注、羅注者，亦見於焦竑《莊子翼》。故謂昭陽引明代諸家注莊之書可也。

❿ 昭陽於〈齊物論〉篇之「是兩也」下曰：「余災後，特藏秦氏所訂《補義莊子因》，西仲所得不贅。」蓋昭陽於寬政十、十二年二度遭祝融之災，宅院且付之一炬；而「特藏」秦氏之書，且林西仲《莊子因》得以不廢。如此，固可見昭陽之珍視秦鼎之《補義》。

四、《莊子瑣說》注疏形式及內容

昭陽之撰《莊子瑣說》，於內七篇，〈駢拇〉及〈天下〉等九篇，有篇旨的解題，其餘則無之。如：

言唯大者能逍遙而遊也。（〈逍遙遊〉）

諸家是非不定，故莊叟以未始有物之說齊物之論也。（〈齊物論〉）

去多事而反本性之意。（〈駢拇〉）

朱注、南華經之後序。得之。（〈天下〉）

昭陽之疏解《莊子》，但摘錄足以注解之《莊子》的文辭，而後或引述前人注疏以解之，或陳述己見。其在摘錄莊文與注疏之文間，空一字以辨識之。如〈逍遙遊〉之注：

以爲一　視萬物如一。混淪而無彼此利害之辨。

瓠落，梁簡文讀爲廓落。沈注，平淺貌。

前者乃疏解「爲一」之義；後者則引述梁簡文帝之疏，以訓「瓠落」的別讀，再引沈一貫之注，以明「瓠落」之義。

再者，其注文間有以兩行小字夾注者，以標識出處，或補原注之闕。如〈齊物論〉之注：

亦因是也　因衆狙所是也。（老子輔萬物之自然而不敢爲。莊周因之，藍本。）

振於無竟　振即洸洋自恣之意。無竟猶無窮也。（遊無窮出〈逍遙遊〉。）此句上屬。

（西仲不了了）

「老子云云」者，蓋昭陽以爲莊子「因是」之義胎源於老子。「遊無窮出〈逍遙遊〉」者，指陳《莊子》前後篇章相屬，脈絡相通者。「西仲不了了」者，則批評前人的注釋不甚的確。又如〈大宗師〉之注：

自本自根、未有天地、自古以固存。　上八字似一句而二句，根與存拒韻。文字俶詭。

（余始以八字一句爲是，今是改之。）

於謳　口者天籟也。天籟無象。　玄冥、幽也。參寥、空也。疑始、帝之先也。（幽者、形聲不及之域。空者、無形無聲之境。）

所謂「余始以八字一句爲是，今是改之」者，蓋其始注《莊子》之時，即文化五（一八〇八）年，三十六歲作《莊子瑴音》三卷。是書曰：「自本自根未有天地，自古以固存。上八字一句，不亦俶詭文字乎。」果眞以「地」字爲句。及晚年作《莊子瑣說》，則以「根」、「存」二字協韻，宜分上八字爲二句。再加小字之注，以說明前作與後注相異之處。至於「幽者，形聲不及之域。空者，無形無聲之境」，蓋昭陽以爲，以「幽、空」解「玄冥、參寥」，無論《莊子》本文或注解之義皆未必通曉清晰，乃以小字兩行加注之，或意在彌補原注之不足。

探究《莊子瑣說》的注疏內容，或訓詁字詞之義、或分析章節脈絡、或考證眞僞、或許騭前人注疏之是非、或闡述思想要旨。茲逐一究明於后。

以爲瓢　挹水曰水斗。飲水曰掬水。蓋是類乎。（〈逍遙遊〉）

大知閑閑　無是非也。（閑、安泰。）間間、有是非也。（間、分界。）（〈齊物論〉）

緣督　督、中也。（衣背中縫之說確矣。督旁出周禮。偏裻出左氏。）（〈養生主〉）

所謂「挹水曰水，斗飲水曰掬水」、「閑、安泰。間、分界」、「督、中也。衣背中縫。」等等，皆昭陽訓詁《莊子》字詞之義者也。

野馬也　三也字皆以起下文，而下以二邪字受之。（〈逍遙遊〉）

其正色邪　……（二邪字參差成義。下文吾將爲名乎。吾將爲實乎。）（〈逍遙遊〉）

吾將爲賓乎……（二乎字參差成義。同上二邪字。）（〈逍遙遊〉）

厲之人　自知甚醜也。受前章而遙罵楊墨。或欲以此廿字連前章。然下文美惡字與此映帶。（〈天地〉）

「三也字皆以起下文，而下以二邪字受之」；「受前章而遙罵楊墨。或欲以此廿字連前章，然下文美惡字與此映帶。」蓋分析章節之起承伏應的文理，後者，甚且以起承關係，而爲段落更端與否的依據。至於「參差成義」者，意謂《莊子》以疑問詞引起下文，即以「邪」、「乎」設問，而後以「其視下也亦若是也」、「名者實之賓也。……予無所用天下爲」解答所問。

> 多男子則多懼　文王百男，斯有管蔡。
> 此章非莊文，其力弱。下章亦同。西仲得之。（〈天地〉）
> 莊子曰　引內篇語。是章非自筆者見矣。（〈天道〉）夫至樂　沈注：以下三十五字非莊本文，乃疏語也，當刪去。案是允然。語語重複，衍文必矣。（〈天運〉）
> 東坡去讓王、盜跖、說劍、漁父四篇，以寓言之未合於是篇。實有見也。唯盜跖，漁父不若讓王、說劍甚淺陋。太史公未可必非耳。（〈列禦寇〉篇末）

昭陽之考辨《莊子》章節之眞僞者，蓋多以文辭爲依據。如上所摘錄者，除「引內篇語，是章非自筆者見矣」（〈天道〉），乃以徵引關係爲判準外，其餘皆以文辭爲據，如「其力弱」、「語語重複」、「甚淺陋」等，蓋以文氣弱，語多重沓，用筆淺陋者，皆非《莊子》本文，當刪去。再者翻檢《莊子瑣說》全篇，語涉文辭簡陋，或疏語、或衍文之注疏者，多在外、雜篇，蓋可推知昭陽或主張內七篇爲莊子所自著，外、雜篇則有後學之作而羼入今本《莊子》書中者。⓫又

⓫ 昭陽以爲內篇有僞竄者僅「造適不及笑」，以下蓋他篇佚簡，而文亦不了了。」（〈大宗師〉）至於

山木自寇也　西仲僻。（〈人間世〉）

顯則明　衍文。朱註可疑。（〈天地〉）

橫目之民　獨見笑舊說。大非。（從目之反，又何疑。古又有從生、橫生之語。）（〈天地〉）

以指喻指之非指　如今學者以儒道論佛道。（〈齊物論〉）

以非指　若以非儒道視非儒道者，則佛自佛。（〈齊物論〉）

彼其眞是也、以其不知也　我先參考不知仁之說，大符合於此。朱子、物子以其知之，故終不近也。（〈知北遊〉）

「西仲僻」、「朱註可疑」、「獨見笑舊說、大非」者，蓋昭陽批評明、清注家之有闕誤存疑者。「如今學者以儒道論佛道」，則反省寬政四（一七九二）年，幕府獨尊儒學而禁異學之措施，乃有不能兼容並蓄，各放異彩之失。至於「我先考不知仁之說，大符合於此，朱

外、雜篇除引述者外，尚有

此篇錯雜，蓋老聃之言，止天鈞敗之。其後文意不屬。本是謾筆瑣語，或殘簡斷篇。編者捨而錄之耳。（〈庚桑楚〉）

曾參悲　因後母遇之無恩言之。（西仲誤）以上呂覽亦出，不似莊文。且與下文異色，絕者補綴歟。（〈外物〉）

繚意絕休縛其心，棄其身也。此章辭多變調，吃吃可厭，但有一二佳語。（〈盜跖〉）

固可知昭陽以外，雜篇多僞作。

子、物子以其知，故終不近也。」則批判朱子學立爲官學而獨尊及物徂徠古文辭學獨大，且後學不能攢繼發揚、轉益求精，致有流於唯我爲是，不見彼學之長，甚且排斥之的缺失。此一持論，固有龜井家甘棠館遭禁，龜井父子不爲世用之沈潛寓義，亦可窺知昭陽折衷諸家之長而著述立說的用心。

五、《莊子瑣說》的義理疏解

昭陽以「大自在」解〈逍遙遊〉，其曰：

> 唯大者能逍遙而遊也。（〈逍遙遊〉解題）二章皆（惠子）詰其大而無用也；而周則言唯大人能用大物之意，以終一篇之義。（同上「惠子謂莊子」二章寓言之疏義）大見解之人，唯於域外得大自在，是周之洸洋自恣，敖乎人間者。（同上「無何有之鄉」之疏義）

意謂如大鵬之高飛，乃能平等的觀照，視萬物如一。亦即昭陽之所謂「大」者，乃超越性的存在，故曰：用唯於域外得大自在。如此之人，乃得以謂之爲「大人」、「大見解之人」。而後以此見解，處於人間世，始能「洸洋自恣，敖乎人間者。」此昭陽以「大自在」詮釋逍遙而遊的所在。至其於養生之主的理解，則從因乎自然而落實於人間世之處事接物上說。昭陽云：

> 依天理、因固然，不敢經肯綮（順理而行，而不與物爭）。以無厚入有閒、遊刃有餘地（凡事留餘地）。而深戒於族（不戒必有右師之禍）。善刀藏之（無事則靜而養之）。皆養生之理。（〈養生主〉之「得養生焉」的疏義）養生者，畏犧而辭聘。一派見解。（同上「澤雉」的疏解）

意謂依乎天理自然以處人間世，則預留餘地而不與物爭，亦即致虛守靜以養生之主神。若無可奈何而出仕，則「畏犧而辭聘」，亦即無以寵辱得失內在於心而招徠禍害。至於其所謂「神」者，〈知北遊〉篇「方將躊躇」的疏義曰：

> 躊躇四顧，與養生主一意。（調其精神超然玄覽）

即明徹通觀之超越存在的精神狀態。換言之，與天道常理相契合的精神存養。以此而對應人生的死生問題，昭陽則以「生死無變，而主神乃全」⓬的見解，詮釋《莊子》的生死觀。然則「生死無變」之義爲何？昭陽曰：

> 以化爲命，守其天然而不與物化變。（〈德充符〉之「命物之化」的疏義）

萬物皆有生殺榮枯，乃自然之常，而人之有生死亦如是。雖然，若以生死爲自然而有的常

⓬〈養生主〉之「三號而出」的疏義。

態，且安之若命。亦即不以生爲榮華，死爲衰殺。換言之，昭陽以爲生死，命也，如自然之常。然則如何而能以死生爲命之化。昭陽曰：

> 不有生故謂之生死物也。然則非天地死而天地又生。〈知北遊〉之「不以生生死」的疏義。

> 生物之死有時，則不可以有死，故謂之死生物也。然則非天地之生悠久，其可測乎。同上「不以死死生」的疏義。

意謂物有生死，天地則無之，若能「不有生、不可以有死」，即不以生死爲生死，則身雖死而神猶生，如天地之悠久長存。亦即能安生死之化，則能與天地爲一。

以上所述，超越性存在之大自在而逍遙徜徉於人間世；存養精神，以明徹通觀的生主對應人的死生問題，進而安化死生之常，以順應天道自然之理。乃昭陽頗能理解《莊子》思想的所在。除此而外，《莊子瑣說》有具系統性之架構，以闡述《莊子》義理者，足以窺知昭陽於《莊子》的會心。茲論述於下：

(一)齊物論。昭陽曰：「諸家是非不定，故莊叟以未始有物之說，齊物之論也。」（〈齊物論〉解題）意即莊子以爲窮於是非不定的彼我之爭，乃提出「遊物之先，故無我」⓭，無

⓭〈齊物論〉之「吾喪我」的疏義。

我則無我是彼非的紛爭之說。然則何以知是非不定，昭陽分析曰：

> 百骸九竅　一節就形骸上舉其不齊之理。（〈齊物論〉）
> 無益損乎其眞，一身都無定說。（同上）

一身上的百骸九竅各有所司，未可以爲孰君孰臣，又人皆有形骸，官能具足以生存於天地之間，固未可以爲孰美善孰醜惡。是故形骸有不齊，以之而推，是非亦不可定於一。

> 可行已信　無一定之形，故喜怒亦參差不一。（〈齊物論〉）
> 喜怒哀樂　一節就情性上舉其不齊之理。（同上）

形既不一，情亦不齊。即喜怒哀樂因時因事而各生，是不齊；相同之時地事物，又因人的感受，或喜樂生；或哀怒起，又殊異也。是故情性既不可齊一，又豈能以喜樂必爲是，哀樂必爲非；或以同感爲是，殊情爲非也。

> 因是因非　因是則亦因非也。物理從來如是。（〈齊物論〉）

是非乃相對而生者，彼我亦然。一旦人皆執著於我是彼非，則是非之爭乃衍生無窮。故推尋昭陽所謂「物理」者，是非不定，乃其一義。再者，

終始無故　始與終不一定也。(〈秋水〉)

不可故也　物之始終不可一定也。(同上)

蓋以天象萬物之周始若環而論終始，故何者爲始，何者爲終，則未可一定也。此亦物理之一。又

有實而無乎處　出入有實而無一定方所。(〈庚桑楚〉)

有長而無本剽　生生化化而無一定本末。

宇也　成宇成宙。……無一定方所，所以成宇；無一定本末，所以成宙。(〈庚桑楚〉)

則以出入皆宜，所適非必然如此不可，說方所未必定於一。又以萬物復歸說本末無定。故方所不定，本末循環，亦物理現象之一。又

故異便　至小與至大，從來異宜，不可一槩論之。(〈秋水〉)

不期精粗　不可精粗期之。(同上)

小大各有所宜，小者精細有其美；大者粗疏有其用，固未可一定的判準而爲衡量的依據。故小大異宜，精細皆適得，亦物理之一。又

道不可有　不可以爲有也。（近取譬，如顏天跖壽。或使非也。）（〈則陽〉）

有不可無　不可以爲無也。（如福善禍淫莫爲非也。）（同上）

在物一曲　物之有無相代，則有無是道之本然歟。（同上）

盡道　總萬物者，盡物在一曲。（同上）

有有者，不恃以爲得；無無者，不以爲失，蓋萬物盡於有無的循環，乃天道之常理。故有無相代，亦物理常道。

綜上所述，昭陽乃以形骸不定，情性不齊，物理之常的分析而說明是非不定之理。然則，如何對應人間世所有之是非不定，所衍生諸端紛擾事象。昭陽以爲：

我居其中，故可以應四外。（〈齊物論〉之「以應無窮」的疏義）

如何以應人間無窮的是非爭執，其要在於「居中」。即不偏兩端，亦且不固執己見，而用其中。如此，是非兩行而皆可，我是彼非的爭執，自然消弭不生。故昭陽曰：

是其是，非其非，我應而不辨。（〈齊物論〉是亦「無窮」的疏義）

即執其所是者，有其爲是的存在根源；以其爲非之非，亦有其爲是所存在依據，故應其所是而不以己見所是加之，則無彼我是非的爭辯，人間世乃得以和諧。此昭陽以「居中」闡述莊

子對應世間紛擾之方。又

> 不以其所是倡衆也。（〈齊物論〉「爲是不用」的疏義）

人皆有其是是者，若以己之所是以是彼之所見，則不免於行強要脅。具體而言，學術之定於一尊，則難免於畸出或不振的流弊。如陰陽讖緯之雜入儒家是畸出；魏晉玄學流於煉丹呑藥的虛妄，是流弊，皆不得學術之全。故昭陽指出，以儒道論佛道，蓋以儒學獨尊，則不見釋、道之精徵含藏。「若以非儒道視非儒道者，則佛自佛。」⑭亦即回歸物自身，而各顯物之是。昭陽進一步地指出：

> 衆皆得則百事畢。亦在因彼所是而導之。（〈齊物論〉「因是已」的疏義）

衆人皆得其所是，則紛爭止，紛爭止息則世間和諧。其要固在於「不以其所是倡衆」；而「因彼所是而導之」。亦即萬物皆有其存在於天地之間的底據，能「因彼所是」，則所在皆是的存在根本，得以肯定。人間世終能物我冥合，人際關係亦能圓滿和諧。此昭陽以「因彼所是」闡述莊子對應世間紛擾之方。又

> 喪耦二字，一篇緊要。（〈齊物論〉「喪其耦」的疏義）

---

⑭〈齊物論〉之「以指喻指之非指」、「以非指」的疏義。

所謂「喪耦」，是忘失吾身所寄的形軀，亦即無形軀我知的執著，簡而言之，「喪耦」即「無我」。昭陽曰：「從無我，通無彼」。⑮意謂我心虛無，淡泊於是非得失的成見，乃得以無彼必爲非之偏執。如此，彼我始能共通無礙。此昭陽以「無我」闡述莊子對應世間紛擾之方。綜上所述，昭陽以爲莊子乃因爲「諸家是非不定」，故說〈齊物論〉。若能「去紛紛是非而冷然善也」；「去善則合自然」。⑯即無是非我彼之爭，我見爲善的執著，則彼我皆是。如此，即冥合於萬物並存於天地之間的自然常道。至於如何泯是非，去我執，昭陽分析《莊子》之義，蓋有「居中」、「無我」、「因彼所是」之方，以對應紛爭不已的人間世，然則，此對應之方，如何而爲可能，即莊子應世之方的理論根據爲何。昭陽闡述之曰：

> 寓諸庸　庸德、庸言之庸。言托之常事以施行之。自老子知常曰明，一點化來。
> （〈齊物論〉）

蓋謂能以「居中」、「無我」、「因彼所是」而爲對應之方者，乃由「知常」而致之者。至於常的意義爲何？昭陽曰：

> 萬品萬異，皆一致也。一致，大常。（〈田子方〉之「萬物之所一也」的疏義。）

---

⑮ 〈寓言〉之「二年而從」的疏義。此義之解乃昭陽引述吳文英《莊子獨見》而注者。

⑯ 〈外物〉之「去善而自善，與能言者處也」的疏義。

即彼我並存，是非兩而皆可，乃長久以存的常理、常道。換言之，此「常道」乃超越性地長存於天地間。故「托之常事」，以「居中」、「無我」、「因彼所是」的對應之方，以處人間世，終能游刃有餘，和諧地遊於天地間。然則何以能「知常」而有對應之方，昭陽究明之曰：

喜怒哀樂　此小變也；胸冷即大常。（〈田子方〉）

意謂喜怒哀樂等情緒反應，雖人人有之，唯皆爲時起時失的情感變化。至於吾心的含容，知變異、通人我，則是「大常」。故常道之知，乃內在於明徹之心。以是，能生對應之方。換而言之，常道乃超越性地存在，然而以吾心的含藏，故常道又內在於吾人之中。亦即既超越又內在，故謂之「大常」。此昭陽以爲《莊子・齊物論》的理論根據之一。又

大明而物論歇。（〈齊物論〉之「進乎日」的疏義）

日月之明照，萬物無分高下大小，皆得以顯象。若人明徹如是，則無區別心之產生。是以，如日月之高懸普照，而無分別差異，故昭陽謂之爲「大明」。換言之，如日月之無同異象，則此「明」乃是超越性的存在。昭陽又曰：

日出、日入，以喻心之明，不可息也。（〈田子方〉之「是出則存」的疏義）

> 吾受其成形　受是成形於大明出入之間也。（〈田子方〉）

人成形而生存於天地之間，而昭陽謂爲「成形於大明出入之間」，故知「大明」者日月也，即超越性的存在。唯「日出、日入，以喻心之明」，則又意味著心之明如日之明，是故，此明乃爲「大明」。再者「心之明不可息」，即謂心之存養若如日月出入之不息止，則「大明」乃內在於心中。如是，心之明徹，則無是非彼我的殊別區分，即物我同通爲一，物論不止自息。是故昭陽所謂的「大明」，則又是超越性地內在於吾人之心中。此其以爲《莊子》齊物的理論根據之二。又

> 萬物一視，故物皆然於然而已。（〈齊物論〉之「萬物皆然」的疏義）
>
> 萬不同而混然大觀。（同上「和以天倪」的疏義）

天之俯視大地，萬物無不映照，故謂之「物皆然於然」。又日月明觀，則品類玄同，故謂之「萬不同而混然大觀」。由於超越性存在著的「大觀」，所以「知通爲一」⑰，而「無古今始終」，亦「無成與虧」。⑱故昭陽曰：

---

⑰ 語出〈齊物論〉。

⑱ 「無成與虧」見〈齊物論〉篇。「無古今始終」則是昭陽注〈知北遊〉篇之「未有子孫」之語。

> 唯達人大觀而知通爲一，凡物論亦反覩合一，紛紛是非，以夢境了斷。（〈齊物論〉之「物化」的疏義。）

以通爲一之大觀以觀物論，則彼我相對之是非，以立場轉換的反觀視之，則我之是爲是，彼之是亦爲是。亦即「萬物皆作平等觀」。⑲以是觀之，非但是非泯除，大小材用之說亦反觀而自有材用。故昭陽曰：

> 自小者言之，則郢亦一天下。（〈天下〉篇之「郢有天下」的疏義）

> 一尺之種　至短之策也。所用以捶之，不過其半。雖日用之，萬世不能竭一尺也。（〈天下〉）

郢雖小，自成一天地。策雖短，日用之而不盡。蓋皆說明小大之材，各以其材之圓滿自足而有其用。故以平等大觀而觀物，萬物皆有其存在的可能與價值。故如日月之大觀是超越性存在；以平等觀反觀物論，物論皆一，是內在於達人之心中。是以，昭陽所謂之「大觀」，亦超越性地內在於吾人之心。此內在於心的發用，而萬物乃知通爲一。以昭陽以爲《莊子・齊物論》的理論根據之三。

---

⑲〈天下〉之「天地一體」的疏義。

昭陽所謂「大常」、「大明」、「大觀」，皆冠以「大」，蓋指常、明，觀皆超越性地存在。而此超越性若內在於人之心，則彼我共通，物論止息。故昭陽曰：

> 大見解之人，唯於域外得大自在。是周之洸洋自恣，敖乎人間者。（〈逍遙遊〉之「無何有之鄉」的疏義）

> 棼棼泯泯之中，自有實理而古今不易，終不可闕失，則是一大議論存焉。（〈徐無鬼〉之「頡滑有實」的疏義）

所謂「域外」、「棼棼泯泯之中」，即超越性的所在。而「人自在」、「實理」，則是「大常」、「大明」、「大觀」的明徹通觀，萬物皆一的自然天道，唯此天道乃能「古今不易」。若人能知常明觀，乃「得大自在」。進而以此處於〈人間世〉，終能「洸洋自恣，敖乎人間。」此既超越又內在的知常明觀，乃昭陽以為《莊子・齊物論》之理論根據的所在。

昭陽之疏義〈齊物論〉，乃先指出《莊子》以為「諸家是非不定」，故說〈齊物論〉。其次，分析《莊子》如何說「是非不定」，即從形骸、情性、物理等，「舉其不齊之理」，從而指出是非本不定，則不必執著於彼我是非的分別。此後，昭陽闡述《莊子》如何對應諸家之論，而舉出「居中」、「無我」、「因彼所是」的順應之方。至於此順應之方，即〈齊物論〉的理論根據為何，昭陽則以為是「大常」、「大明」、「大觀」之超越性地內在於吾人之心，則物我共通，和諧地遊於〈人間世〉。是故，昭陽以

現象提出（諸家是非不定）
←如何以知（從形骸、情性、物理說）
←如何以對（居中、無我、因彼所是等對應之方）
←對應之方，即〈齊物論〉的理論根據（大常、大明、大觀等超越性存在）

疏解《莊子》的〈齊物論〉，誠析理分明的義疏，固可知昭陽之疏解《莊子》，確實有自身的詮釋系統。

㈡天德說。昭陽曰：「性、稟受也。德、天民本然也。（德者得也）」⑳意謂「德」乃秉受於天的本然之性。既天生而有，故自然秉受的「德」，即可稱之爲「天德」。如其解〈天地〉篇「合喙鳴、喙鳴合」之義，曰：

鳥之喙合則鳴，開則合。天機自張，如是爲合於天德。

---

⑳〈駢拇〉之「出乎性哉」的疏義。又〈在宥〉，亦有「德、本然也」的疏解，蓋昭陽以爲「德」乃天生而有的本性。

所謂「天機自張」，乃以禽鳥之鳴止開合，皆天生自然的本性，是爲「天性自然」的「天德之象」。㉑以此而應人事。昭陽曰：

> 治萬物、德也。大化均，天也。（〈天地〉之「君原於德，而成於天」的疏義）

所謂「治萬物、德也」，蓋以德爲本然，治民而使之復歸本性自然，亦即「德明於天，而自然使然之」㉒，故謂之「治萬物、德也。」然則，如何治民而升乎天德，昭陽曰：「大化均、天也」，即天之造化萬物，均齊爲一；人生之德，既得之於天，故其所得之化，亦天生而然，是以治民之要，在隨物而安化。蓋「人皆有所獨得，是化也。」㉓故昭陽曰：

> 所欲在民之同德，而各以其心安居矣，此其要也。（〈天地〉之「欲同子德而心居矣」的疏義）

即治民之要，在使民復歸本然，而安其所安。故具體而言，所謂「同德」是「（人）性已不同，則我須物化而化之。我苟不能隨物而化，物安能隨我而化哉。」㉔即人皆有獨得的造

㉑ 昭陽徵引吳文英《莊子獨見》之「天性自然之象」訓解〈刻意〉篇「天德之義也」的意義。

㉒ 〈秋水〉之「德在乎天」的疏義。

㉓ 〈天地〉之「進其獨志」的疏義。

㉔ 昭陽引述吳文英《莊子獨見》之解，以訓詁〈天運〉之「安能化人」的疏義。

化，若隨物之化而化之，則功成事遂而百姓自然順成。故「自然而使然之」，皆以本性生存於人間世，因「天機自張」而「合於天德」。

昭陽探究《莊子》所謂天德均化之義，而曰：

> 事自義出，義自德出（〈天地〉之「技兼於事」的疏義）

「事」者、治事。「義」者、宜也。即使民同德之均化。德自天出。即治民之事，宜使百姓如禽鳥自由自在地鳴止開合。則此天機之自張，皆得之於天地均齊的造化而使之然。即隨其所化，復歸本然，而得其所生，安其所安。換而言之，昭陽乃以

天→德→義→事

的義理系統，說天德均化之義；進而以德乃秉受於天的本然之性，肯定人存在的價值，究明《莊子》所述「德在乎天」（〈秋水〉）之義。

㈢神明論。昭陽曰：

> 人死則爲神明，今分二字說之。明者神之用，故曰唯是爲使役者也。（〈列禦寇〉之「明者唯爲之使」的疏義）

「人死則爲神明」，則「神」、「明」二字本合用而共稱一事，即「泛言鬼神祇」。㉕唯昭陽以爲《莊子》既謂「明者唯爲之使」，乃以「明」爲「神」的使役。又說「明者神之用」，則分神明爲二，且說神明爲體用論。然則，神之如何爲體；明又如何而有其用，昭陽演繹之曰：

> 神者徵之　確乎有以赫其靈也。此分說神明二字。（〈列禦寇〉）

「有以赫其靈」者，即以爲明能彰顯神之體，進而發揮其靈用。又

> 明之不勝神也久矣　人能守神，則明由以生，故曰聰明靈知不勝本神。（〈列禦寇〉）

「本神」者，即人天生既有的本性，亦即天生自然地內在於人的「眞宰」。而「聰明靈知」則是由神而生之明的發用。神既爲體；明爲其用，用自不勝於體。再者，細繹「人能守神，則明由以生」之義，蓋昭陽以「眞宰」之神，乃內在於人之中，若能守之，一旦「朝徹見獨」，則靈明以生，發用於外。是知昭陽以爲神明非但有體、用之分；且有內、外之別。故其解〈天下〉篇的「明何由出」之義而曰：

> 神明泛言鬼神祇。明是神之用，分而爲辭。下文聖與王，亦內聖外王之謂。其實一也。

㉕ 〈天下〉之「明何由出」的疏義。

「明是神之用」，故知其分神明爲體用。又取義於內聖外王之說，故知神明亦有內外之別。即守其內在之神，則能發用而外顯其靈明。唯昭陽又曰：「其實一也」，則內在的神、聖之體與外顯的明、王之用乃通而爲一。蓋昭陽以爲神既秉受於天，其「眞宰」靈聖亦自然地內在於人。至於聰明外王之用，乃是「大化均」的天德之發用，即「事自義出，義自德出」的「自然而使然之」的同德。換言之，內聖、神體乃本於天的本然之性；外王、明用則是合於天德的自然均化。是以二者爲一。故昭陽曰：「一者，大虛無也。」㉖即內聖、神體之所本與外王、明用之所合，皆天道自然，乃超越性的存在。故昭陽之神明論，乃是

天 ╲神—體—聖—內
　 ╱明—用—王—外

的義理架構。蓋就體用、內外而說，神明可分爲二；然則就其本源及發用以論，則皆依於天機，合於天德。亦即皆原於超越性存在的「大虛無」，故「其實一也」。此昭陽推尋《莊子》所述神明既爲二，又爲一的義理所在。

㈣〈在宥〉解。昭陽曰：「在，任其自然。」（〈在宥〉）意謂因任自然以處人間世。然則如何因任自然，昭陽曰：

㉖ 同上。

天地自然有其職。（陰陽亦自然有其內藏，而發出不息。）（〈在宥〉之「天地有官」的疏義）

上天之遮覆，大地之承載，其風雨之施，陰陽四時的調和，以生養萬物。此天地自然之職。然而人生存於天地之間，其因循於天地之自然者，則是逍遙的內聖與同衆的外王，進而「與造化一體」以「合乎大同」。㉗以此義理探究昭陽所謂「陰陽亦自然有其內藏，而發出不息」之義，則「陰陽」蓋有天地本然而有的自然義及內在於人，以爲發用的人文義存焉。所謂自然義者，昭陽曰：

包天地陰陽，故曰公。（〈則陽〉之「道者爲公」的疏義）

陰陽四時橋起運轉而所使然。（同上「橋運之相使」的疏義）

即以陰陽爲天地自然生成之道，且陰陽之調和一如四時之更替，乃自然的運轉循環。至於陰陽之有人文義者，昭陽曰：

人事之有是八變，亦起自陰陽自然。（〈則陽〉「安危相易」的疏義）

意謂人事的變化更迭，猶如陰陽的橋運，乃自然自起的。是故人之因任自然，或可以以陰陽之人文、自然二義的順應，以推衍內聖外王之說。昭陽曰：

㉗ 昭陽解〈在宥〉之「合乎大同」，曰：「與造化一體也。」

出於陽而極其原也。（動而遊照曠之域。）（〈在宥〉之「至陽之原」的疏義）

入於陰而盡於其本也。（靜而坐混冥之區。）（同上「至陰之原」的疏義）

合而言之，出入陰陽以極盡其本源。亦即因任陰陽順遂調和之義，以冥合天道自然順成之理。分而言之，飛龍陽動而逍遙於明曠空濶的「無何有之鄉」。潛龍陰靜而「化萬物在銷亡之中，視之不見耳。」㉘亦即遊動則精神上遂，於域外得逍遙大自在。靜坐則喪耦無化，雖「渾渾沌沌，不知誰爲之」；而與大化妙合，終身不離。㉙此昭陽以爲人之出入陰陽，乃能順成內聖的疏義所在。至於

形體聰明之倫，與外物遇而皆忘。（〈在宥〉之「倫與外物」的疏義）

則彼我之別，是非之知，以無我喪耦的冥坐而銷亡，故一旦與外物相接，以無彼我是非之分別心，終能物我爲一，和諧咸通。又

於外物無好惡取捨也。（〈在宥〉「當我緡乎」的疏義）

㉘ 昭陽訓解〈天地〉之「照曠」，曰：「照、明也。曠、空濶而大也。混冥之反。」又解詁「混冥」，曰：「化萬物在銷亡之中，視之不見耳。」

㉙ 昭陽疏解〈在宥〉之「渾渾沌沌」，曰：「不知進爲之，自然妙合而終身不離。」

將各自復其自然。（同上「各復其根」的疏義）

以自衆出者爲己心。（同上「以出乎衆爲心」的疏義）

所聞於衆者同而心始安之。（同上「因衆以寧所聞」的疏義）

則非但無是非的分別，亦無好惡取捨的存心。進而以依於民，同於衆而處世接人，終能圓滿順遂。蓋此因應之道，在於認同百姓本性之玄同。即一旦復歸天生自然之性，則無人不同一。故人人皆以其本然天性生存於天地之間，如此，人間世乃呈現通體和諧的天機之象，而與天地造化的渾融之體爲一。

昭陽以爲〈在宥〉之旨在「任其自然」。進而說陰陽爲天地自然而生的氣。人若因任陰陽動靜之象，則能以超越性的存在，圓融地處世接物。即無是非彼我之別，好惡取捨之判，進而肯定人皆有秉受於自然的天生之德，故果眞能依民同衆，則無人不能逍遙適得。此昭陽以「任其自然」，乃能內聖外王，合於大化的義理所在。

(五)和。昭陽疏解〈德充符〉之「成和之脩」，曰：「和是莊子第一義」。尋繹《莊子》所述及昭陽的疏義，「和以天倪」（〈齊物論〉）是「成和之脩」的極致，而「成和之脩」的體現，則是「非譽兩忘而融化於大道之中」。㉚亦即無彼我是非之爭執乃和諧圓融，而合於天道。故昭陽曰：

㉚ 昭陽解〈大宗師〉之「兩忘而化其道」的疏義。

乘一化、亦一心。（〈大宗師〉之「其一也一也」的疏義）

應萬變、亦一心。（同上「其不一也一」的疏義）

天道一，人道萬，我以一心與之爲徒，故天與人之道並行而不相害。（同上「天人不相勝」的疏義）

「一心」者，衆所玄同的心；而玄同之心，即秉受於天的自然之性。以此心應萬變，因爲事之有千萬變幻，一如自然萬般而有萬象，乃必然本有的現象。又人雖生而不齊同；皆天生如此的自然常態，故認同於天生的不均齊，則人人皆有其生存於世的玄同價值。故以「一心」因任天道的一化；順應人道的萬變，則既冥合於天道，又能與人和諧相處。此乃昭陽疏解《莊子》之「和」的義理所在。然則「和」果眞是「莊子第一義」，《莊子》之〈逍遙遊〉，旨在說大，唯大能得域外的自在適得。換言之，大鵬怒飛是「成和之脩」，意在冥合於形上超越的天道。故「和以天倪」，無非是以萬象玄同的天道爲〈齊物論〉的底據，以「喪我」，泯除人我的分際；以「坐忘」，消弭是非的執著。如此以處人間世，則無往而不適得，所在皆逍遙。是以「和」之脩，其要在與造化爲一，在物我的同體共通。而與造化爲一，乃是物我同體的形上根據，其切要則在肯定人的存在價值，體現彼我爲一，是非無爭之和諧的人間世界。故昭陽以「和是莊子第一義」，誠有其見解，亦深會《莊子》思想的主旨。

六、結　語

昭陽於《莊子》的注疏，有文化五（一八〇八）年，三十六歲作成的《莊子瞉音》三卷[31]及天保六（一八三五）年，六十三歲時完成的《莊子瑣說》三卷。前者如何以成，蓋不可考知；然後者之撰述，由於《空山日記》的記載而知，乃昭陽在十七年間，經五次講授《莊子》、三次會讀，又以三個月的時日解詁義疏，點校補正而成《瑣說》三卷。

《莊子瑣說》之旁徵博引，固可見昭陽於《莊子》注疏的工夫。而其於前人之《莊子》注疏的引用，亦可知其獨見。即中國所推重的郭注、陸氏音義；日本所習用的林希逸口義，昭陽徵引及之。至於明清之《莊子》注，特別是清吳文英《莊子獨見》、林西仲《莊子因》及日人秦鼎、東條氏的補義、標注，引述尤多。足見昭陽不薄古注；更重視近人研究《莊子》的成果。此昭陽引用前人注疏的用心所在。

《莊子瑣說》於《莊子》義理疏解，其以唯大能大自在解〈逍遙遊〉。落實〈養生主〉於人間世的處事接物說。又以「生死無變，而主神乃全」的見解詮釋《莊子》所述的生死觀。乃昭陽所理解的《莊子》基本思想的所在。至於其自身之詮釋系統的架構，而能窺知昭陽於

[31]《莊子瞉音》，今九州大學所藏者僅上、中二卷；慶應大學所有者，爲抄本，僅一卷。就今所見者，《瞉音》頗引佛理疏解《莊子》，或未合於《瑣說》所謂以莊解莊之義。

《莊子》之會心者，則有〈齊物論〉的義理闡述。即「諸家是非不定」的現象提出，進而如何以知之，如何以對及對應之方的析理。此其一。「事自義出，義自德出」，德本於天的天德說。此其二。分說神、明，且以神爲體，爲內聖，明爲用，爲外王，而神明體用皆依於天機，合於天德。此其三。以「在、任其自然爲前提，分論陰陽動靜，而說內聖、外王皆合於天地造化之義。此其四。以「和是莊子第一義」，而說逍遙適得的終極乃是人間世的和諧。此其五。凡此皆昭陽深會《莊子》思想者。

四、帆足萬里及其所著《莊子解》

一、生平傳略

> 帆足先生嘗戲曰：和人作詩文，譬如獮猴演劇，終不能似眞。然教弟子，以文爲首者，何耶。蓋以後進不學文，無能通古經也。故有著作，家不置稿，槊散軼不傳。已老，益治經術，又嗜窮理之學，喜讀和蘭書。……夫先生之於經術，闡發幽賾，疏決鬱滯，其爲功極偉。其爲窮理之學，推陰陽之運，究事物之變，以至夫禽獸蟲豸之所以食息死生，罔不通明。著書數萬言，名曰窮理通。又教弟子爲方者，處藥輒效，多爲良醫，人莫不尊信。若夫詩文，特其餘事而已。讀者能尋而繹之，亦可以觀先生爲學之勤也。

此岡松甕谷序其師帆足萬里文集❶，敘述帆足萬里之「文以明道」的主張，精通和、漢、蘭、

❶《帆足萬里文集》上下二卷，刊行於大正十五（一九二六）年。

醫之學，及其治經術，衍窮理之功。詩文雖爲其排遣之事，亦可見帆足氏博洽之才學❷。至於帆足萬里之生平，其曾孫帆足圖南次撰《帆足萬里》一書，附載其年譜❸。茲摘錄有關帆足萬里師友交遊、主要述作及仕宦生涯等，以見其生平事蹟之梗概。

安永七（一七七八）年　一歲

正月十五日生於日出藩（今九州大分縣），名萬里，字鵬卿，通稱里吉，號愚亭。

寬政三（一七九一）年　十四歲

師事脇愚山，從遊七年。

寬政十（一七九八）年　二十一歲

隨父通文東遊大阪，入中井竹山、中井履軒門下。旋至京都，從學於皆川淇園。

（學問自得之時期❹）

享和元（一八〇二）年　二十四歲

至筑前（今福岡），訪龜井南冥。再至日田（今大分縣日田郡），訪廣瀨淡窗。

❷ 有關帆足萬里之生平事蹟，其門弟子米良東嶠所撰「帆足文簡先生墓碑銘」（《文集》卷上收），亦簡要敘述有之。得併參之。

❸ 帆足圖南次《帆足萬里》（吉川弘文館，人物叢書新裝版，頁二七一－二八〇，一九九〇年一月出版）。

❹ 關於帆足萬里之爲學歷程之階段，乃參閱帆足圖南次《帆足萬里》一書所載。下同。

享和二（一八〇二）年　二十五歲

二次東遊，入懷德堂❺，研習理義主義之學風。

作《浮槎日記》。

撰《肄業餘稿》。

藩主年賜書物金二兩。

文化元（一八〇四）年　二十七歲

任藩學儒員，給七人扶持。

開設私塾，提示教育理念。

（藩學教授之時期）

文化四（一八〇七）年　三十歲

書《蘭室集略》跋。

---

❺ 懷德堂乃享保九（一七二四）年，中井甃菴與大阪商人協力興建的學塾。又得將軍吉宗支持，供給土地，並免除年貢之恩典。故屬半官半民的學塾。最初，招聘京都之三宅石菴主掌學政，甃菴自任理事。以延請伊藤東涯、三輪執齋等一流學者前來授課，故興盛一時。石菴歿後，甃菴兼任學政。三代、四代之學政由甃菴之子竹山、履軒繼任，爲懷德堂的黃金時代。明治二年十二月廢校，前後維持一百四十六年。（此段文字譯自町田三郎先生「西村天囚覺書」九州大學哲學年報四十二輯，一九八三年一月）

文化五（一八〇八）年　三十一歲

《肆業餘稿》成，脇愚山作跋。

（《肆業餘稿》爲帆足萬里第一期學問生活之代表作）

文化七（一八一〇）年　三十三歲

《修辭通》成，脇愚山書序。

撰《窮理通》初稿，脇愚山贈序。

（《窮理通》爲第二期學問生活之著作）

（西洋科學探究之時期）

文化十（一八一三）年　三十六歲

任給人❻。

文化十三（一八一五）年　三十八歲

作「祭愚山先生文」。

文化十四（一八一七）年　四十歲

---

❻給人，官名。爲藩府諸侯的家臣，享封地俸祿者。

加判，官名。與老中（直屬將軍，統轄政府之最高職務者）共同連署奉書者。

家老，官名。輔助藩主執行藩政者。乃自重臣中選拔而出者，位極人臣。

弟子勝田季鳳筆錄《窮理小言》。

文政二（一八一九）年　四十二歲

龜井昭陽求校所著《蒙史》稿本。

文政十（一八二七）年　五十歲

除武頭格。

以暘城罷士之名序《秋風庵文集》❼。

天保二（一八三一）年　五十四歲

任加判。

天保三（一八三二）年　五十五歲

除家老。

撰《日曆》（天保三～五年間之日記），記其執政所見諸事。

（藩政改革之時期）

（思想成熟期）

天保六（一八三五）年　五十八歲

上書「改革論」。未見遂行。

---

❼《秋風庵文集》爲廣瀨淡窗之伯父秋風菴月化的遺稿。爲是時九州著名之俳諧詩人。

辭家老，私塾再開。

《窮理通》易稿。

撰《三教大意》。

（窮理學樹立之時期）

天保七（一八三六）年

《窮理通》成並序。

序廣瀨淡窗《遠思樓詩鈔》。

天保十二（一八四一）年　六十四歲

《井樓纂聞》《巖屋完節志》之漢譯完稿並序。

（西崦隱居時期）

天保十三（一八四二）年　六十五歲

西崦精舍成，學塾徙於此，倡「師嚴而後道尊」之塾風。

天保十四（一八四三）年　六十六歲

《入學新論》脫稿，使弟子元田竹溪校之。

弘化元（一八四四）年　六十七歲

《入學新論》付梓。

《井樓纂聞》《巖屋完節志》刊行。

《東潛夫論》起筆。

弘化二（一八四五）年　六十八歲

賦謝廣瀨淡窗贈所著《析玄》。

弘化三（一八四六）年　六十九歲

題龜井元鳳（昭陽）像。

弘化四（一八四七）年　七十歲

脫藩東上，三遊大阪、京都等地。

刊《假名考》。

嘉永元（一八四八）年　七十一歲

歸藩。

校訂《東潛夫論》。

嘉永三（一八五〇）年　七十三歲

病發，歸日出療養。

門弟子岡松甕谷編輯《帆足先生文集》三卷刊行。

嘉永五（一八五二）年　七十五歲

《四書五經標注》刊行。

六月十四日歿，葬於城北康德山，謚文簡。

弟子米良東嶠奉藩主命，撰述墓碑銘。

歿後。

安政元（一八五四）年

石川總弘編《西崦先生餘稿》二卷刊行。

安政三（一八五六）年

岡松甕谷刊《窮理通》卷一至卷六。

明治十三（一八八〇）年

養子帆足亮吉出版《修辭通》。

明治二十四（一八九一）年

內藤湖南校訂《日本文庫》收《東潛夫論》入第一編。

明治四十三（一九一〇）年

大分縣日出町創設帆足紀念文庫（後改稱帆足紀念圖書館）。

明治四十四（一九一一）年

西村天囚撰「學界之偉人」紹介帆足萬里之事蹟。

《日本倫理彙編》卷十收錄《入學新論》。

明治四十五（一九一二）年

帆足紀念文庫刊《帆足萬里先生略傳》。

追贈從四位爵。

日出町舉行帆足萬里頌德會。

大正十五（一九二六）年

帆足紀念圖書館刊行《帆足萬里全集》上、下二卷。

昭和十三（一九三八）年

小野龍膽等編《帆足萬里書簡集》。

昭和十六（一九四一）年

帆足圖南次校訂《東潛夫論》（岩波文庫出版）。

二、師承淵源

寬政三（一七九一）至十年之七年間，帆足萬里師事脇愚山，開其遊學之端緒，或奠定其爲學之基礎；或拓展其學問研究之視野。據米良東嶠「帆足文簡先生墓碑銘」載：

> 幼學蘭室脇先生，成童遍通群書。屬文日數百千言，精力不倦，尤邃經術，卓然自得。

則帆足萬里之博覽群書，精通經術，著書立說而成一家之言者，蓋得力於脇愚山之啓發。逮及文化元（一八〇四）年，任藩學儒員，教授生徒，亦嘗訪師於鶴崎（今大分縣），請益受教。

故多年之從侍左右，學問之授受既多，師弟之情誼亦深。文化五（一八〇八）年，帆足萬里撰《肄業餘稿》，得脇愚山書跋；七年，脇愚山贈《修辭通》、《窮理通》初稿之序。脇氏沒，帆足萬里爲校正《蘭室集略》續編，並撰序。其「祭愚山先生文」所陳，

嗟乎先生，教人不倦，賤如萬里，誘導孔眷，由文躋道，誨使卒踐。如何愚芚，匪化匪變，弱湛疾病，發頓於家，猶賜書疏。（《帆足文集》卷二）

固曲盡於師恩惻惻感懷之眞情。至於爲學視野之拓展，即寬政十（一七九八）年，隨父東遊，入懷德堂中井家門下，從學於皆川淇園之時期。探尋萬里何以有此因緣際遇，蓋與脇愚山有關繫。脇愚山（一七六四～一八一四）傳略載記曰：

豐後（今大分縣）速見郡小浦人。名長之，字子善，通稱儀一郎，號蘭室、愚山。初學於三浦梅園、後從肥後（今熊本縣）之藪孤山學，再至大阪，入中井竹山門下。學成返鄉，開設私塾，後爲熊本藩儒。（近藤春雄編《日本漢文學大事典》、明治書院）

脇愚山曾受業於中井竹山，且《蘭室集略》中，凡敘述及中井竹山者，皆敬稱「竹山先生」。又於中井竹山之《逸史》，則盛稱其學〈左傳筆法文章精嚴〉❽。故帆足萬里隨父東上大阪，

❽ 見武藤長平〈日本近世儒林の史學修史〉（收載於《服部先生古稀論文集》，頁八九九—九二四，富山房，一九三六年四月出版。）

入中井家門下，或得脇愚山之引介，而游學懷德堂也。

中井竹山，名積雪，字子慶，通稱善太，號竹山，學宗宋學，以朱子學爲主旨。其父中井甃庵死後，於天明二（一七八二）年，繼任懷德堂學主，講授朱子學。

帆足萬里記其遊學竹山門下事，曰：

> 予二十一，東遊浪華（大阪），謁竹山先生請教。當時頗能作文，讀書略能解。先生曰子輩讀書已能解，唯取六經四子，讀之數年，滿卷是疑，始可與言學。予唯唯，然以爲迂，辭而入京，遂無所得而歸。後三年，遊筑前（福岡）見南冥先生。先生論本邦之詩，以徂徠爲極巧。予亦唯唯，又不以爲然。後始知二先生不我欺。（《肄業餘稿》）

文化元（一八〇四）年，帆足萬里任藩學員，並開設塾校。其教授子弟即以經義爲主要科目，而所習者乃聖人之道。此「學問之道，士之所以立身行道」（西崦餘稿）之主張，蓋領會中井竹山「唯取六經四子讀之」之啓示，故以經術教授門弟，而謂「先生之不我欺」。又

> 要在胸中蓄其所疑，積功已久，則自然以釋。（《修辭通》）

此學而後有疑，疑而後有思，思而後有得的爲學之方，蓋帆足萬里於享和二（一八〇二）年，再次東遊，進入懷德堂，受中井竹山治朱子學，「有可疑者，雖朱說不取」；「吾學非林、非山崎，乃一家宋學」❾之誨示，思辨再三而建立探求合理之治學方法。

開啓帆足萬里學問研究之端緒，是其師脇愚山；奠定其學術成就之基礎，則是其師祖三浦梅園之學風的遠紹。脇愚山序帆足氏所撰《窮理通》，稱帆足萬里得三浦梅園古來不傳之學❿。廣瀨淡窗亦謂：

> 帆足亦好窮理，又教授生徒，傳三浦之學脈。（《淡窗全集》卷中、儒林評）

蓋帆足氏所著《窮理通》乃畢生鑽研，二易其稿之作，此謹嚴窮究之專注，頗似三浦梅園竭盡二十三年苦心經營《玄語》的積漸之功。又帆足氏著眼於「蘭學」⓫，以西洋科學爲根柢，洞觀宇宙之幽邈，搜究造化之神秘，進而窮究天人相契之理，展開其思想體系之論述，倡行其政治革新之主張。亦即以西洋客觀合理之精神，架構其內聖外王之思想。此乃得三浦梅園以西洋科學之自然觀，體察宇宙造化之理，創立條理學⓬之思想體系形成的啓發。

---

❾ 林，指林羅山；山崎，爲山崎闇齋。二人皆爲江戶時代的朱子學者。

❿ 脇愚山序《窮理通》一文，收載於《帆足萬里全集》卷上。三浦梅園（一七二三～一七八九），江戶時代豐後（大分縣）人，名晉，字安晉，號梅園、洞仙。唱條理學。

⓫ 所謂「蘭學」，指以荷蘭語所撰述之西洋科學。

⓬ 所謂「條理學」，乃三浦梅園以爲有形者謂之物；無形者謂之氣，氣乃天成；物由地生，天地自然除物、氣之外無他物。如此以觀，三浦梅園乃提出「反觀合一」的「條理學」。其所謂「反觀合一」，即捨心之所執，歸於天地自然之正；亦即探究天地自然之道，以觀萬物本然之理。

三、主要著述

帆足萬里竭盡其一生之心血，專注於著述立說之業。據年譜所載，其一生著述約十餘種，主要者有：

《肄業餘稿》二卷（文化五年、一八〇八年作。）脇愚山序此書，曰：

> 披閱之，夫學識之優，蓋足徵也。若論古經、議國史，並先獲我心。

翻閱其書，則有對國家情勢之關懷者，陳言軍備加強之急務者，介紹科學新知者，蓋涉獵廣泛，或爲其後所撰《窮理通》、《東潛夫論》之先聲。

《修辭通》一卷（文化七年、一八一〇年作。）帆足圖南次謂《肄業餘稿》乃帆足萬里第一期學術研究生涯的代表性；而此書則爲其第二期最初的成果。此書之宗旨在「文以明道」之揭示，進而探求學問之道無他，乃在聖人之道之實踐的旨趣。

《三教大意》一卷（天保六年、一八三五年作。）此乃帆足萬里身爲儒家，而以科學思想家的立場，深入淺出以會通儒、佛、神三教意旨。

《窮理通》八卷（天保七年、一八三六年作。）其於三十三歲成《窮理通》初稿，經歷約三十年，於潛心儒家經世濟民的實用之學；鑽研西洋科學之客觀理論後，刪芟初稿而成《窮理通》八卷。其自序，記此歷程曰：

去歲乙未（天保六年），以疾仕致。乃取西籍數部譯定，芟繁糾繆，以附己說。仍名曰窮理通。

探究其內容，卷一至卷八之發氣第七，乃自然科學體系之架構。亦即究極天文學、物理學、化學、生物學諸分野的學問，而以原曆、大界、小界、地球、引力、大氣、發氣、諸生之序列，構成宇宙生成天地生靈的系統。至於諸生第八，則是於自然科學序列之末，導入人文科學的範疇，探尋人類的起源、人種；進而究明古代史、東西民族性之比較及語音研究等主題。關於此一序列，帆足圖南次曰：

康德之《實證哲學講義》乃以數學而天文學、物理學、化學、生物學，進而社會學之實證科學爲序列。即就科學的發展而言，其提出由形上學而實證主義階段的理論。《窮理通》一如《實證哲學講義》的自然科學發展的序列，即顯示出十八世紀西洋科學的特質，至於卷八「諸生」，照應於科學發展的階段，敘述人種、人口、言語等社會科學諸學科。誠意味著以科學方法適應於人間現象之研究。此一序列，或爲幕末明治「西洋性理之學」、「經濟之學」、「邏輯學」研究取向的先聲。（《帆足萬里》、第六窮理學樹立之時代、七《窮理通》之構成、頁一三八）

所謂「研究取向之先聲」，蓋指《窮理通》於近代科學之體系性的提出；亦即在自然科學的系列上，探究人事現象。至於帆足萬里所對應的人事現象爲何？其書自序曰：

> 當今之務宜明小物而登用之，是窮理之學所以興也。

即取西歐科學現實之實用性，「立厚生利用之道，設孝悌彝倫之教」（自序）。此乃帆足萬里感受到文政、天保以來的封建危機，於日本轉換期胎動之際，船艦之建造，大砲之鑄造等軍事科學技術與「厚生利用」相結合，誠必然的趨勢。進而言之，帆足萬里處身於孤立於世界環境之鎖國封建社會中，接受近世西洋自然科學之實證精神和方法，融貫於自己本有之知識體系中，乃其撰述《窮理通》的論旨所在。

《入學新論》四卷（天保四年、一八四三年作。）以「原教」、「原學」、「原名」之主題研究構成者。其「原教」乃對神、儒、佛、道之批判，分天下之教爲正、權。以尊天命，立人性倫理之教的儒教爲正教；順天命而行死生緣業的佛教爲權教。故帆足萬里以爲儒教在教君子、明倫理、正教化。佛教在教野人，得助政教之不及者。是以以儒教爲正；佛教爲權。「原學」則引荀子、莊子等書學術流派大勢分析之言，解釋經書之旨。進而以經傳義旨議論漢儒、宋儒及日本儒者之學。「原名」則分析鬼、神、魂等三十二字之字形、字音，解釋其字義。帆足萬里曰：

> 欲明其名者，宜先明其文，文者言之符也。言者與生人俱生者也。（《入學新論》卷四、

〈原名〉）

蓋以文字、聲韻爲依據，正確地訓解字義。唯其所訓解疏義者，多涉及人倫之教化，故帆足萬里之字義解詁每關連及名教之義蘊，固可知其經濟世用之儒學宗尙的學風所在。其弟子元田竹溪序此書曰：

不察歷代諸儒之習，語不精。先生乃原古昔聖人設教之所以，以發明其義，瞭然如指諸掌。

內藤湖南推原此書極受好評的所在，曰：

入學新論之著，（古賀）侗庵稱思、孟以來爲此書。意是博綜考據之學風，既達其極，將開發明創見之氣運。（《近世文學史論・儒學上》《內藤湖南全集》第一卷，頁三八，筑摩書房，一九七〇年九月出版）

《東潛夫論》三卷（嘉永元年，一八四八年作。）乃帆足萬里仿東漢王符《潛夫論》之命義而撰述者。在疾陳時務之失，社會之流弊，假習隱之名進言政治維新論。內藤湖南校訂《日本文庫》收錄《東潛夫論》列爲首篇，並解其題旨，曰：

今讀其所著書，博引廣涉，言皆實用，在近世儒流所希見。此書分王室、霸府、諸侯三項而論之。所論皆切實之事而非虛言不行者。既至明治以後，有足行者，是其行之適實用故也。且其人讀西洋之書，粗講求西洋政經濟之術，亦似能有轉化應用之妙，今讀西洋書之人必不可無此用意。

翻檢《東潛夫論》之內容，則於當時政治、經濟、社會之現象有細微的觀察，進而探究大學設置，兵制改革、軍備充實、海軍創設、海外移民等急務。故瀧本誠一論此書之旨趣，曰：

其政治經濟思想之根本在中國之儒道，至於西洋之學，則取天文、地理、醫學及器械等形而下之學。（《日本經濟大典》卷三十八）

則指出帆足萬里政治維新理論，固植基於儒家德治主義；而其改革措置，則取近代西洋之實用科學及政經理論，以行其利用厚生之道。

《醫學啓蒙》一卷（嘉永三年、一八五〇年作。）爲其晚年融合東、西學術以撰述的代表作之一。帆足圖南次謂此書乃折衷於漢、蘭之醫學。蓋《醫學啓蒙》既引述《傷寒論》《病源候論》《瘟疫論》等漢醫理論；又參採西方《醫範提綱》《內科撰要》《遠西醫方名物考》《泰西熱病論》等醫書。且其曰：

有志濟生之人，先學漢醫法；後習遠西窮理之學問，可補其不足。（《醫學啓蒙》）

又曰：

學蘭方在所以用方而非方。古人亦云傳方有人傳法無人。故西醫法可學；未必用西藥方。今之醫者宜兼學漢蘭醫法，外感轉變之病用漢方；內傷一部之病可用西法也。（同前）

則具體地陳述其擷長補短，兼容並蓄之醫學理論。探究帆足萬里持此理論的所在，蓋其兼治西洋科學，而歸本於儒家濟用之道。亦即融合西方實證主義與儒家厚生之治，故能各取所長，用於濟世惠人之上。

四、思想要旨

披閱帆足萬里之著述，檢尋其門弟子及後世學者的贊述與評介，帆足萬里之思想宗旨，在「日用實學」⓭的闡述與實踐。重經義，以「學問之道，士之所以立身行道」⓮之學文以明道的學術主張爲是。因材施教，以弟子之才性爲據，區別爲高明、沈潛之屬而分別課以濟用、窮理之業的教育理念。又先學修辭作文的文章之事，而後研究窮理明道之學，以通醫術

⓭ 見福澤諭吉《學問のすすめ》。

⓮ 見帆足萬里〈贈安部生序〉（《西崦餘稿》下）。

濟世之學的醫學教育方法，亦是「實學」的體現。至於天保三（一八三二）年除家老，所撰《日曆》；翌年，上書「改革論」，指陳社會之弊端，藩府財政之窘迫，進而提出學者登用，整肅綱紀、匡正風俗，勵行賞罰等起弊振衰之方。至於突破財政困境之道，則列舉商賈參政、賄賂鬻爵、倡婦販賣等項之查禁及寺廟與神社營造、相撲、劇場、華服之節約等具體明確之興革意見。蓋亦可以付諸實現之外王事業的「實學」。此外，尚有漢籍經史之和譯、窮理學之創立等二端，更是「日用實學」的極致發揚。茲細繹於后。

所謂「經史和譯」，即將中國經傳子史施予日文訓讀，俾人人皆能研讀漢籍。此或帆足萬里於幕府時代的鄉野僻壤，以儒者經世濟用的胸懷，提出普及儒家思想教育的原因所在。帆足萬里曰：

> 書之爲物，藉文字以立。天下之國異文，其達意一也，故及得異邦之書，苟可以裨化利民者，必譯以其語，寫以其文，使人易通曉，以便於學也。（《帆足萬里先生全集》卷二〈送吉良子禮序〉）

即書有助於教化濟世，若原文轉嫁，形同虛文，誠無濟於學用，故必譯寫其文，「使人易通曉，以便於學」。帆足萬里又曰：

> 方今閭閻藏詩書，而儒生垂帷教授者，遍於郡國；然而教化未明，人材未盛者，苦於

> 典籍難讀也。夫率天下之人，爲譯胥之學，積以歲月始能有成，豪傑之士固迂不肯爲；而下愚之資亦沮而自廢也。上古時因漢文而用之者，無國字故也。後世國字已作，和語文已出而不知所以變之，因循不振也。故方今之務，莫如以所有典籍，譯以和語布之邦國，則學問之途闢而治化益隆。若廼察微眇，辨紕繆，以正其譯者，師儒之任；非人人所能務也。然詩書之文，艱奧難明，史子亦廣博難周，則非博洽之士明于道德，邃於文辭，強力不倦者，安能稱此任而無慊哉。（同前）

和譯足以經濟匡俗之漢籍，固爲時世之急務；唯非博洽之通儒，誠不足以勝此任，又足見帆足萬里之審愼謹嚴的儒師風範。蓋用以教授弟子，廣布流傳之名山大業，豈能不愼求精確、流暢與富啓示義蘊耶。再者，上古因漢文以用之，後世和文已作，則不宜因循不變的主張，乃勢備則事變的變革思想之表現，固未必拘泥於傳承成規。蓋唯有和譯漢籍之經傳子史，則經世之學方不致拘限於專攻漢學者始能理解的狹隘。故和譯而得以傳播久遠，誠學重實用的極致發揚。

所謂「窮理學」，乃探究宇宙自然之天道，藉以說明人事如何以相對應之理。唯帆足萬里於宇宙天道的探究，固有陰陽幽明之故的分析，五行消息之理的推衍；然尤重算術物理具體之學的論述，其曰：

> 夫學天文地理，宜通算數，否則如耕無來耜，門無兵甲，何以就功。（《窮理通》自序）

蓋推衍天文地理而不學算數，則不知方圓規矩。此一論述，固側重具體之實學，即使其引申之取譬，亦以日用之耕具兵器爲例。此物理數學之論，進而落實於濟用之學的主張。其曰：

> 西人之學固精矣；然其人椎魯，且於算數，或有未究。故測驗之所不及，精微之域，其言往往晦而不明，鬱而不發。大塊之所以生，星行之所以成側圓，地球之廣狹，海之二潮，磁石之指南、大氣二質之用，火之生焰，及人之氣息；是窮理之言尤大者，率皆支離乖繆，不可不正也。夫人之始生，與鹿豕群，猿狄之與居，然以其有神明之智，有先覺者出，立厚生利用之道，設孝悌彝倫之教，郁郁乎其盛矣。當今之務，宜明小務而登之用，是窮理之學所以興也。（同前）

此文固批評西洋之人不精算學，於物理學亦頗疏略。然其所謂「不可不正」之天象地形及陰陽消息，蓋非天道義理；而是「側圓、廣狹、二潮、指南、二質之用、生焰、氣息」等具象及其發用。亦即其所窮究之自然天象的用心，非幽微本體的探頤；而旨在天道於人間世之效用產生的提出。故帆足萬里於明算數物理等自然科學之理後，即詳論正德、利用、厚生之儒家王道。此即帆足萬里的窮理學。帆足圖南次論之曰：

> 萬里在困難的狀況下研習荷蘭語；對於得之不易的歐洲甫完成之諸科學資料，也儘可能地蒐集齊備。故在「何故」的問題上，能以合理主義的態度，以自然科學的知識爲

基礎，展開「何故」而「如何」的「窮理學」之思想⓯。由「所以」之現象陳述而至「所以然」之事象的根源探討，乃帆足萬里祖述三浦梅園「條理學」而攢繼更精的立意所在。帆足圖南次又曰：

> 就學問的傳承而言，萬里確實如淡窗所云「帆足亦好窮理，又教授生徒，傳三浦之學脈。」蓋頗受梅園的影響。唯萬里於梅園之思辨過程亦有省察，即致力於脫離梅園之一元論學說及中國「八卦」哲學的影響，轉而專注於事象觀察，確立法則，以發展「徵其物而理現」之知識系統。（同前）

窮其心力於科學知識體系之發展，固帆足萬里「窮理學」的根本所在，亦脇愚山所謂帆足萬里推衍三浦梅園「古來不傳之學」的精髓所在。然則其所著《窮理通》，於自然科學知識之敘述後，次以人文學科諸主題之探討。又自序謂：

> 西洋之爲國，其俗妖惑迷亂，其人剛愎不仁，唯利之視，未嘗知有聖人之教，而君子尚有取者，何耶？夫雞司晨而老馬知道。雞馬之智非勝人而上之也，彼固有所長，稟之于天也。故君子之取于西洋，末技曲藝，亦雞馬之用云。

⓯ 帆足圖南次《帆足萬里》頁一一〇，旨在說明三浦學的「窮理學」與帆足萬里「窮理學」的區別，進而申論帆足氏之學較三浦學前進一層的歷史條件。

則西洋之人唯利是圖而無儒家仁義之存心，且風俗亦乖；其可取以爲用者，乃西洋所專擅之自然科學理論及技術。猶如帆足萬里所說：「取于西洋，末技曲藝」，固在於社會生計之大用。此所以經濟世用者，亦帆足萬里「窮理學」之宗旨所在。

五、《莊子解》之作成時間

《莊子解》一卷，收載於《帆足萬里全集》的下卷，爲米良倉編輯其師帆足萬里所著《四書五經標註》之一。

《帆足萬里全集》上卷收錄《入學新論》《東潛夫論》《窮理通》《井樓纂聞》《巖屋完節志》《修辭通》《假名考》《醫學啓蒙》《三教大意》《宋名臣言行錄評》《日出孝子傳》《肄業餘稿》《帆足先生文集》《西崦餘稿》等。據「全集題言」所述，但言網羅帆足萬里之著述，以傳其學術；又解題各書而已，並未說明其編輯體例及次序關係。茲檢尋《全集》所附「年譜」及帆足圖南所撰「帆足萬里略年譜」，乃知《全集》之收載，並非按照其著述先後次第以成。若強爲斯編提出一體例，或有如經論、史傳、諸子雜纂、文集及其補遺之形式存在。至於下卷之《四書五經標註》，綜輯《四書》《周易》《春秋左氏傳》《荀子》《莊子》《呂氏春秋》《國語》等標註以成。根據「全集題言」記述，雖然可以確知此書刊行於嘉永五（一八五二）年；唯各經傳子史標註之成書時代，則無一言敘述及之。雖然如此，若細繹其爲學歷程、生平事迹及著述之主旨，或可考定其標註《四書五經》的時間。茲試就其中之《莊子解》考察之。

帆足萬里之《莊子解》或有引述「蘭學」爲證者；或有取「和名」爲訓義者；或有反省儒家責成聖賢之道未必是者。茲以此三者爲基點，並參採其生平事迹及爲學宗尚，以考訂《莊子解》撰成之時間。

帆足萬里探究蘭學（即荷蘭語撰寫之西洋醫學、本草、天文、曆算等知識）的《窮理通初稿》，成於文化七（一八一〇）年，三十三歲之時。唯此書之述作，及據日文譯著以成，蓋頗疏略，故竟燬其稿而改易之。經歷三十餘年之研習荷蘭語，旁搜西洋諸科學之書籍，改訂之《窮理通》乃於天保七（一八三六）年，五十九歲時完稿。

《莊子解》之徵引蘭學以爲訓詁之根據者，僅有

鵬，古鳳字。鳳，近世通和蘭學者，以爲印度雞。（〈逍遙遊〉）

一處，明言「蘭學」者，及「飛龍，似蜥蜴，有肉翅，大至三四丈，出印度諸國」（〈逍遙遊〉）的訓解，或與「蘭學」本草有關，未必即出自「蘭學」記載的引證。故僅此二條的敘述，誠未足以判斷《莊子解》即成於帆足萬里研習荷蘭語之四十歲以後⓰，其或與早歲之《窮理通

⓰ 帆足萬里始研習荷蘭語之事，載見於其四十歲所著之「醫學啓蒙發題」（收錄於《帆足萬里全集》卷上）。

初稿》爲同時之作。即可能是帆足萬里三十三歲前後的著作。

和譯漢籍藉以使學習漢文者易於瞭解中國經傳子史之旨趣，誠帆足萬里頗異於流俗之見解。尤其與和詁傍註，訓點漢籍之日本漢學傳統相權衡，更有標新立異之獨到之處。帆足萬里此一和譯漢籍以易解的主張，運用於經傳子史之標注，如《莊子解》的訓詁，則頗多「和名」、「本邦」的使用，藉以解釋《莊子》書所載記的鳥獸蟲魚草本之屬。如「榆、和名以列」，「蟪蛄、四五月鳴、和名末子莫矢」，「鷃、鶉無斑文者、和產未聞」，「鴟鴉、和名密所察雜伊」。（以上〈逍遙遊〉）「艾、和名與木喜」，「鰌、和名陀辱阿」，「猨、本邦不產、和名的納額察兒」，「鴉、和名葛刺斯」。（以上〈齊物論〉）「柚、本邦亦曰柚子」，「楸、和名喜察察喜」。（以上〈人間世〉）凡此，以和音標註鳥獸等，蓋意在解釋疑惑，使讀《莊子》者，不致於不明上述諸鳥獸等爲何物而困惑疑慮。亦即，其和譯漢籍，誠有訓詁明而後義理明之用心。

帆足萬里提示經史和譯之主張者，乃載見於其送弟子仕宦江戶之序。

> 得異邦之書，苟可以裨化利民者，必譯以其語，寫以其文，使人通曉，以便於學也。……方今之務，莫如以所有典籍，譯以和語，布之邦國，則學問之途闢，而治化益隆。
>
> （《帆足萬里文集》卷二、〈送吉良子禮序〉）

和譯漢籍之利，固有便於學與洽教化二端。帆足萬里以其門弟子吉良子禮通習經典，又得藩主知遇，故於其上任之際，勉其和譯漢籍以廣施教化之功。

> 吉良子禮之事迹，今不甚可考；所可知者，子禮少從予學，聰敏有材，六經子史皆通習之。（同上）

故帆足萬里委以和譯漢籍之重任。然則英年夭折，於文政六（一八二三）年卒，年三十。時帆足萬里四十六歲。作詩哀悼之。

> 哀鴻薄暮起相呼，豈耐含悲向坐隅。病懶除君無倚賴，誰誅茅竹有江湖。（《西崦餘稿》卷上、〈送子禮〉）

固悲慟高足之早逝；而和譯漢籍之委託亦不得遂願。和譯之託或吉良子禮死前數年之事，則帆足萬里力倡經史和譯者，蓋於四十歲左右。由此以推，其《莊子解》甚多「和名」、「本邦」之註以求易解者。或此書之成，即在其主張和譯漢籍的四十歲前後之時；而不在其撰《修辭通》之三十三歲之時。蓋《修辭通》立意於漢文、漢詩之創作，故著力於為文工夫之論述及先秦以下，唐宋大家之詩文的品藻。如：

> 學文宜先學敘事；不學敘事，其文必不能精熟。
>
> 才氣元由天稟，至文之巧拙，則又不在此。雖有異質，功少鍛鍊，屈強疎鹵，無以盡

其才，不能不降居下等。雖天資稍劣，則齊整溫厚，風味無窮，不能不躋居上等。若論其精熟，則莊周、孟子、司馬遷、韓退之、歐陽修、李于麟是其最也。屈原、賈誼、司馬相如、班固、蘇洵、蘇轍、物徂徠次之。荀卿、東坡、李獻吉又次之。佗由詩賦論其才氣耳，其人蓋不致力於文之故也。時有古今，辭有降升，如其等級，又不可以此定也。

爲文宜學敘事以臻精熟之創作論；才有高低，文有巧拙，而以精熟與否品評優劣的才性風骨論，乃帆足萬里《修辭通》撰述旨趣所在。由於其主張精熟工夫鍛鍊乃可成佳篇之創作論，故帆足萬里於此時則不提和譯漢籍之事；且以和文訓點漢籍爲弊。其曰：

> 欲學文，宜先讀西刻無和詁書。言語位置，各國殊別，和詁傍註，雖古人發蒙之巧也，讀者多注神和詁倒飛之際，語脈位置，一無所解，臨文茫然，不能措手。（《修辭通》）

欲爲文而茫然不知如何措手足，蓋原於和詁之弊。至於所謂「古人發蒙之巧」，帆足萬里則批評曰：

> 伊藤氏復文，漢音皆代用國字，本邦所傳漢音，混訛難辨，則老師宿儒尚難之，豈可以強初學乎。（同前）

和訓漢音「混訛難辨」，又錯亂漢文之「語脈位置」，以致學者不能創作佳篇。固極言和訓之弊病。

帆足萬里撰《修辭通》雖主於文章創作理論之陳述，其命意或異於經傳子史之標注。然則其《莊子解》頗多「和名」之注，即「混訛難辨」之「漢音皆代用國字」者，若《修辭通》與《莊子解》爲同時之作，雖二書撰述之旨趣立意有別；而於和訓漢籍之主張，或不致有如此懸殊之差異。故《莊子解》非成於不用和訓，以和譯「必有窒礙不通之病」（同前）的《修辭通》作成之三十三歲時；而於「送吉良子禮序」寫作之時，即帆足萬里不惑之年前後的著述。

帆足萬里《莊子解》有反省儒家責成聖賢之德的議論者。如：

> 不事經世者，亦有至聖，非常情所能度也。（〈逍遙遊〉）
>
> 聖賢憂世之人也，各有是非，則如機栝之發。（〈齊物論〉）
>
> 此言所謂賢者之言，未必可信也。（〈齊物論〉）

則所謂「不事經世者，亦有至聖」，乃對無爲恬淡思想的肯定，固非儒家弘毅任重之道德擔當的執著。至於「賢者之言，未必可信」的疏解，則對儒家所推崇的賢者有所質疑。如此疏解或意在忠於《莊子》的本意；然則帆足萬里窮研儒家經典，教授儒家學術，且任藩府儒員，其何以注解道家之《莊子》，且無學術流派之分際，對莊子思想予以批判，自値得探究。茲尋繹其生平際遇，自寬政十二（一八〇〇）年，以學問拔萃出類，受祿四人扶持以來，累昇藩學儒員、武頭格、家老等職，即以儒者登仕而顯達於日出藩。然而除家老之職未滿三年，即以老病請辭，時年五十八。蓋以上書藩政興革意見，未見遂行，乃專事生徒講授，埋首著作之業。天保十三（一八四二）年，幽居西崦，雖養生之所需不易獲致；而四時佳興得以優遊，且日課門弟，講授經子，論史吟詩，師徒相得。故有「何必嘆窮居」的豁達，及：

> 嘗看高遠范寬圖，翠嶺中分露雪膚。更向村南尋絕境，懸泉百尺碎跳珠。（釣魚西澗《帆足萬里文集》卷一、〈西崦雜詩〉之一）

寄託其漸識幽居味之恬淡自得的心境。

由是以探究帆足萬里之疏解《莊子》，其對於恬淡思想之肯定，固契合其退隱幽遊的情境。至於「賢者之言，未必可信」的質疑，或上書不遂，以爲儒生無用的自我解嘲。故其有「聖賢憂世之人也，各有是非，則如機栝之發」的感受，固不在仕宦顯達之際，而肯定「不事經世者，亦有至聖」的退纓思想，則非任家老的五十六歲之時。是故既有賢者不可信的解嘲，又有適得優遊，安其所安的自在，用以疏解《莊子》的思想，或在其辭退家老職之五十八歲以後。

在帆足萬里的著述中，其與《莊子解》之義理疏解甚有關聯的是《入學新論》一書。《入學新論》有論：

> 天何以爲此生生也，河漢之外，果有何物，有始者必有終，始之始與終之終，不可得知，是皆人之所不能測，以至人物之死生，草木之榮枯，皆難生生所使然，吾不能知其何故。其所不能知，則其所神也。且天地萬物不待我而有，我則有神識以接天地萬物。故所謂神識，雖眇乎小，與天地萬物並立者也。（〈原教〉）

所謂「河漢之外，果有何物，有始者必有終，始之始與終之終，不可得知」之宇宙之如何生成，吾人蓋不得以知。故如〈齊物論〉所云：「六合之外，聖人存而不論」。雖然如此，天之有神，故能生生；又天有其常，故有生殺榮枯之衍化。而人之生存於天地之間，雖眇小其甚，以能知造物之化而安其所安，故精神得以調適上遂，而與天地並生長存。此帆足萬里於《入學新論》所提出天人相接的意旨所在。至於其《莊子解》的義理疏解，亦以此旨展開其議論。

> 萬物大小之無極，以明經世自任者，未足大；而無用自廢者，亦不爲無用。以息爭競之心，自樂其樂也。（〈逍遙遊〉解題）

天地之大，萬物之夥，「是皆人之所不能測」者；然大者不足大，小者不爲小，各適其所適，則小大皆逍遙。此由天地萬物生成之現象，以對應人我相處之道，固天人相接之理。又

> 莊子以爲道一而已。（〈齊物論〉解題）

> 雖有智愚賢不肖之別，其實一也。（〈齊物論〉解「其有私焉」一節）

「道一」者，天地造化之道。「智愚賢不肖之別」，指人之天生才性稟賦有差異；「其實一也」，則如「十日並出，萬物皆照」（〈齊物論〉），蓋由天俯視，萬物皆一，小大高下均齊也。又：

> 大宗師，謂道之原，人所宜師也。（〈大宗師〉解題）

帆足萬里以為〈大宗師〉通篇之旨趣，在於人若能因任天道自然而生存於人間世，則能隨遇而安。故其疏解，盡在「任其自然，隨所遇而安之」的義理上發揮。

由是以知，《莊子解》之義理疏解，與《入學新論》之「天人相接」的論旨，頗為相應，故二書或為同時之作。《入學新論》既脫稿於天保十四（一八四三）年，時帆足萬里六十六歲。《莊子解》亦宜撰成於此時而非甫辭退家老職之際。蓋賢者未必可信之自我解嘲、不事經世者亦有至聖之退纓思想，固然帆足萬里於《莊子解》的疏解中敘述及之；而「天人相接」的義理，則是《莊子解》通篇的宗旨所在。由於二者的論述，其有輕重之別，故《莊子解》之作，則在幽居西崦之時，或與《入學新論》同時完成。

再者，帆足萬里於《老子》與《莊子》孰先的看法，或可作為進一步探討《入學新論》與《莊子解》先後撰成的依據。帆足萬里於《入學新論》中指出。

> 《老子》戰國好事者剽竊莊周書作也。（〈原教〉）

則以爲《老子》後於《莊子》。其並列舉《荀子》之「非十二」篇不言老子、史記記老子事不甚詳及比較二書之言等⑰，而謂《老子》較《莊子》晚出。然而帆足萬里在《莊子解》的考證，則謂：

> 此篇衍老子之意，雜以俳諧，亦放言之流也。（〈胠篋〉解）
>
> 此引老子言，以足前章意，亦寓言也。（〈天道〉解）
>
> 此章淺近，且老子豈以夫子稱先聖，莊生未必疎謬如此，蓋漢儒假托也。（〈天道〉解）

所謂「衍老子義」、「引老子言」者，則是《莊子》後於《老子》。蓋有書可見、有言可證，乃得以徵引衍論，故《莊子》晚出，且其書有「漢儒假托」而羼入者也。

關於《老子》、《莊子》二書之先後問題，帆足萬里在《入學新論》中，以爲《老子》抄襲《莊子》之說；在《莊子解》中，則謂《莊子》引述《老子》之言。若二書爲同一人同時之作，其所提出之結論，當不致截然不同。故二書或爲前後不同時間之作。至於何者先成，或《入學新論》，在先。理由有三：

---

⑰ 帆足萬里《入學新論》曰：「荀子有非十二子，不言老子，獨韓非子有解老、喻老。傳者以爲老子將隱，西過關，爲關尹喜著五千言。則知其書，鄭韓間人所僞撰。……老聃即其（老子）姓名，然老子、周（莊子）所祖述，不宜名之。史記姓李、名耳、字聃。太史公時距老子未遠，豈別有傳，今皆不可知。」

其一、《入學新論》之論天人關係，止於天有生生之神，人有神識以配天地之義的提示。即「所以」之指出；而無「所以然」的說明。《莊子解》的疏義，則衍論此「天人相接」之義。其曰：

> 人能安造化排定，而從與遊，乃可以與造化一。一、造化之道。（〈大宗師〉、解「安排去化」）

人之所以能與天地並生者，乃在於人能安於造化之道。至於如何「安」，即任自然之「無迹、無名」，亦即「隨所遇而安之」⓲。「無迹、無名」之任自然，乃「和以天倪」（〈齊物論〉語）；「隨所遇而安之」，乃應世之方，人我對待之道，固發明「神識」之義。是以，就「天人相接」之義而言，《入學新論》所述者；如經；《莊子解》的疏義，則如傳。先有經然後有傳，故《入學新論》之作成，當在《莊子解》之前。

其二、《入學新論》有比較《老子》與《莊子》之言，而曰：

> (1)周言即荀子所謂滑稽亂俗者，然文義自相貫通。老了已言吾所以有大患者，以吾有身。又曰貴以身於爲天下。前後乖戾，始無意義。明老竊周，非周引老也。（比對《莊子》「在宥」之「君子不得已而臨蒞天下，莫若無爲。無爲也而後安其性命之情，故貴以身於爲

⓲ 帆足萬里解《莊子》〈大宗師〉之「不知就先，不知就後」之意。

天下，則可以託天下。資以身於爲天下，則可以爲天下。」及《老子》十三章「貴大患若身。……何謂貴大患若身，吾所以有大患者，爲吾有身；及吾無身，吾有何患。故貴以身爲天下，則可寄天下，愛以身爲天下，則可託天下。」）

(2)周論雖偏，意皆可通。老子文初不相屬，無有意義。其剿說可知。（比對《莊子》〈胠篋〉之「逐於大盜，揭諸侯、竊仁義、并斗斛權衡符璽之利者，雖有軒冕之賞弗能勸，斧鉞之威不能禁，此重利盜跖而使不可禁者。是乃聖人之過也。故曰魚不可脫於淵，國之利器，不可以示人。」及《老子》三十六章「將欲歙之，必固張之。將欲弱之，必固強之。將欲廢之，必固興之。將欲奪之，必固與之。是謂微明。柔弱勝剛強。故曰魚不可脫於淵；國之利器，不可以示人。」）

(3)莊周所論，亦滑稽之言，隱居放言耳。老子全剿其說，幽晦不明，不如周遠甚矣。（比對《莊子》〈知北遊〉之「夫知者不言，言者不知，故聖人行不言之教。道不可致，德不可至，仁可爲也，義可虧也，禮相僞也。故曰失道而後德，失德而後仁，失仁而後義，失義而後禮。」及《老子》三十八章「上德不德，是以有德；下德不失德，是以無德。……故失道而後德，失德而後仁，失仁而後義，失義而後禮。」）

帆足萬里以爲《老子》之文，或「前後乖戾，始無意義」；或「初不相屬」；或「幽晦不明」，蓋從文辭、文義以論《老子》。不如《莊子》之「自相貫通」者遠甚。而斷定《老子》剿說《莊子》。然則細繹上述其所列舉二書之文，皆以「故」或「故曰」，連屬上下文義。亦即先作引申議論，以證「故」或「故曰」以下之前有所承之說。是故《老子》與《莊子》未必有先後因襲之關係，或根據同一學說，而發明其義，故大同小異之處甚多。故帆足氏論《老子》晚出之說，未必爲是。至於《莊子解》於《入學新論》所論：《莊子》之文，有「滑稽亂俗者」，則以爲「莊子未必疎謬如此，蓋漢儒假託也。」（解〈天道〉之文）或謂「亦放言之流也。」（解〈胠篋〉之文）至於《老子》和《莊子》二書之關係，則稱「此篇衍老子之意」（同上）或「引老子言，以足前章意，亦寓言也。」（解〈天道〉之文）固未詳細比辭連類，乃就文義而以爲《莊子》衍繹《老子》之意。是故，帆足萬里標注詳考《莊子》書之後，以爲《莊子》未必先於《老子》，甚且有漢時之人衍《老子》之意，以假託羼入者，故其疏解《莊子》，僅標注內篇及外篇的前半而已。至於外篇的後半及雜篇之無疏解者，或以爲此部份多後人假託者，不值得注疏而刪削之。據「帆足萬里全集題言」所稱：《四書五經標註》非未定稿，乃定稿之足本。《莊子解》爲《四書五經標註》之一，故《莊子解》亦爲完稿本，非有殘闕者。其所以不注的外篇後半及雜篇，果眞是後人僞作的，如放言之流，故未加注疏。如此，帆足萬里固以《莊子》書，有非莊子不能作者，即標註之內篇及外篇前半；亦有後學僞作而竄入者，即未加注解之外篇後半及雜篇。如此持論，當此《老子》皆衍《莊子》之言，後世好事者之所爲的說法，較爲周衍。故《莊子解》之作成，或在《入學新論》之後。

其三、《四書五經標註》刊行於嘉永五（一八五二）年，即帆足萬里病歿之年。故此書爲其在世最晚出之著作。至於帆足萬里何以標註群經諸子，據「全集題言」所記：

移西崦後，門人之數增加，設素讀生、四書生、五經生三等。（《帆足萬里全集》、頁一四）即天保十三（一八四三）年，徙學塾於西崦精舍，以分級分科的方式教授生徒。據帆足圖南次曰：《入學新論》乃輯當時的講義而成者⑲。然則探究此書的內容，或原教、或原學、或原名。蓋皆學說理論的論述；或門弟子筆記其專題講述，編輯成書者，則非逐字逐句訓解經傳之授課的搜羅。故既有分級分科之教授方式，則有基礎之字句訓詁的講義，即《四書五經標註》之類；亦有程度較高的專題傳授，即《入學新論》之屬。由於考索群經諸子以訓解其義，注疏其理，耗費時日甚鉅，故書較晚出。此帆足萬里標注經傳子史，且其書晚出的原因之一。

《入學新論》頗徵引先秦經籍諸子之言，以探究儒教神道之義，追溯學術流變之原始本末，解析字義以明儒、神教義之依據及濟用之宗旨。義理深邃者，乃窮理極物之講述。講授之中，或作成之後，以為講授義理之大學欲通貫，宜先解釋經傳訓詁之小學明晰，故著手標註群經諸子，於嘉永三（一八五〇）年，病發，歸返日出藩療養之前完成，翌年六月病歿前刊行。是故編輯在《四書五經標註》之中的《莊子解》或作成於《入學新論》之後。

上述者乃就帆足萬里《莊子解》所敘述：「蘭學」、「和譯漢籍」、「賢者之言，未必可信」及老莊二書關係等，考定《莊子解》撰成的時間。茲再約略地敘述考定過程。

---

⑲ 見帆足圖南次《帆足萬里》頁一五六。

㈠《莊子解》有徵引「蘭學」者。帆足萬里研究西洋科學，而成《窮理通》初稿者，在文化七（一八一〇）年，三十三歲。然則，其又有研習荷蘭語，旁搜西洋科學有關書籍，經歷三十餘年，而成《窮理通》之作。故不知其引述「蘭學」而解《莊子》者，是始習西洋科學之際；或精通之後。由於《莊子解》引以爲據者，僅「近世通和蘭者」一條而已，以頗簡略，或在其完成《窮理通》初稿的三十三歲時。

㈡帆足萬里有極言和訓漢籍之弊，以和訓漢音「混訛難辨」，又「和詁倒飛」，錯亂「語脈位置」，難成佳作的主張。亦有和譯漢籍以廣施教化之功的見解。二者截然不同。前者見於文化七（一八一〇）年，所著之《修辭通》；後者見於文政六（一八二三）年，所作之「送吉良子禮序」。茲檢尋《莊子解》訓詁，頗多「和名」之標注草木鳥獸蟲魚之名，意在使學者易於通曉也。故《莊子解》之作，或在〈送吉良子禮序〉的四十六歲之時；而非文化七年撰《窮理通》初稿、《修辭通》之三十三歲之時。

㈢《莊子解》有「不事經世者，亦有至聖，非常情所能度」之退嬰思想；「賢者之言，未必可信」之反省儒家成德之責成，進而自我解嘲的注疏。茲考察帆足萬里年譜，其自寬政十二（一八〇〇）年，以學問拔萃超俗，受四人扶持祿位以來，累昇藩學儒員、武頭格、家老等職。固以儒者登仕而顯達於日出藩。然而任家老職未滿三年，以老病辭官。翌年上書改革論，未見採用，乃專事教授著述之業。其後，幽居西崦，逍遙於山林田居之樂。故以此際遇而推究之；其解嘲之慨，退嬰思想者，或在請辭家老之後；而不在仕宦晉升之際。雖則《莊子解》究竟作成於何時，則與脫稿於天保十四（一八四三）年的《入學新論》相參照，或可窺知一二。

(四)帆足萬里在《入學新論》中，提出「天人相接」的意旨。即天有生生之德，若人有「神識以接天地萬物」，則得與「天地萬物並生」。而其於《莊子解》的疏解，則以知天而知人的義理架構，展開「天人相接」的論述爲主旨。故《莊子解》的作成，蓋與《入學新論》同時或稍遲。

(五)帆足萬里在《入學新論》指出：《老子》爲「戰國好事者剽竊莊周書」而成者。然其在《莊子解》中，則謂《莊子》有「衍老子義」者，「蓋漢儒假托」者也。如此，若爲同時之作，或不致有如此懸殊之差異。故有先成後出之別。茲根據：

(1)《入學新論》之論「天人相接」，止於人有神識以知天之神的提示：《莊子解》則衍論人如何任自然之「無迹、無名」，「隨所遇而安之」的「神識」，以「和以天倪」而對應人我相處之道。如此，二書若有經、傳之關係存在著，故《入學新論》先成。

(2)分析帆足萬里所列舉比對的《老子》與《莊子》之文，皆以「故」或「故曰」接續上下文，則《老子》與《莊子》未必有先後承襲關係，或學說來源同一而旨趣大同小異之二著述。探究帆足萬里解《莊子》，僅標註內篇及外篇之前半。其不註外篇後半與雜篇者，或以外篇後半以下，皆「漢儒假托」而竄入者，故刪去之也。如此，此說固斟酌《入學新論》之「老竊周」的持論，而提出的修正觀點。故《莊子解》後出。

(3)據「帆足萬里全集小傳」所載：「(先生)移西崦後，門人之數增加，設素讀生、四書生、五經生三等。」則帆足萬里徙居西崦授徒，乃採分級分科的方式講授。探究《入學新論》的內容，乃「原教、原學、原名」之專題講義的編輯。《四書五經標註》則是群經諸子之字句解詁的搜羅。或逐字逐句的訓解較爲費時；或講述專題式之《入學新論》後，以爲「訓詁明而後義理明」，固有詳註經傳子史的必要，乃標註群書，於嘉永三(一八五〇)年，歸返日出療病之前完成。翌年六月病歿前出刊。故在《四書五經標註》中的《莊子解》則作成於《入學新論》之後。

綜上所述，《莊子解》乃成於帆足萬里刊行《入學新論》之後，歸藩療病之前。即在天保十四年至嘉永三年之間，亦即六十六歲至七十三歲之時。

六、《莊子解》之義理疏解

《莊子解》一卷，收載於《帆足萬里全集》下卷《四書五經標註》中。帆足萬里僅標註《莊子》的內篇及外篇之〈駢拇〉篇至〈秋水〉篇，共十七篇而已；至於外篇之〈至樂〉篇以下及雜篇，或謂多爲「漢儒假託」者⑳，故不注解之。

---

⑳ 解〈天道〉之「孔子西藏書於周室」章之文。

帆足萬里之注說明形式，乃先說明篇旨㉑，其次則訓詁字義，推衍莊子的思想。

> 內篇專論其所以爲道，義最深奧。焦氏筆乘、逍遙古作消搖。蓋行步適體之謂。遊、玩世自適也。是篇言萬物大小之無極，以明經世自任者，未足大，而無用自廢者，亦不爲無用。以息爭競之心，自樂其樂也。（〈逍遙遊〉解題）

「內篇專論其所以爲道，義最深奧」者，乃如小序、於內篇之首篇，開宗明義地論述內七篇之宗旨所在。是故，於外篇之首的〈駢拇〉篇，亦有「此以下皆掇篇首二字爲名，無有意義也。外篇旨義暢明，易解」的提要，以說明外篇名篇之旨及其文義。「焦氏筆乘」以下，則徵引焦竑《莊子翼》之〈逍遙遊〉篇名解題之文，以解釋篇名「逍遙」之義，進而闡述其篇之篇旨。至如其內容訓詁的形式，

> 實、容受也。其堅不能自舉、虛脆不可舉也。瓠、說文蠡也，半破瓠，以爲飲器也。……蓬、小草。蓬心、卑陋之心也。蓬、和名欝太搖喜。以下二章，言無用者未必無用也。（〈逍遙遊〉莊、惠答問之寓言）

則但舉宜加注疏的字句，訓詁之而已，並未引述《莊子》章節。帆足萬里《莊子解》全篇皆

㉑ 帆足萬里《莊子解》之標注「解題」者，內七篇全有之，外篇僅〈駢拇〉有之，其餘諸篇則無。

如此。再者，「說文螽也」，則旁搜經傳子史及前人注疏，以爲訓解之依據。「和名鬱太搖喜」，乃以和音譯注漢字。檢尋《莊子解》之「和名」的譯注，皆用於鳥獸蟲魚草木的解詁，蓋其意在使後學者，由於如此訓解而明白其爲何物。亦即旨在以和音漢字譯注中國品物，使學者易於理解。是故，「和名」的注解，乃帆足萬里極有用心的所在，亦爲《莊子解》的特徵之一。至於「以下二章，言無用者未必無用」者，則其推衍《莊子》思想的所在。帆足萬里之《莊子解》雖僅一卷；卻頗能發明莊子思想的義蘊。其疏義之旨趣，於內七篇之解題可以概見之。

> 萬物大小之無極，以明經世自任者，未足大；而無用自廢者，亦不爲無用，以息爭競之心，自樂其樂也。（〈逍遙遊〉）

意謂各適其所適，無相競逐，乃可樂其所樂。

> 周季異端之學蜂起，更相是非。莊子以爲道一而已，世之所爭，皆其末也。故作此篇，欲以齊物論也。（〈齊物論〉）

蓋指陳世間紛亂之根源，進而提出對應之方。

> 此論養生之所主也。已息爭，可以養身，故之以養生主。（〈養生主〉）

既養生，故次以處世之方也。（〈人間世〉）

內德已充，其應於外者，足以動物也。（〈德充符〉）

大宗師，謂道之原，人所宜師也。（〈大宗師〉）

言應爲帝王之道也。（〈應帝王〉）

〈養生主〉以下諸篇的解題，乃帆足萬里解釋《莊子》內七篇序列的要旨。分析其義，蓋以「內聖而外王」的思想，說明序列之義。亦即「養生」是「內聖」；「處世之方」是「外王」，「內德已充，其應於外者，足以動物」，則是明白地指出「內聖而後外王」的意義。「道之原，人所宜師」，在推衍「內聖」的根據，固在「道之原」的自然之天。「應爲帝王之道」，則指出「外王」的實踐之道，乃在於圓滿地對應人間世的諸事端。

此帆足萬里以「內聖而外王」說明《莊子·養生主》以下諸篇先後關係。篇首解題如此陳述，其內容的剖析，又何嘗無以「內聖而外王」爲主旨，貫通其篇疏義。茲考察其《莊子解》的義理疏解，果眞有人間現象的分析〈養生〉之「內聖」；「處世之方」的「外王」，「內聖而外王」與「天人相接」之對應關係等旨趣的提出。茲撮其旨要，分述於后：

帆足萬里以爲對時勢風尙的省察，乃莊子思想發生的根源。亦即莊子鑑於是時潮流導向偏差，人又爭騖趨致，致有生存困蹇之感，故提出〈逍遙遊〉〈齊物論〉等主張。帆足萬里說明此發生義，曰：「周季異端之學蜂起，更相是非，莊子以爲道一而已，世之所爭，皆其末也。」（〈齊物論〉解題）至於莊子如何反省當時的事象，帆足萬里分析之，曰：

> 榮辱之境，由接物而生者也。（解〈逍遙遊〉之「辨乎榮辱之境」）
>
> 聖賢、憂世之人也。各有是非，則如機栝之發。……皆言與物爲構之狀也。（解〈齊物論〉之「大恐惴惴」一節）
>
> 夢覺皆與物接，以爲構鬥也。（解〈齊物論〉之「其寐也魂交，其覺也形開」一節）

蓋指出人生在世之所以有是非與否、富貴得失的執著，以致產生困厄之境者，乃由於與人相接而相競逐構陷的緣故。即堅持我見，以自我私意爲是，而非毀否定他人之說。人人如此，故有相彼相非的無窮紛爭。再者，置身於社會各階層中，一旦有利害關係，小者錙銖之差的斤斤計較；大者政治權位的鬥爭，則不惜惡言相向、拳腳交加；行陰構陷，必置他人於死地而後快。如此存心，則終日惴慄不安；固無樂事可言。又人間世紛擾煩亂至此，豈有安身之所。是故，接物而生榮辱之境與是非之心，乃帆足萬里以爲與莊子同時之人，生存於世的兩難困境。故其疏解《莊子》，分析莊子所見人間的諸現象，則以是非、得失爲基點而展開的。

茲列舉帆足萬里於是非、得失兩難困境之說，以明之。

(1)人以無用之辨與物爭。（解〈齊物論〉之「相刃相靡」）

此言智巧，皆非自然之道，不能無敗。（解〈人間世〉之「爲人使，易以僞」）

言巧者，理必有所偏也。（解〈人間世〉之「巧言偏辭」）

所謂賢者之言，未必可信。（解〈齊物論〉之「夫隨其成心而師之」）

(2)此言縻爵祿者，雖貴盛不必樂。（解〈養生主〉之「澤雉」寓言）

此言務道德以爲聲名者，亦忘其所受而遁天也。（解〈養生主〉之「秦失弔老聃」寓言）

(1)者極言巧言偏辭，非得於常理之正，若以之爲言辯是非，必至相刃相靡，相彼相非，人間世則未能安寧。故是非之爭，固爲無用之辯。以是以論儒墨之說，雖倡仁義，兼愛以爲成聖成賢的判準，固爲偏頗之論，故未必可信也。

(2)者說明人生所競逐追求的爵祿、聲名，雖有貴盛成名之得而養尊處優；然一旦陷溺於事功與名利之追逐爭鬥的輪渦中，則不免有競勁構鬥，寵辱憂患而不樂之失。故探尋帆足萬里的疏義，其於莊子所處時世之現象分析，蓋爲：

接物而生
- 是非之見——爭辯、相彼、相非
- 得失之心——榮辱、貴賤、成敗

則生存於人間世，當決起形開，與人看接之際，由於有我見爲是的執著，故有相彼相非的無窮爭執。又因爲有得失的取捨，故有貴盛以爲得；賤斥以爲辱的判準，以致有榮辱皆不能爲樂的困境。至於如何化解是非之見、得失之心，進而超越由是非、得失所衍生的人生困境，帆足萬里則以爲莊子乃提出了因於天籟、「和以天倪」的形上根據。帆足萬里指出：

> 吹，風也。言非吹也者，言人之言，非如風，周被萬物，一以無心。苟能言者，皆有言，其言初無一定，不足以爲定。（解〈齊物論〉之「言非吹也」）

大塊之噫氣，以其吹拂萬物形體大小高下各異，故有抑揚頓挫，婉轉激亢之不同，蓋還其著物之自身，顯其物體之形象。亦即其所怒號者，乃物自身所自然自取的。然則吾人之發聲爲言則不然，一旦私心自用，則有自以爲是的成心，以此成心而應物，則生我是彼非的執著。若人人如此，則人間世乃充斥著無窮是非的爭論而紛亂不止。帆足萬里論之曰：

> 堅白、兩可之說也。鑄劍者，黃、所以爲堅；白、所以爲利。已黃已白，天下之良劍也。難者曰：黃所以爲不利；白所以爲不堅，已黃已白，天下之廢器也。（解〈齊物論〉之「故以堅白之昧終」）

即舉名家詭辭逞辯之例，以說明相彼相非之爭執，終衍生無窮的是非。是故，若能因循天籟之無心應物，己論固是，他人之說亦不爲非，以通人我的對待，則是非之爭辯，自然化解，人間世終能圓滿和諧。帆足萬里疏解「天倪」之義，即有補足此旨者。其曰：

倪、分也。言物有自然之分界，苟得其是，不須與人爭也。……人之於世志，歲月與義理，蓋無所不忘。（解〈齊物論〉之「和以天倪」）

蓋天生才性，人各有分界，高下優劣互見，亦天生如此。且「夫人之在世，猶蛇蚹蜩翼，不能自主，以變化言之，我未必不爲彼，豈用爭於是非之末耶㉒？」故明於天生不齊而皆能生存於世，乃天道自然的理則，且因此天道以應於人間世，人我之論兩行而皆可之，則是非爭論自可化解泯除。此帆足萬里疏解莊子如何「依乎天理」而化解人我是非的意旨所在。

其次，如何超越得失之心所衍生的困境。帆足萬里曰：

禍福皆天之所爲，不須豫憂。（解〈養生主〉之「右師刖者」寓言）

即指出人生所遭逢的榮辱、貴賤、禍福、吉凶、死生等境遇，皆自然而有的。亦即人之有得失，一如草木之有榮枯消長的現象。豈爲物類之生殺而欣喜含悲呢？故視得失爲自然現象之本然具存，安於天道之排定，則無禍福之豫憂。是以，帆足萬里申明此旨，曰：

人之處世，苟得其道，自有樂地，不至艱苦。（解〈養生主〉之「庖丁解牛」寓言）

所謂「其道」，即指生殺榮枯，死生消長之周而復始的自然天道。至於得道而樂，則是說超

㉒ 帆足萬里解〈齊物論〉之「莊周夢爲胡蝶」的寓言之文。

越趨福避禍，冀得畏失，樂生哀死的慾求，以榮辱得失等兩極遭遇，爲並存於天地之間的自然現象；且人既生存於天地間，必然否泰吉凶的境界。故視得失爲自然天道的常情，安其所安，終能樂其所處。是以，帆足萬里曰：「不以死生動心，知命之道也。」㉓即就人之知天安立，說明莊子如何「和以天倪」而超越因得失之心所產生的困境。

人何以能化解是非之執著，何以能知天安立，而超越因是非得失所衍生的生存困境。帆足萬里即展開其內聖而外王的疏義。

> 已息爭，可以養身，故次以養生主。（〈養生主〉解題）
>
> 既養生，故次以處世之方也。（〈人間世〉解題）
>
> 內德已充，其應於外者，足以動物也。（〈德充符〉解題）

此雖爲帆足萬里解釋《莊子》篇名之旨及篇目次第之義；而探究其疏義者，更有超越生存困境之體悟後，架構「內聖而外王」之思想體系的涵義在焉。所謂「已息爭」，乃分析所處時世的社會及思想界的現象，以知是時之人皆有是非爭論，得失憂患的生存困境。進而提出「和以天倪」而超越兩難困境的思想。此帆足萬里所謂「已息爭」之義。至於何以能知天，則是「可以養身」以下《莊子》篇名解題的論述。尋繹帆足萬里此解題，則是「內聖而外

㉓ 解〈養生主〉之「帝之懸解」之文。

王」之思想的開展。蓋「養身」而「內德已充」是「內聖」；「應於外者，足以動物」的「處世之方」，則是「外王」。然則莊子如何充其德以動物，帆足萬里的理解是，喪我無心，自樂其樂的「內聖」；與人共樂的「外王」。其申論此旨，曰：

喪耦，乃下文喪我之義，物我之心共釋也。（解〈齊物論〉之「今者吾喪我」）

所謂「物我之心共釋」的「喪耦」或「喪我」，即我心執著所衍生之人我的區別，皆解釋化除之。亦即「一以無心」，「不用思慮計度」，如「忘其肝膽，遺其耳目」的「自治其心，而得其常心」㉔。以之自處，隨宜爲行，安於自身之所處，而「自樂其樂」㉕。此帆足萬里所指出的「內聖」之義。此義之極致發揮，則是「言至人水火不能傷，蓋以譬其於物無所滯礙」㉖。亦即成德之脩，得以通人我也。至於其「應於外者，足以動物」之「外王」的疏義，則就天生才性之肯定，推衍人人存在皆有其存在價値的論述。其曰：

人各有其志，所任各異，不可易也。（解〈逍遙遊〉之「堯讓天下於許由」寓言）

天地之間雖品類萬殊，大小高下不齊；而並存同生焉。萬物如此，吾人亦復不殊。故吾人之

㉔「一以無心」乃解〈齊物論〉之「言非吹也」。「不用思慮計度」解釋〈人間世〉的「鬼神將來舍」。

㉕「自樂其樂」乃〈逍遙遊〉的「解題」之文。

㉖解〈齊物論〉的「至人神矣，大澤焚而不能熱，河漢沍而不能寒」之文。

才性乃天生自然如此，才學器量雖不一；而皆有其定位，固無以成說定論而作憂劣之判準，更易天生之定位。是以帆足萬里於〈逍遙遊〉之解題，申論此義，曰：

萬物大小之無極，以明經世自任者，未足大；而無用自廢者，亦不爲無用，以息競之心，自樂其樂也。

即以己論己，以人論人，己身之論爲是，他人之說亦不爲非，肯定自我亦包容他人，則人我和諧，同樂並生於人間世。帆足萬里引伊藤仁齋㉗之說，訓解此義曰：

伊藤仁齋所謂大悟之後，絕無奇特。是也。此言雖有智愚賢不肖之別，其實一也。

（解〈齊物論〉之「其有眞君存焉，如求得其情與不得，無益損乎其眞。」）

即知天安命之「大悟」之後，則吾人之才性雖有「聖愚賢不肖」的既成判準之別；其實聖和愚，賢和不肖皆能生存於世，則是自然天成的常道。進而言之，帆足萬里所理解的「動物」，並非道德發用的教化天下，亦非強霸遂行的王天下；乃是如何安立吾人生命於人間世，由己樂而與人同樂地生存於世的人我和諧共存之義。故其乃標示「神人以不材自全」、「支離其

㉗ 伊藤仁齋（一六二七～一七〇五），江戶時代，京都人。名維楨，字源佐，號仁齋。倡直探古典眞義，成一家之言，稱「古義學」。

德，不材自免」、「無用者未必無用」㉘的疏義，以材與不材之間，訓解「外王」之義。分析帆足萬里的疏義，其清晰地指出「內聖而外王」之思想者，乃在「天道」篇「靜而聖，動而王」一節的義理發揮：

> 靜而聖，動而王。居則有聖人之德；動則有王者之功也。人樂、與人同樂者；天樂、則自樂其天耳。

致虛守靜而「吉祥止止」（〈齊物論〉），冲虛淡漠而衆善集止，以和成其德。故「靜而聖」，乃虛靜的「內聖」工夫，而有「聖人之德」。內德的發用而物我分別的成心消釋，進而人我相通以和諧相處於天地之間。故「動而王」，即通人我之「外王」，而有「王者之功」。再者，成德之脩的自樂其天以知天道自然的究極，乃是知天安命的「內聖」。至於物我之心共釋，肯定賢與不肖的存在意義，故無人我扞隔的存在，相諧地共存於世，則是無往而不樂的「外王」境界。如此疏解，帆足萬里乃以

靜——有聖人之德——內聖——自樂其天
動——有王者之功——外王——與人同樂

㉘「神人以不材自全」、「支離其德，不材自全」者，解〈人間世〉之文。「無用者未必無用」解〈逍遙遊〉之「莊惠答問」寓言之旨意。

架構其「內聖而外王」的體系，以理解《莊子》的思想。亦即致虛守靜而自樂其天，是「內聖」的工夫。成和之脩的發用，以去自身爲是之我執而通人我、與人和諧處世，則是「外王」的境界。此帆足萬里之「內聖而外王」的疏解宗旨所在。

探尋帆足萬里之詮釋《莊子》的思想義理，蓋由現象分析始，繼以「和以天倪」而超越人生困境的論述，至於如何以知天道的究竟，亦即如何與天道相冥合，則是成德的「內聖」之脩以相應於天，進而發用此「內聖」之脩，去我執、通人我而和諧地對應人際關係。此一義理疏解固架構了「內聖而外王」的思想系統。至於由天道以應人事的天人相應關係，亦爲帆足萬里之疏解《莊子》思想的主題之一。其曰：

道之原，人之所宜師也。（〈大宗師〉解題）

「道之原」者何也，帆足萬里於〈齊物論〉之解題曰：

莊子以爲道一而已。

即人所宜宗師的道，「一」而已。至於「一」之義爲何，帆足萬里的疏義，則曰：

人能安造化之排定而從與化，乃可以與造化一，一、造化之道。（解〈大宗師〉之「安排造化而入於寥天一」）

是知「道之原」者，即「造化之道」，亦即萬物生成之「天道」眞宰。至於「天道」之眞義何在，帆足萬里解釋曰：

風周被萬物，一以無心。苟能言者，皆有言，其言初無一定，不足以爲定。（解〈齊物論〉之「言非吹也」）

大塊噫氣之激物發聲，雖高下大小皆有聲響，是知造物無心，故萬竅皆怒號。再者，天地之生成萬物，品類殊異，各以其道而生存繁衍於天地之間。故天地垂象，承載萬般，其形象雖無定，而皆生成於天地間。是知帆足萬里所陳述的「天道」，其造化之義，蓋有「無心」、「無定」二端。至於「人所宜師者」何也，探究帆足萬里的疏義，即從「無心」、「無定」二義而出。其曰：

淒然似秋，煖然似春，無心，而喜怒皆得其宜也。通四時，謂隨時也。（解〈大宗師〉之「淒然似秋，煖然似春，喜怒通四時」）

即因應自然現象之變化循環，而無成心於喜怒哀樂之情識的糾結。又順隨四時大氣的流轉，而無心知的定主。此帆足萬里因循「無心」、「無定」的造化之道，而衍論「無心」、「隨化」的人道相應之理。故其曰：

> 假於異物，託於同體，假天地水土之氣，以寓同體，假合成形，不足控揣也。忘其肝膽，遺其耳目，不自有其窮也。（解〈大宗師〉之「假於異物，死於同體，忘其肝膽，遺其耳目」）

即人之形體皆得天地陰陽調和之氣以生，固有其生存之道，亦即指出「天道」無心以生成萬物，則人事之對應，亦宜「無我」而肯定人人存在於天地間的意義，乃能和諧地通人我。故帆足萬里又疏解由天道之「無心」而人道之「無我」的相應之道，曰：

> 不知使我自有我身者，亦造化之爲耳。（解〈大宗師〉之「且也相與吾之耳矣」）

順「造化之爲」而「無我」，即「與造化者爲人，聽其自然而不容私也㉙。」

再者，相應「天道」之「無定」的人道之理爲何，帆足萬里解析之曰：

> 人能安造化之排定而從與化，乃可以與造化。（解〈大宗師〉之「安排造化」）

以「物化」無定，人事之得失雖有常而無定，故唯有順隨「天道」的造化之理，「不知就先，不知就後」（〈大宗師〉），乃能無情識的糾結，而超越榮辱、得失、死生的困境。故帆足萬里曰：「任自然者，無名、無迹也㉚。」綜輯帆足萬里於天人相應的疏義，乃以

㉙ 解〈應帝王〉的「予方將與造物者爲人」之文。

㉚ 解〈大宗師〉的「遊夫遙蕩恣睢轉徙之塗」之文。

（天道）（人道）
無心——無心、無我
無定——隨化、無名、無迹

解釋之。造化「無心」以成物，物象「無定」而皆存。即天道盛貫，「萬物得之以能立」㉛。人之所以能造化爲一者，則在隨化順應，安其所安，超越得失所衍生的情愛糾結；並且泯除我見爲是的執著，無心於言辯是非的爭端，肯定人人皆有生存於世的自然生成之義，則能化解人我的扞隔，與同樂其道的生存於世，自樂其天的逍遙於世。故帆足萬里曰：

一、天道也，物得天道以生，謂之德。蓋在天謂之道；在人謂之德，其實一也。（解〈天地〉之「一之所起，有一而未形，物得之以生謂之德」）

則以天生人成之義，申明物我無別以冥合天地生成萬物之常道的義蘊。此帆足萬里疏解《莊子》天人相合思想的義理所在。

七、結語

帆足萬里著述甚富，或傾盡心力於「蘭學」的研究，或祖述三浦梅園的「條理學」而創

㉛ 解〈大宗師〉的「夫道，有情有信」章之旨趣。

「窮理學」，乃其卓拔之學術成就，前人推崇倍至。至於晚年所標注的經傳子史，就前文所考察的《莊子解》而言，有以下數點，誠值得給以極高的評價。

(一)以和音漢字解詁《莊子》品類之名，蓋可窺知帆足萬里之注釋，誠有力求易解的用心。

(二)《莊子》內、外篇篇名之標注有異。內七篇各篇皆有「解題」以敘述篇旨；而外篇但標篇名而已，略無「解題」。以此探究帆足萬里的用心，其或以爲內七篇爲莊子所作；外篇以下皆爲後學所述而假託莊子之名爲之者。郭象或有所疑，然未曾細究，概以外、雜篇名之，併內篇輯成《莊子》。故帆足萬里於《莊子》的內篇，標注有解題；外篇以下則以「此以下皆掇篇首二字爲名，無有意義也」（駢拇）概括之。是以知帆足萬里認爲莊子所作者，僅內七篇而已。外篇以下則非，故其不注釋外篇之〈秋水〉以下者，固此意之證也。

(三)帆足萬里以「天人相接」、「內聖而外王」的思想體系，疏解《莊子》的思想，固有深會於《莊子》者。且就日本江戶時代的《莊子》研究而言，則已超越獨尚林希逸《莊子鬳齋口義》的風尚㉜，而有沈潛體會的見解，於疏義中衍論而出。故以此而言，帆足萬里《莊子解》於日本江戶《莊子》研究上，誠有其一席之地。

㉜ 說見武內義雄〈日本における老莊學〉（《武內義雄全集》卷六，諸子篇一，頁二二六，角川書店，一九七五年九月初版）武內氏以爲日本江戶時代的老莊研究，多以林希逸的口義爲藍本。

五、岡松甕谷《莊子考》內七篇注之研究

提要

岡松甕谷窮其晚年十數年之工夫，旁搜經傳子史、徵引前賢注疏，以成《莊子考》。就考證而言，其因字音、字形以明字義、篇章眞僞之辨明、虛字於文章起承轉合之作用等，足見精審考證之用心。

就義理疏解而言，雖山路愛山以爲岡松甕谷於《莊子》思想甚少發明，乃就岡松氏所未盡處，闡釋莊子義理，爲內聖外王之思想系統。實則，內聖而外王之義，既已爲岡松氏所提及。岡松氏於〈逍遙遊〉篇之疏解指出，《莊子》之逍遙異乎後世之逍遙，進而主張天生才性論，說明吾人各因其才以處人間世，則能安立於世。探尋岡松氏疏解之義，蓋以《莊子》思想爲人生處世之哲學，再者，人生精神之逍遙理想境界，乃架構於人間世，方能顯其逍遙遊之眞義。由此於人間世逍遙義推衍而出，岡松氏於〈齊物論〉以下諸篇闡釋處世之方以安立於世之思想。亦即如何和諧順遂之人際關係，精神逍遙之遊於人間世。其曰：

是非、得失之不甚相遠。（〈齊物論〉）

心之自然爲用。（〈養生主〉）

隨物順應，無容心於其間。（〈人間世〉）

死生窮達，莫不歸于一。（〈德充符〉）

人生禍福壽夭，皆繫於天。（〈大宗師〉）

虛澹待物。（〈應帝王〉）

舉凡人生在世所可能遭逢之是非、得失、窮達、禍福、壽夭，死生諸端，皆一一指陳以出，進而以「因是」、「兩行」（〈齊物論〉）之義，肯定萬象雖不齊同而皆能並行於世之義。如此，雖處是非得失等兩難困境即可迎刃而解。至於「虛澹待物」之義，甕谷則據《莊子》「遊心於淡、合氣於漠」而「用心若鏡，勝物而無傷」（〈應帝王〉）以提出者。細究甕谷之疏解，「虛澹」是致虛守靜之內聖工夫；「待物」則是萬物皆照以和諧處世之外王事業。故通貫甕谷《莊子考》內七篇之疏解，誠有以《莊子》內七篇爲內聖而外王之思想體系之用心。足見甕谷於莊子義理甚有深會者。

一、生平事蹟

岡松甕谷生於文政三（一八二〇）年，死於明治二十八（一八五九）年。是日本幕末、明治中期的漢學家。生性耿介，於幕末之際主張變革之開明思想，逮及明治維新後儒道中衰，則感慨斯文不存。故相知甚少，終不用於世。❶至於甕谷之生平事蹟，細川十洲（一八三四～一九二三）所撰墓誌銘，可見其梗概。茲摘錄於后：

> 先生諱辰，字君盈，岡松氏。豐後人。考諱眞友，妣奈須氏。先生少而好學，受業於萬里帆足先生。學成仕肥藩。明治二年，擢昌平學校教授，遷少博士，後爲權少史，爲內務省御用掛，又爲大學教授而罷。東京府中學、高等女學校、女子高等師範學校、華族女學校，請先生講經。東京學士會院亦推先生爲會員。二十八年二月十八日病歿，年七十又六。葬於青山塋城。先生娶北野氏，子男二人，長曰參太郎，嗣家。次曰匡四郎，嗣井上氏。女二人，長適中村勝、次適山田喜之助。

蓋於甕谷之出身、師承、仕宦、經歷及家族，作簡要的記述，而甕谷的著作，據近藤春雄日本漢文學大事典所載，則有《莊子考》四卷、《楚辭考》四卷、《論語講義》三冊、《漢譯常山紀談》十卷、《窮理解環》一卷、《初學文範》二卷、《先聖事蹟考》一卷、《東瀛紀

---

❶ 岡松甕谷之生平事蹟，載見於《文靖先生年譜》（其子參太郎・匡四郎撰、收錄於《甕谷遺稿》卷首）、「文靖先生行狀」（其弟子關口隆正撰、收錄於《甕谷遺稿》附錄）。又町田三郎先生《岡松甕谷のこと》（九州大學《中國哲學論集》第十三號，頁四一—五七，一九八七年十月）於生平事蹟及著述生涯，有詳細地敘述。

事本末》二十卷、《甕谷遺稿》八卷等。

甕谷之著《莊子考》，據其子參太郎、匡四郎所識《莊子考》辨言四則曰：

先考夙深慨時事。年垂耳順，喜讀莊子及楚辭以遺懷，遂著二考。比過古稀，屢罹疾病，尚呼筆硯，枕上改稿刪字，至易簀不釋卷。不肖等竊以爲，二考乃先考心血之所傾注也。先考嘗曰：「我邦漢學衰廢，莫甚於今日，經史子集，東之高閣，無復顧者，余將携二考，賦禹域游，歷訪碩學鴻儒以相商榷。子弟以其老羸諫止之。居一年許，二考在架，而先考則捐館矣。

年六十而著書，逾七十猶有刪訂，至死前一年，仍欲携渡海中國，求教於時彥碩學。則甕谷之撰述《莊子考》，前後經歷十數年乃成。黃錦鋐先生說：「明治時代研究莊子者，雖不乏其人，而岡松甕谷之《莊子考》爲其中之翹楚。其訓詁之詳審，考訂之謹嚴，時無出其右者，而其所徵引文獻，雖宗林希逸氏，以林氏之說爲依歸，然其於焦竑之《莊子翼》、林西仲之《莊子因》，下及陸佃、蘇輿等家之說，亦兼採焉。至其他旁涉經史、各家文集，以及《說文》、《玉篇》、李時珍《本草綱目》等書，不下數十百種，其博學卓識，亦有足多者，堪稱明治時代研究莊子之代表。」❷蓋積平生所學，以十餘年之力，博採通說，窮究鑽研，雖以

❷ 見黃錦鋐先生〈日本明治時代之莊子注〉（《第一屆中國域外漢籍國際學術會議論文集》，頁三四八、三四九，聯經出版社出版，一九八七年十二月）

林希逸《莊子口義》爲本，而精於考校，詳於訓解，甚且義理疏解之明晰等，皆有足以稱道者。

二、考證及辨僞

岡松甕谷《莊子考》之注疏體例，乃先徵引前人注疏，尤以林希逸《莊子口義》及其師帆足萬里《莊子解》爲宗，❸再冠以「考曰」二字，敘述己見。如〈逍遙遊〉「堯讓天下於許由」章，甕谷的注疏：

林氏曰：堯謂許由立則天下自治，而必使我主此，我自見其不足，故以爝火浸灌自喻

---

❸ 武內義雄謂日本自德川幕府以來之莊子注，即以林希逸《莊子鬳齋口義》爲本。（說見所著《日本における老莊學》，頁二三〇—二三二，角川書店，一九七九年八月）至於何以以林氏之說爲本，町田三郎先生以爲《林氏口義》以注解平易，廣爲江戶時代之學者所閱讀，再者林氏頗以儒、佛解莊，亦較以莊解莊易於理解。」（說見〈岡松甕谷のこと〉）黃錦鋐先生則曰：「林希逸《莊子口義》雜以佛家之說，佛家之學自中國傳於韓、日，受之影響亦深，故研究莊子者，多以林氏《莊子口義》爲據。」（說見〈日本明治時代之莊子注〉分析町田、黃二先生之說，或探求林氏《口義》注疏之內容；或以伴隨佛學之受重視，故日本學者多以林氏《口義》爲理解莊子義理之根據。蓋皆能說明日本學者之解莊而以林氏書爲本的原因所在。

也。尸者主也。文簡先生曰：曲禮有燭不見跋之言，詩及左氏有庭燎，蓋焚一木挺取明，是謂燭，燭之言獨也。束木挺五六枚焚之，是謂炬，比燭稍大故也。若夫地聚木焚之，是謂燎，燎之言僚也。上古取明，獨有此三者而已，至周季，始制膏油，亦未月燈盞之設，因盛以爵，點火取明，名曰爝火，蓋焚膏油之始見于書者也。考曰：許由之名，亦莊生所創作，非必有其人。謂之許由，猶言自許自由。太史公云：箕山上有許由冢，是亦後人因莊生言，遂有此假託。世所傳上古遺跡，往往有與此相類者。

則先引林希逸之說以訓解通篇旨趣，再取帆足萬里的解詁，以明「爝火」之意。其後自述「許由」爲《莊子》所創的傳說人物，非實有其人。甕谷以爲「許由」之義，蓋取義於放浪形骸，無以俗務累心的自在適得，故名之也。至於史書中，上古傳說之記述，則以此類載記之因循爲多。

許由究竟是否有其人，史載事迹是否其所爲，猶待多方資料之徵引詳考，乃得以明晰。甕谷斷論「許由」之名，爲《莊子》所創作，雖不免武斷，蓋墨子所染篇、史記皆有記載，二書雖未必早於《莊子》書，而傳聞載記則未必全由《莊子》書而出者。雖則，甕谷之持論，固可見其博引窮究之功。其謂「許由之名，亦莊生所創作」，則莊子所創作者，非止「許由」之名而已。甕谷指出〈逍遙遊〉「北冥有魚，其名爲鯤，……化而爲鳥，其名爲鵬。」章之「鵬」字，爲莊子所創。其徵引帆足萬里之所說，曰：

說文，鵬篆爲，曰古文鳳字。段玉裁曰：既象其形，又加鳥旁。蓋朋者最初古文，鵬者踵爲之者也。宋玉對楚王問曰：鳥有鳳，而魚有鯤。鳳凰上擊九千里，絕雲霓負蒼天，足亂浮雲，翺翔乎杳冥之上。夫藩籬之鷃，豈能與之料天地之高哉。鯤魚朝發崑崙之墟，暴鬐之碣石，暮宿於孟諸。夫尺澤之鯢，豈能與之量江海之大哉。故非獨鳥有鳳，而魚有鯤也。周之言，與玉相似。二人皆居楚，亦略同時，未知其爲言孰先也。皆借鯤爲大魚名，而周又代鳳以鵬，鵬字或周所創作。

又〈養生主〉「庖丁解牛」章，「技經肯綮之未嘗，而況大軱乎」，甕谷考證，曰：

肯古作肎，隸作肯。肎，說文從肉從冎省，骨間肉肎肎著也。段玉裁以爲，肎肎，附著難解之貌。其爲不肯之肯，蓋自此而轉也。……軱當作⿰骨瓜，從車假借耳，然說文無⿰骨瓜，正字通等書亦無載⿰骨瓜者，或莊生創作，猶逍遙遊鵬字。蓋取骨大如瓜爲義。

帆足萬里之以爲「鵬」字爲莊子所創者，蓋宋玉對答亦有鳳凰，斥鷃與鯤、鯢之大小之辨，而不及「鵬」。莊子與宋玉蓋同時之人，所載鯤鵬怒飛之事，或當時傳聞，唯今所見記錄，有宋、莊二人之文章，宋玉無「鵬」字而莊子逍遙遊有之，則「鵬」字或《莊子》所創。許慎說文記載有之者，或取自於《莊子》書所記，但未注出處而已。至於〈養生主〉之「軱」字，推尋甕谷之義，蓋庖丁所解爲牛，則「軱」之本字宜爲「骸」字，爲較洽當。「骸」字不見於說文。固《莊子》所創者。由此二例及「許由」之名，皆《莊子》自創的推論可知，甕谷或深究文義，如「軱」宜作「觚」，「許由」取「自許自由」之義；或博採通說，旁徵典籍以爲證據，如「鵬」字之考證，則徵引帆足萬里之說，宋玉對問、說文載記，以論「鵬」字爲《莊子》所創作者。

此一論斷蓋可見甕谷用心窮究之所在。至於上溯經傳子史，各家莊子注疏，下迄字書注疏之徵引❹，以審愼的訓解，謹嚴的考證，固爲甕谷精研十餘年之心力所在。雖然博採通說，以詳審的解詁，乃論考注疏之基本工夫，而徵引字書，從字的形、音，以明字義；字義精確，以爲發明義理之資；篇章眞僞的考辨等三項研究的成果，自可知甕谷經營《莊子考》的用心，於日本幕末、明治間之研究《莊子》者，固有其地位。茲分述其訓解、考證之功於后：

一、因字形、字音以明字義。甕谷多徵引字書，韻書以明字義。即或引說文及段注等，以明字之本義及其引申義；或以字音而知字之通假，更而求其引申義。如

鵬，說文：鵬篆爲、曰古鳳字。段玉裁曰：既象其形，又加鳥旁，蓋朋者最初古

---

❹ 誠如黃錦鋐先生所曰：「其訓詁之詳審，考訂之謹嚴，時無出其右者，而其所徵引文獻，雖宗林希逸氏，以林氏之說爲依歸，然其於焦竑之《莊子翼》、林西仲之《莊子因》、下及陸佃、蘇輿等家之說，亦兼採焉。至其他旁涉經史、各家文集，以及《說文》、《玉篇》、李時珍《本草綱目》等書，不下數十百種，其博學卓識，亦有足多者，堪稱明治時代研究莊子之代表。」（說見〈日本明治時代之莊子注〉）

文，鵬者踵爲之者也。

夭，說文屈也。（以上〈逍遙遊〉）

譹與諕同，說文，號也。

調，說文，和也。

間，說文，間隙也。段玉裁以爲，門開而月入。然說文有閒無間，竊以從月從日，義亦相通，因假以爲伺間隙也。

縵，說文，繒無文也。蓋從水爲漫，從心爲慢，今從絲，所以爲繒無文也，縵縵蓋懍危甚遠，無界限之貌。

朕，段玉裁注說文，以爲朕俗作朕誤，朕從舟，舟之縫理也。引申之，凡縫皆曰朕。蓋兆朕之言，由此而生也。

喻，玉篇、曉也，又作諭，謂諭之令通曉也。

黮，說文、桑椹之黑也。黮闇不明也。

天倪，段玉裁解說文，以爲端倪二字，借端爲耑，借倪爲題。題者物初生之題也。天倪猶言天極。（以上〈齊物論〉）

肯，古作肎，隸作肯。說文從肉從冎省，骨間肉肎肎著也。段玉裁以為，肎肎附著難解之貌。其爲不肯之肯，蓋自此而轉也。

綮，說文致繒也，致，緻同。蓋謂繒之緻密者。（以上〈養生主〉）

僕，蓋僕、樸古今字。郭璞爾雅注，樸屬聚相著貌。（〈人間世〉）

頯，段玉裁曰：說文音達，權也。權者今之顴字，頰間骨也，因假以爲頯廣貌。（〈大宗師〉）

上述所引諸例，乃甕谷《莊子考》內篇徵引字書以明字義者，清代考據之學，固多形義相求，以明訓詁者。而日本考據學派之所謂審愼解詁，其徵引字書以明訓義者亦多。甕谷承襲考據餘緒，亦據字書以求本義，更有因本義以求引申義，使《莊子》之字義得以明白清晰。如上所引「間，假爲伺間隙」（〈齊物論〉）。「縵縵蓋懷危甚遠，無界限之貌」（〈齊物論〉）。「朕，凡縫皆曰朕，蓋兆朕之言，由此而生也」（〈齊物論〉）。「肯，肎肎附著難解之貌，其爲不肯之肯，蓋自此而轉也」（〈養生主〉）等解說，除引述字書及其注疏，以明本義外，甕谷更就本義以求其引申義。如此，非但字形演變之迹清晰可知；而尋迹引申之意義亦甚爲明確。由之考察晦澀難知之字，因引申義解說之，則得以豁然通曉。此甕谷因字書以明字義之有功的所在。至於因字音以求字義者，如

瓠落之瓠蓋胡之假借，落，古讀路，路、盧也。盧爲路平聲。因以假借。古謂瓢類宛轉無的底止爲胡盧，瓠落即胡盧。（〈逍遙遊〉）

畏佳，畏古與威通，威亦葳也。佳音翠，與崔同，崔亦推也。古亦有注畏佳爲畏推者。東方朔七諫，葳蕤而防露。葳蕤亦與畏佳同，謂林木隨風相倚搖盪也。（〈齊物論〉）

砉騞二字，說文不載，蓋皆取於音，非取於義。但翼註砉音翕，騞音畫。林氏砉、與入音，騞，亨入音。諸家又有讀砉爲虎伯、胡麥等反者，要不可知其孰是。獨翼注爲騞音大於砉者，似得之。（〈養生主〉）

咶，正韻音視，與舐同。（〈人間世〉）

但昏無人，又作伯昏無人。瞀、無音近通借。是亦寓言，子虛、無是之類也。（〈德充符〉）

甕谷因字音以求義的疏解，蓋師法前人昭井全都《莊子解》的解詁方法。昭井氏《莊子解》，但注〈逍遙遊〉〈齊物論〉二篇而已。篇首有解題，以標示通篇旨要。內容之注疏則字句訓詁，義理疏解兼而有之。其中字義的解釋，有以字音之轉注，而明其字義者，如「奚以之九萬里而南爲」（〈逍遙遊〉），昭井氏解曰：「奚字何之轉聲，之字適之轉聲」。「大浸稽天而不溺」（〈逍遙遊〉），昭井氏解曰：「稽字崖之轉聲，謂極」。「南郭子綦隱几而坐」（〈齊物論〉），昭井氏解之曰：「隱字倚之轉聲，几字機之轉聲」。「既已爲一矣」（〈齊物論〉），昭井氏解之曰：「已字既之轉聲，既已連用」。蓋以兩字音韻相轉，通假爲用，進而以轉聲之字解莊子原文的字義。甕谷取法此音訓之例，或探尋古音通假，如「瓠落即胡盧」（〈逍遙遊〉）。或求證於韻書，以爲注疏，如「咶，正韻音視，與舐同」（〈人間世〉）。或旁搜通說，如「騞、砉」之解（〈養生主〉）。則音義相求之途，非正音韻通轉一端；且及於古音、韻書，通說以爲佐證。以之注疏，固較爲確鑿可信。

二、字句之訓詁。以字形、字義清楚地顯示字義外，博采通說以解詁字句之義者，亦甕谷《莊子考》之足以稱道者。如

椿有香椿、臭椿之二種。臭椿，樗屬。吾邦人名爲狐茶囊，蓋謂其臭也。（〈逍遙遊〉「上古有大椿者」）

字書載正字通、郭象古本呺作枵。今無考，是知古或有作枵者。蓋呺與枵同，呺然、虛大貌。（〈逍遙遊〉「非不呺然大也」）

莛與東方朔傳以莛撞鍾之莛同。藁、莖也。楹、兩楹也。莛小楹大。厲，癩通。恢，詼同。恑，詭也。憰，譎同。恢恑憰怪謂怪之而驚駭也。（〈齊物論〉「恢恑憰怪」）

罔兩、崔本作罔浪，與前節孟浪音同，而義亦相通。林氏以爲影邊之淡薄者。蓋得之。（〈齊物論〉「罔兩問影」）

胡、大也。胡蝶謂蝶之大者。栩栩蓋詡詡之假借，詡詡、和悅之貌。（〈齊物論〉「莊周夢爲胡蝶，栩栩然胡蝶也」）

督、裻同。衣背當中之縫曰裻。已不爲近名之善又不爲近刑之惡，擇於二者之中，黃緣而行，以爲己道，故曰緣裻以爲經。（〈養生主〉「緣督以爲經」）

技、支同。謂支柱不得急進刀，與上文技字自別。經蓋於之訛。謂未嘗有支柱於骨肉

相著處，而不得急進刀，況敢犯骨之大者乎。（〈養生主〉「技經肯綮之未嘗」）

術與述同。左春谷曰：邶風、報我不述。釋文述本亦作術。祭義、結諸心、形諸色，而術省之。注，術當作述。是術、述字同。（〈人間世〉「術暴人之前者」林希逸注）

矼、高也。聚石爲步以涉水曰矼。通作杠。矼之爲高，蓋取義於此。（〈人間世〉「德厚信矼」）

甕谷「莊子考」頗多徵引林希逸《莊子口義》之注，以爲訓解的根據。如上引「罔兩」、「術與述同」之例。亦有旁搜人之說者，如上引「大椿」、「呺然」、「莛與楹」之例。至於「督、裻同」、「技、支同」之注釋者，則是甕谷的見解。其「裻」之解，蓋以「衣背當中之縫」解「已不爲近名之善，又不爲近刑之惡」的「無爲」以養生主之義。乃以具體可知之實物解釋善惡之事皆不爲的抽象意義，則頗爲精當。故雖甕谷未注明搜羅前人注疏之迹，而折衷諸說，或有未洽己意，乃以己見注解之者，亦可見其用心。至於以「未嘗有支柱於骨肉相著處」解「技經肯綮之未嘗」，雖有改字解經之虞；然「技、支」通假爲訓，文義乃得以清晰朗暢者，固有足取者也。

三、篇章眞僞之考辨。甕谷以爲今本《莊子》而非莊子所撰者，概以「」標記之。如〈逍遙遊〉「惠子謂莊子曰，吾有大樹，人謂之樗」章，以「」標示之，且注曰：

認爲贋作者，前後施「」以分之。後皆傚此。

如此類者，內篇尚有〈人間世〉「匠石之齊」、「孔子適楚，楚狂接輿遊其門」二章。外篇則駢拇、馬蹄、胠篋、知北遊外，各篇屢見「」之注記。雜篇未收錄，或甕谷以爲雜篇皆非莊子所作而不作注。❺茲考察甕谷判斷莊子篇章眞僞之依據，除〈人間世〉「孔子適楚，楚輿遊其門」章，注曰：

> 余又嘗謂孟子書引魯論一二章，然孟子蓋未得覽魯論全編也。至荀子絕無引魯論者。是知魯論成編，在孟荀二子後。莊生與孟子略同時，豈復得覽魯論。而鳳兮之歌，取諸魯論。此其爲後人贋作，固不待辨也。

乃以記載故事之成立時間和其人生存年代相比較，作爲眞僞判斷，或有合理性之依據外，其餘輒以辭藻優劣之品評，如文辭學家之文學批評方法作爲依據，蓋缺乏客觀性之考證作爲根據，故未盡合理。如非莊子所作之論斷：

> 文辭前後不相稱，不免爲龍頭蛇尾。（〈在宥〉，頁二三七❻）雖無瑕纇可指摘，略無雋永之氣。（〈天地〉，頁三〇一）其乏雋永之氣，與天地篇起首無異。（〈天道〉，頁三四五）

❺ 說本町田三郎先生〈岡松甕谷のこと〉之所述。

❻ 本文所引岡松甕谷《莊子考》之注疏者，乃據嚴靈峰編《無求備齋老列莊三子集成補編》五〇，成文出版社影印日本刊本。

魚目混珠，不待指摘而後見，較之前後數節，固知其瑕瑜不相掩也。（〈天運〉，頁三七一）〈刻意〉、〈繕性〉二篇措辭古澹，敘述容與，筆隨意至，固非後世能文之士所能作；然不如他篇捭闔軼蕩，使人不暇應酬，要不免爲膚淺。（〈刻意〉，頁四〇三）〈秋水〉一篇，在莊生書中最爲蕘蕘者，獨篇中公孫龍問於魏牟一節，林西仲以爲其無甚深旨，疑爲後人所竄掇。然非獨此也。其下莊子釣於濮水及惠子相梁二節，亦不與前後相稱，不過爲贗作也。（〈秋水〉，頁四二一）不免有訓詁氣……殊爲拙陋。（〈至樂〉，頁四五一）措辭拙陋，要之前篇首節一章及顏淵東之齊章之類，爲後人贗作明矣。（〈達生〉，頁四六七）裁緝已劣，辭亦不免有不倫。（〈田子方〉，頁五一九）

蓋以文辭之巧拙，文氣雋永與否，文義之前後相應與否等辭藻品味作爲判別的依據。再者，甕谷以爲雖歸屬外篇；而非莊子不能撰述者，其判斷的根據，仍以辭藻優劣爲主。如

駢拇至胠篋三篇，雖辭有精粗，皆未爲後人所鑿開者也。（〈駢拇〉，頁二三七）措辭嶄新，議論超軼，其爲蒙叟筆無疑。（〈天地〉，頁三〇一）若夫世之所貴道者書也，至輪扁論斲輪，千古不可磨滅之至理，固知非蒙叟不能爲此言也。（〈天道〉，頁三四六）此篇中間數章，皆蓄至理，其文亦鏗鏘可喜。（〈達生〉，頁四六七）至於元君一章，僅僅不過數行，而蓄意最多，且與前一章爵祿不入於心，死生不入於心相承，竊恐非蒙叟不能作也。（〈田子方〉，頁五一九）

即或因筆力鏗鏘；或以陳述至理，則以為非莊子不能為，固不免武斷。❼然則，甕谷於莊子篇章眞僞的考察，其內篇有後人羼入者，外篇亦有莊子所撰述者，亦即重新探討莊子篇卷分合之觀念的提出，固有日本考據學派著重先分析而後整合的學尙。日本考據學派興盛於文化（一八〇四～一八一六）、文政（一八一八～一八三〇）前後，其學以漢、唐注疏爲宗，兼採清代乾、嘉的考證之學。即以精確的訓詁、審愼的考證，究明經傳子史的本義爲主旨。如安井息軒的《管子纂詁》，太田全齋的《韓非子翼毳》、竹添光鴻的《左傳會箋》、岡松甕谷的《莊子考》等，皆以旁徵經傳、博引解詁，並審愼地考證，而成傳諸後世的不朽之作。❽然則轉益更新，精益求精；即由接受而轉化，或爲大和民族的特色。如其於外來文化的接受，或加上神道的精神；或於細節處極盡地發揮，而形成神道色彩濃厚，或細膩精緻的東洋文化。前者如風俗習尙和祭典儀式；後者如庭園、建築。至於學術研究的攢繼亦復如此。即日本的漢學家除用心於精確的訓解文義，校正訛誤，與中國的漢儒和清儒無異外，更專注於篇章之分析和整合的研究。如太田全齋（一七五九～一八二九）以爲今本《韓非子・難》篇，雖有四篇，實則文章的形式有異。其曰：

❼ 甕谷考辨《莊子》篇章眞僞之準據，固不如晚出之武內義雄。武內氏主張以陸德明《莊子釋文》爲依據，或可查考莊子由五十二篇至三十三篇變遷之大略。（說見所著《莊子考》，此文收載於《武內義雄全集》第六卷諸子篇一，岩波書局，一九七九年）。

❽ 安井息軒等日本考據學派之學者，如何旁徵博引者，詳見町田三郎先生所著「漢文大系について」（《九州大學文化史紀要》三十四輯，一九八九年三月）。

難者，時人或難古人行事，韓子爲解之也。其義猶難勢篇之解客難愼子道勢也。然唯第四篇，每章有解客難論，而前三篇無解論者。（《韓非子翼毳》第十五，難篇篇首之解題，漢文大系卷八）

即分析難篇之文章結構，前三篇爲前提式的寓言和批評此寓言之論難，乃二段式的形式；難四則於上述之形式外，另起一議論以批駁此論難，而成三段式的形式。故就文章的結構而言，難一至難三宜歸爲一類；難四則可自成一篇。又如龜井昭陽（一七七三～一八三六）的《尚書考》，除了博引先秦典籍，嚴謹地考證校訂字句之脫衍外，並且在篇首或篇末標明篇旨及章節大意，藉以展開考校的論證。亦即審愼地考察篇旨及章旨，進而細究各章節前後對應關係，考校篇章訛誤錯亂的情形。如以圖分析〈唐誥〉篇之章節段落及其前後之關連；論證〈唐誥〉篇首四十八字乃錯簡，宜置諸〈洛誥〉篇首等，則是龜井昭陽用心於結構性分析，進而重新整合既有篇章的所在。❾此先分析後整合的研究方法，誠爲日本考據學派轉益專精的所在。岡松甕谷於《莊子》篇章眞僞之探討，其以文辭的優劣作爲判別的依據，雖然未盡合理；而「大抵先秦之書傳于今，少有不經妄人竄易者」（〈駢拇〉之解題，頁二三八）之觀念的提出，則爲確鑿之論。蓋先秦諸子之書，自非一人之作，乃一家之言。且其編成亦非於一時，此查考史

❾ 龜井昭陽以圖示篇章分合情形之結構性分析者，見所著《尚書考》（未刊、藏於九州大學圖書館）。

志目錄之載記，即可知其原始本末。故甕谷之論誠非虛妄無據也。再者，其逐一檢莊子的篇章，提出內篇有後人之作而羼入者：外篇則有非莊子不能作者的說法，固未拘泥於內篇爲莊子所述；外、雜篇爲後學所撰的陳說。故甕谷雖未進一步地重新整理莊子篇章的分合，而其於眞僞的考辨，固有其見解。

三、文辭解析

岡松甕谷之注疏《莊子》，頗留意《莊子》文章的章法、辭藻及用字。其以辭藻之優劣判別《莊子》篇章的眞僞，如前文所述者。至於起承對應的分析者，如

> 此一節承上文至人無己、神人無功，聖人無名，舉許由爲之證。（〈逍遙遊〉「堯讓天下於許由」章，頁二四）
>
> 蓋申明篇首所謂吹萬不同而咸其自取之意。（〈齊物論〉「罔兩問景」章，頁九五）
>
> 是以上起下，謂計較是非，好行小慧者，無能爲也。（〈人間世〉「爲人使易以僞，爲天使難以僞」章，頁一二四、一二五）
>
> 讓王曰養志者忘形。正謂此也。（〈德充符〉「申徒嘉、兀者」章，頁一六三）
>
> 渾沌及前無爲名尸二章。更述虛澹待物，無侵擾其心之說也。（〈應帝王〉「南海之帝，曰儵」章，頁二二五）

蓋指出莊子同一篇或兩篇的某些章節的前後對應關係。又

冥靈，循本以爲冥海之靈龜。蓋上章朝菌、蟪蛄，以動、植二物相配。則此章以冥靈配大椿，亦知其爲靈龜之屬。（〈逍遙遊〉「楚之南有冥靈者」章，頁一七）

則更進一層地比對前後兩章的相應情形，即以排偶對仗的分析，而以爲前後兩章宜有相同詞性的對應。亦即以上下對照的關係，作爲訓解的依據。誠別具心裁之解詁。再者，

莊生欲闡明此義，是以意專在論天籟，則知地籟一節，特不過假以爲文章粧頭，非別有意義。（〈齊物論〉「吹萬不同」一節之解，頁四三）

堅白、惠子之事，獨舉堅白、意實總諸子百家而言。又不舉其人，下又獨舉文之子，而意又總昭文及師曠惠子。故爲參差不齊，以弄筆也。（〈齊物論〉「有成與虧，故昭氏之鼓琴」章，頁七一）

已而爲知，猶言知其殆矣，而猶且爲知。其省筆適所以弄筆也。齊物亦有此句法。蓋莊生獨得處。（〈養生主〉篇首解題，頁九七）

所謂「文章粧點」、「弄筆」之注疏，則與詩文之評點、眉批的用語近似。又

以超妙無前之筆，騁巧譎雄偉之辯，使讀之者遑遑乎，無能窺其端倪。（〈齊物論〉篇

首解題，頁三六）

蓋極盡文章巧妙之能事，固非訓詁、考據之文字平實之類。何以岡松甕谷以文章作法或詩文評點的方式注疏莊子？據關口隆正所撰「文靖先生行狀」⓾稱：

岡松甕谷以漢文譯其師帆足萬里所著之「井樓纂聞」，「師友皆稱其所造詣不可測云」。幕末，上書熊本藩，直陳海防論之非，「凡數千言，議論卓拔，文章敍暢」。明治初，纂輯「初學文範」，刊行於世，「時人併稱川田甕江曰東都二甕」。又「漢譯常山紀談」十卷脫稿，得竹添光鴻之介，獲俞樾贈序，序文「激稱不措」。

是知岡松甕谷能文，非僅名聞於當時，其所纂述，清儒亦稱譽不已。故其撰《莊子考》，頗用心於辭藻品味、文義之前後呼應及注疏之文筆等事。此中，尚值提出者，是甕谷於《莊子》用字之體會。如

凡章首至有眞君存（原文「存」該爲「在」）焉。每句尾，一用焉字、一用乎字，相錯成文，其固自有輕重也。（〈齊物論〉「百骸、九竅、六藏，賅而存焉」章，頁五二）

即提出虛字於文章中的作用。茲考察莊子齊物論「乎」字的用法，蓋可分析爲五類。其一、

⓾ 關口隆正《文靖先生行狀》收載於《甕谷遺稿》附錄。

疑問詞。如

何居乎？

心固可使如死灰乎？

其二、感嘆詞，如

已乎已乎！

人之生固若是芒乎！

其三、在動詞之後，作「於」解。如

日夜相代乎前，而莫知其所萌。

無益損乎其眞。

未成乎心。

休乎天鈞。

猶存乎蓬艾之間。

遊乎四海之外。

瞿梧子問乎長梧子。

其四、置於句尾以引發思考。如

> 今者吾喪我，汝知之乎？
> 而獨不見之調調之刁刁乎？
> 民溼寢則腰疾偏死，鰌然乎哉？木處則惴慄恂懼，猨猴然乎哉？

「乎」字有疑問的字義，第一類之「何居乎」、「如死灰乎」，是提出疑問詞；此「汝知之乎」、「然乎哉」，則有婉轉的提出某一現象或自己的見解，進而引發對方的思考。故此類之「乎」有「君以爲如何」的意義。其五、連用「乎」字，展開論證。如

> 百骸、九竅、六藏，賅而存焉。吾誰與爲親。汝皆說之乎？其有私焉。如是，皆有爲臣妾乎？其臣妾不足以相治乎？其遞相爲君臣乎？其有眞君存焉。如求得其情與不得，無益損乎其眞。

物論如竅穴之自然的存在，則豈有以偏私之我執而作是非的判斷？既無我是彼非之偏執，又如何有「臣妾」、「君臣」的相彼存在呢？以人間世本來存有自然調和的道理，故不必拘泥於我是，我眞的追求。此段即借「皆說之乎」、「有爲臣妾乎」、「遞相爲君臣乎」，提出一偏之執的質疑，進而展開人間世存有本然和諧之眞君的論證。又

> 其以爲異於鷇音，亦有辯乎，其無辯乎？道惡乎隱而有眞僞，言惡乎隱而有是非？道惡乎往而不存，言惡乎存而不可？

由於堅持吾道必眞，吾言必是的己見，以致引發「異於鷇音」之相彼相非的現象。誠如郭象所言：

> 夫言與鷇音，其致一也。有辯無辯誠未可定也。天下之情不必同而所言不能異，故是非紛紜，莫知所定。

所謂「天下之情不必同而所言不能異」，蓋指出莊子於當時力窮於是非、眞僞之爭辯的反省。至於如何超越此無窮是非的爭端、莊子則提出「道惡乎往而不存，言惡乎存而不可」的見解。即肯定道無所不在，故言無所不可的存在意義。

分析此段文字的結構，乃以「有辯乎」、「無辯乎」、「惡乎隱」提出道有眞僞、言有是非爭論的反省，進而以「惡乎往」、「惡乎存」作一轉換觀點的思考，肯定道皆存，言皆可的存在義。

一虛字的運用，果眞能展開層次性之反覆申論。則可知甕谷極盡心力於《莊子》文章之細密考察，致有此見解。

四、思想疏解

岡松甕谷《莊子考》頗多援儒入莊者。如

> 此之謂天府，與中庸天命之謂性，語法正同。（〈齊物論〉，頁八〇）
>
> 下文更舉罔兩、胡蝶二節終篇，所以爲顧眄之態。猶中庸篇末七引詩以申明上文意。是莊生措辭之序也。（〈齊物論〉，頁九三）

則從語法、文章結構上，說明莊子與儒家典籍有相合者。又

> 宗如論語亦可宗也之宗。宗，尊也。其所最尊崇，而平生師資，實在于此。（〈大宗師〉解題，頁一七七）

取論語之文句，作爲訓解的依據。又

> 若夫堯舜之齊七政、定四時，今稼穡出入，無失其序者。初無問於靜日、靜地之孰是孰非，而所以利斯民，建萬世之業者，由此而立。是以非指喻指之非指也。

蓋以莊子「以非指喻指之非指」之語義難以理解，乃引用「巍巍乎，無能名焉」的堯舜治世，

即所謂「初無問於靜日，靜地之孰是孰非」的無所爲而爲之政治，說明「非指」之義。又

> 孟子所謂行止非人所能，是其所以名爲天籟也。（〈齊物論〉，頁四二）
>
> 孟子所謂萬鍾於我何加之義，是之謂自其異者視之。夫如此故貧賤之與富貴，君子視以爲如一者。（〈德充符〉，頁一五三）

則引《孟子》之文，說明《莊子》的思想。如前者以「行止非人所能」，天實爲之的自然義，解釋「天籟」。後者以《孟子》「萬鍾於我何加」之「富貴不能淫」的氣節，誠異於俗人追求功名利祿之貪念。藉以說明「自其異者視之」之義。再者，既萬鍾無所加諸身，則無富貴與貧賤的執著，故「自其同者視之，萬物皆一也。」（〈德充符〉）亦即以《孟子》「萬鍾於我何加」之異於俗人，說明「肝膽、楚越」之義。進而以其引申義，即無富貴與貧賤的分別心，說明「萬物皆」之義。

此岡松甕谷《莊子考》援儒入莊的情形。綜上所述，甕谷或有於篇章的關鍵處，如〈齊物論〉的「天籟」、德充符的「自其異者視之，肝膽楚越也；自其同者視之，萬物皆一也」等，以儒家經典，即儒家思想爲依據，說明《莊子》的義理。則知其學尚，乃以儒家爲宗。故《莊子考》中有批評《莊子》者，則不難理解。如

> 蓋周本隱居放言之流，而缺於身中清，廢中權一節。是以其言往往騖入於小人無忌憚

之類。此其所以不免於爲名教罪人也。(〈齊物論〉解題，頁二二八)

蓋以儒者所重視之行誼，即遵奉「不重則不威」(《論語・學而》篇)之謹言愼行的規範，批判莊子爲「名教罪人」。又：

夫爲善無近名，猶之可也。至於爲惡無近刑，自古法律御下如秦皇帝，其民皆莫不流入于此，所謂民免而無恥者矣。若乃士而以此爲務，寧足以爲士。莊生乃奉以爲己道，其不免獲罪於名教，良有以也。(〈養生主〉，頁九八)

以法令刑罰作爲禁制人民的工具，固然與儒家所主張之禮儀規範的德化政治不相合。甕谷以爲莊子卻直言夤緣於法律邊際，既可以不受刑罰，又可以保身全生。此「民免而無恥」(《論語・爲政》)的行爲，終究爲儒家所不齒的。

甕谷既以爲《莊子》兩行皆可的養生之道爲苟且；則《莊子》所謂之「才全而德不形」(〈德充符〉)，「虛而委蛇」(〈應帝王〉)的接物之道，自然有嚴厲的批評。其曰：

蓋莊生論帝王御天下之道，其要在虛澹待物，務無拂擾其心，而其術貴乎深自秘閉，無使天下之衆得有窺見於我。……夫恬澹虛無爲心，舉天下無復足介意，此僧家所以有取於趙州斬貓也。然其終不免爲慘覈少恩之人。而深自秘閉，使人難於窺見，亦所謂其弊也賊者矣。太史公以爲申韓刑名之學原於道德。彼其會心處，蓋在於此矣。嗚

呼，莊生之術，遂爲陰賊之歸，而獲罪於名教，良有以也。（〈應帝王〉，頁二三一、二三二）

卑下而可以成器長，虛澹可以應帝王，此甕谷以爲莊子爲陰謀家之論點所在。蓋虛澹以深自秘藏，無爲適足以無不爲，固爲陰謀權術的根據所在。故後世之法家，其嚴刑峻法的根據卻是自然之天，霸道權勢的施爲，則以道德爲標的，故太史公將老、莊、申、韓同列一傳。

甕谷之指責《莊子》爲名教罪人者，蓋以儒家之任重而道遠的弘毅精神，雖千萬人，吾往矣的正面擔當爲處世的原則，故對《莊子》有「不免爲慘覈少恩之人」的批判。探尋甕谷如此嚴厲批判的原因，蓋在於甕谷以儒學爲宗尚，故注《莊子》書頗有援儒入莊者，一旦《莊子》思想有與儒家思想迥異者，則加諸「名教罪人」的批判。故山路愛山曰：

> 甕谷先生於《莊子》之議論，大抵能掌握其大體，唯細微處，則未竟清楚明白，故不免有些缺憾。此蓋先生以處世之教訓，道德之格言注解《莊子》，乃有此情形。故《莊子》之言若與自己的思想相合，則贊同而採取之。至於介紹老莊思想之精義者，則先生付之闕如。（《支那思想史·莊子論》⓫）

⓫ 見《山路愛山選集》第三卷（萬里閣書房，一九二八年再版）。引文見頁四六三。原文另有副標題——讀岡松甕谷先生の《莊子考》。山路氏以甕谷精於注釋，於莊子思想未必有發明。實則山路氏所論

所謂「先生以處世之教訓、道德之格言注解《莊子》」，誠清楚地指出甕谷以儒家思想自持，故頗引用儒家經典的記述以注疏《莊子》。一旦《莊子》或有背離聖賢之道者，即視爲異端而施予批判。唯甕谷之《莊子考》果眞以援儒入莊之故，於《莊子》思想的探究則付諸闕如。其實並非如此。茲就《莊子考》於內七篇的注疏作一考察，甕谷於《莊子》思想的精義究竟有無發明，即能清晰大白。

(一)〈逍遙遊〉

岡松甕谷以爲，所謂「逍遙遊」是「人人從容自得，而遊於一世。」（〈逍遙遊〉解題，頁九）此「一世」即人間世，亦即人能逍遙而悠遊的場所，就是人所生存的世界。由此意義爲論證的基點，甕谷乃以人間世所存在的各種現象，作爲何以能自在自得的依據。

甕谷以爲〈逍遙遊〉全篇的主旨，即人之所以能從容自得而悠遊於人間的根據，在「大小定分，隨分自安」。所謂「大小定分」，甕谷曰：

> 人之材有大小。（釋「蜩與學鳩二蟲」，頁一六）
> 物之大小，自有定分。（釋「斥鷃」，頁一九）

莊子思想爲一內聖而外王的義理系統，此一論述既已由甕谷氏提出，只是甕谷未標示「內聖、外王」之辭而已。

是以天生才性論而立說的。即就人間世和自然界所存在的現象而下的論斷。亦即人的稟賦有高下，才能有優劣，生命有長短的差別，如自然界所存在的事物一般，有大小的參差。此不齊的情況，蓋爲天生自然的定分。此一天生才性論，乃甕谷就〈逍遙遊〉中鯤鵬與斥鴳，學鳩的大小之辨而推衍論說的。若然，天生才性既然有高下的差異，則大、小又如何能從容自得的遊於人間世呢？甕谷以爲大小若能自知其高下，安於其處，則皆可逍遙遊。至於二者如何安於其處？甕谷曰：

> 人之材有大小，故其期於他日，亦自有久近之別。（釋「適莽蒼者，三日而返」一節，頁一六）

天資秉賦既有高下之別，其可預期的成就，自然也有大小之分。又曰：

> 若稟於天之大者，能盡其大；而不能與此相及者，各安其分，則人得其所，禍亂無因而起，豈非逍遙遊於世之方乎。（解題，頁一〇）

稟受於天之大者，要能盡其秉賦而成其大，以至於「無徇於物」⓬之「無己、無功、無名」的境界。此大之所安。其稟賦小者，則如鷃鳩之棲息於水澤、枝葉扶疏之間，此小之所安。

⓬「無徇於物」見甕谷所注〈逍遙遊〉之解題，（頁一〇）。

要皆能得其所在，乃能從容自得。再者，甕谷所謂「人得其所，禍亂無因而起，豈非逍遙遊於世之乎」，則有維繫人間社會結構的秩序，消弭彼我相非的對立實現後，才能自由自在地悠遊於人間世的意義。否則，社會失序，強淩弱；下犯上，在上者妄自尊大；在下者不安其位，天下豈有寧日。加以人與人之相處，又以我見爲是，進而相彼相非，輕薄辱罵，則人我的對立加深，豈能優遊自得。故甕谷於〈逍遙遊〉篇首之解題，提出此義。其曰：

> 蓋才識卑下，而凌人傲物；局量褊小，而欲大有爲，此其稟於天者小，而客自用。天下之禍，多由此輩而起。……或有絕特之資，博大之識，而不能充天稟之才，動趨於小利，希於近功，因以速禍者，往往有焉。尤不可以不以爲戒也。若稟於天之大者，能盡其大；而不能與此相及者，各安其分，則人得其所，禍亂無因而起，豈非逍遙遊於世之方乎。

則知甕谷之解逍遙遊者，乃架構在人間世說。其以爲人的天賦固然有高下之分，而人間社會也由相對性上下的嚴密結構組合而成的，故各階層皆需有適得其用的人才，安於其位。至於人之相處，亦無以高下大小相輕，則人我的對立得以消弭，人我關係得以和諧順遂。生活於此人間世，豈不能逍遙適得。故探究甕谷之意，則在於人稟受於天的資質雖有高下之分，身處的社會階層雖有上下之別，而安於所處，精神之逍遙悠遊，則是大小皆一。

㈡〈齊物論〉

甕谷解〈齊物論〉「物化」之義曰：

> 匹夫之與千鍾，固有分矣；然而莫不隨處有樂地。物之變化蓋如此，故君子無入而不自得。（頁九六）

地位之高低，固現實社會的區別，若安於所處，則所在即樂土。甕谷於「物化」的義理疏解，頗與其所解〈逍遙遊〉的旨趣相發明。茲探究其於〈齊物論〉的疏解，旨在說明如何能安於自處的所在。甕谷曰：

> 逍遙遊論人宜隨稟才之大小，安於自處。而非審是非得失之不甚相遠，未有能安於自處者。此齊物之所以繼逍遙遊也。（〈齊物論〉解題，頁一二五）

即審明人爲約定的各種分別，如是非、得失等，並無涇渭分明的差異，則能安於其位。人人各安其所安，則人間世不致擾攘不安。社會昇平，則人人能優遊自得。此甕谷疏解〈逍遙遊〉與〈齊物論〉二篇之關聯所在。至於人爲制約的分別，何以「不甚相遠」？甕谷則從以下之數端爲例證而說明之。

> 聖王之創業垂統，未有能保百世之治者。雖廼兇殘刻暴之君，張雄於一時，其人死則

> 其政熄矣，亦未有能播惡於久遠者。然則堯舜之與桀紂，其是非得失，固不甚相遠也。
> （〈齊物論〉解題，頁三五）

就聖王垂統未能保百世，暴君張雄亦未能播惡於久遠，而論是非得失不甚相遠。又

> 孟荀之徒，張皇仁義，以黜異端，然不能使天下之衆，皆從其教。而漢文乃奉黃老之言，以能濟刑措之美。後世亦有據申韓刑名之說，以致小康者，是老莊申韓之與孟荀，未可定其孰是孰非，孰得孰失也。蘇張之游說，意固不過眩惑人主，以偷榮於當世。然秦之說從，能連六國，令六國之民，得免於兵革之災者數歲矣。儀之說衡，爲秦弱山東諸侯，當時秦民亦必有被其澤者。是二子亦未必無效於一世也。（同上，頁三五、三六）

則先秦諸子，無論是儒、道、法，甚至縱橫家之言，各有專擅，且皆濟用於一時。故就學說思想之效於一世之用而言，則「未可定其孰是孰非，孰得孰失」。亦即諸子思想之是非得失固不甚相遠。又

> 鷇者，鳥之初出卵者也。鷇之爲音，徒爲啁啾而已。不如已長之後，各異其音。以喻議論者，其是非得失，不甚相遠也。（釋「其以爲異於鷇音，亦有辨乎，其無辨乎」，頁五六）

則取譬於鷇音而論人間世的各種議論，皆如鷇音之嘲啾而已，又豈有極大的差別。如此，則彼此的是非得失，亦無甚差異了。又

> 夫大小美惡之並生於天地之間，物之情也。自大道觀之，固不可捨小而取大，斥惡而進美。（釋「故爲是舉莛與楹，厲與西施，恢憰怪，道通爲一」，頁六三、六四）
>
> 日之照物，無擇於大小美惡。（釋「昔者十日並出，萬物皆照」，頁八一）

乃就自然現象和天地遮覆承載的意義說。蓋自然界之萬物，無論大小美惡，皆存在於天地之間。而天地對於存在的萬有，亦無偏私，凡是存在於其間，則無不遮覆之、承載之。亦即，就天道自然之義說，凡是稟受天地陰陽之氣以生者，皆有其生存的空間。以此存在義以觀照人間世，人雖有高下、智愚、貴賤等區別；然此區別乃爲天生的定分或社會的結構。以萬物生成的現象，品類萬殊而皆生成的存在意義以推衍之，則衆人亦皆有其生存於天地之間的定位。故甕谷說：

> 人之智愚、賢不肖，亦稟於天，則人人因其才性之異，以爭所執之是非者，亦非天使之然乎。（釋「夫吹萬不同，而使其自己也」，頁四三）

即人的才智、地位雖異；皆受之於天，處於社會結構之秩序中，則其言論之發，一如萬竅之怒號，雖不齊同，皆自然天成。故就自然生成、存在之均衡性而言，人的言論雖不齊同；而

皆能存在。故就存在而言，人之議論亦有其自然存在的定分。是故是非得失不足論，亦不甚相遠。

此「是非得失不甚相遠」的論點，乃岡松甕谷從聖治和暴政終究爲烏有，影響未必久遠的朝代更迭；諸子思想之遞相濟世；自然現象及天地生成萬物的存有意義等事理和現象，說明人爲約定的分別，其實並非是絕對對立的。故是非得失誠不足計較。唯以上的事理和現象雖足以證成「是非得失之不甚相遠」的論斷；但如何使之成爲可能而行之於人間世，則在於人的自覺反省。甕谷曰：

> 人能宏豁其胸宇，無拘於彼是之私，則物之情，昭然呈露於前，是所謂自然之理也。是之謂明。（釋「莫若以明」，頁五八）

人間世的人我扞隔之對立，乃肇因於是非的爭辯，而爭辯的引起則因爲我見爲是的執著。即以我見作爲是非判斷的基準，凡是異於我見之論皆爲非，如此，乃產生相彼相非的間隙。倘能開闊心胸，捨棄我是的偏執，且「世間紛紜，以隸相尊等事，也置之勿論」（頁八六），則能包含彼見，以爲彼見亦爲是。即我見爲是，彼見亦爲是，蓋彼我皆爲人，則凡爲人，皆有其存在的理由。以此觀點應世，則人我關係和諧，所在調適，精神亦得以逍遙順遂。故甕谷曰：

夫是乎是，不是乎不是。然乎然，不然乎不然。初無容心於其間，非特窮年，併與歲月忘之。非特忘歲月，併與義理忘之。年與義理皆忘，可以振動於無境之地。（釋「化聲之相待……故寓諸無境」，頁九二）

所謂「不容心乎其間」，乃不在意於是非的爭執，即抱持是與不是，然與不然之兩行皆可的觀點以待人接物。蓋是之、然之是一無窮的是非；不是之、不然之又何嘗不是一無窮的是非。與其困惑於無窮是非的論辯，不如兩行而皆可之。蓋是與不是，然與不然皆有其存在的依據。再者，因其是而是之，則紛爭止息，對立消弭，即所謂的「忘義理」，故可以有和諧的人際關係。至於死生之事，亦作如是觀。甕谷曰：

物之大小夭壽，要在我之生如何而已。（釋「天下莫大於秋毫……彭祖爲夭」，頁七四、七五）

樂生哀死爲人之常情；然有生就有死，生死乃自然現象。若執著於生之樂，死之哀，而有死亡的畏懼和悲痛，甚且有希冀長生而終不能遂願的歎惋，則不免執迷太甚。故死生一事要在於「死生無變於己」（頁八四）而已。蓋物之大小夭壽，爲天生自然如此；而人生命之長短和生死，又何嘗不是天生的定分。故能視死生爲自然之常，終能「忘歲月」而無窮。故甕谷以爲人有是非之義理和生死歲月併忘的自覺，即能逍遙地悠遊於人間世。

綜上所述，甕谷於〈齊物論〉之疏解，其主旨在「是非得失之不甚相遠」。而是非得失之何以不甚相遠，則從天道自然之存在義、諸子思想各有專擅、朝代更迭等現象和事理證成之。至於人爲約定的分別如何消弭，則在於人之自覺的反省，而實現其可能。

既然是、非和得、失之兩行而皆可，如此應世，則能「隨分而安」，逍遙地悠遊於人間世。此甕谷所說「齊物之所以繼〈逍遙遊〉」的旨趣所在。

㈢〈養生主〉

岡松甕谷以爲莊子之養生，「猶言保生，與後世所謂養生自別。」（〈養生主〉解題，頁九七）至於莊子如何養生，甕谷則提出「聽自然無所容心」（解「懸解」之義，頁一〇七、一〇八）、「心之自然爲用」（解「神欲行」之義，頁一〇一）爲莊子養生之旨。亦即甕谷解釋莊子之養生所以異乎後世者之所在。蓋甕谷以爲莊子之養生乃人之生存於人間世而順應自然。即不假外求，而依乎天理，順乎大化流行之常軌，而安時處順。此順其自然的養生觀，自異於倚賴藥石，以冀求長生之類者。

細究甕谷之所以以「心之自然爲用」之旨，通貫〈養生主〉全篇旨趣者，乃根據「庖丁解牛」寓言之「以神遇而不以目視」和「秦失弔老聃死」寓言的「帝之懸解」之義蘊而闡發的。其曰：

> 耳目之知無所用，而其心欲如此者，自然爲用於其間。（頁一〇一）

> 懸解，所懸係者解散也。聽自然無所容心，故曰懸解。（頁一〇七、一〇八）

即無用耳目之知，不執著於心知是非，乃在於兩行皆可的自然順應。至於生死夢覺之桎梏的解繫，亦在於夭壽得失如日月運行之自然之常的看破。故知甕谷的「自然」之義，乃自「神」、「帝」而出。至其「自然爲用」的闡述，則是莊子養生畀於後世的所在。蓋其以爲《莊子》「依乎天理」的自然之用，乃在於人間世施行。亦即莊子所以提出「養生主」者，乃是對於人如何在人間生活的關懷。甕谷曰：

> 此蓋言世塗艱難，亦未必無可從下手處。（解「彼節者有間，而刀刃者無厚」，頁一〇三）
>
> 蓋喻人處逆境，能順以應之，不動其心，事過而化。其身安於無爲之中，一似全無事時也。（解「每至於族，吾見其難爲，怵然爲戒」一節，頁一〇四）

蓋身處於「與接爲構，日以心鬥」的紛擾世局中，欲逍遙適得，誠極爲不易。雖然如此，「世塗艱難，亦未必無可從下手處」，即莊子如何超越人生困境的思考前提。然則，若縱身於是非之爭辯，富貴之汲求，終不免陷溺於無窮是非的偏執，而無法自拔。故甕谷以爲莊子於亂世的處世之道，即是「心之自然爲用」。蓋吾心順其自然，視萬有之存在，皆有其存在的價值。以故，故了無心知的執著與情識的糾結。即不作是非得失之辯，不汲汲於富貴的追求，不沈溺於樂生哀死的迷惘。如是以處人間世，則能遊刃而有餘地。故甕谷曰：

周意亦在夭壽不貳，脩身以竢命。……誰謂莊生局局乎長生久視者哉。（解「指窮於爲薪，火傳也，不知其盡也」，頁一〇八）

由是以知，甕谷以爲莊子的「養生主」，乃在心的自然而然。蓋自然而然，則能「不動其心，事過而化」。至於「爲用」，則是以自然之心，順應紛擾的人間世。亦即雖處世之極爲艱難，若「身安於無爲之中」，終能攘臂而悠遊於其間。

甕谷以「心之自然爲用」詮釋莊子之〈養生主〉之旨趣者，其義蓋在以自然之心逍遙遊於人間世。此一生主之養，自異於藉丹藥以徜徉的養生術。再者，「自然」之義雖自「神」、「帝」之天道自然義而出；然則「耳目之知無所用」、「無所容心」的義理疏解，亦頗用〈齊物論〉「因是」、「兩行」之義。至於莊子處世之道，甕谷以爲莊子乃以「自然爲用」，故能處艱難的世間，如生存於「似全無事」的昇平世。亦即以「自然」修養生主，而逍遙地遊於人間世。故探究甕谷以「心之自然爲用」詮釋莊子處世之道的用意，頗有接續〈齊物論〉之兩行皆可的自然存在義，下啓〈人間世〉兀者等形軀不全者亦能優遊於世間的存有義。

㈣〈人間世〉

甕谷論〈人間世〉篇旨，曰：

此篇論士君子接於世之道，與隱居高蹈者自異，故曰人間世。（解題，頁一〇九）

此段文辭與甕谷之〈養生主〉的解題，「猶言保生，與後世所謂養生自別」的結構，頗爲相似。再者，

> 顏淵與夫子問答，累累至數千言，而其歸在隨物順應，無容心於其間。能如此，雖與暴人游，可以無速禍。而又能由是得以有所施設。是莊生處世第一方，蓋最得意處。故繼顏子以葉公、顏闔二事，皆據此意以論經涉世塗之艱。（解「顏回見仲尼請行」章，頁一二三、一二四）

亦與「世塗艱難，亦未必無可從下手處」（頁一〇三）、「蓋喻人處逆境，能順以應之，不動其心，事過而化，其身安於無爲之中，一似全無事時」（頁一〇四）之詮釋莊子應世之方近似。蓋其以爲《莊子》〈養生主〉、〈人間世〉二篇之篇旨，皆爲人生哲學，即如何對應亂世的處世思想。甕谷以爲莊子應世之方有二，一爲無計較是非之私；一爲隨物順應，無容心於其間。甕谷曰：

> 夫至人無計較是非之私，順於自然。初不以知識自務，而能通天下之故。豈非無知知者乎。（解「未聞以無知知者」，頁一二五）

即不偏執於心知是非的判準，而照應天道自然的存在義，亦即以天地萬物自然並存於其間的現象及天地遮覇承載的生存之理，對應於人間世的人際關係，則無我是彼非的偏見。由於無

相彼相非的爭執，是非計較自然泯除，終能同於大通，而和諧地生活於世間。甕谷又曰：

> 我心虛豁，無計較是非之私，則見事必明，自無差繆。如此者必得福。夫無計較是非之私，斯心一定不移，是之謂止。福祉之至，於是乎在矣。故曰止止。若計較是非，逐物轉移，是坐馳耳。（解「瞻彼闋者……是之謂坐馳」，頁一二五、一二六）

心主虛靜，故能涵容萬象事理。即是與非之兩行皆可，故無是非得失的計較。如是，自能和諧圓滿。否則，競逐是非，而引起無窮的爭端，以論辯喋喋不休，致終生疲憊不堪。故「設心虛澹，不與之相較，是外於心知也。苟外於心知，臨事自無差繆，不至背於理。而鬼神亦將有來輔我，是鬼神舍於我心也。鬼神猶然，而況人豈有不信從於我者乎。」（頁一二六、一二七）亦即外心知，不計較是非，則通於天道共相依存之理。以此處於世間，則人多欲與我相近，而相輔相會。此甕谷以爲莊子外心知，不計是非，而和諧地處於人間世的所在。至於莊子如何「外心知」，以優遊於人間者，甕谷以爲其根據在「心齋」的工夫修養，而「隨物順應，無容心於其間」。甕谷曰：

> 心齋猶言心喪。謂就心齋戒也。（頁一二二）

即吾心虛靜而致「喪我」。亦即致虛守靜，而泯除心知的定執與是非的論辯所引起的爭執紛亂。進而言之，由於「心齋」，泯除心知情識的執著，肯定天生存在的自然存在價値。故能

「隨物順應，無容心於其間」。能如此觀照，乃能優遊於世。甕谷解此義曰：

> 隨物順應，無容心於其間。能如此，雖與暴人游，可以無速禍，而又能由是得上有所施設。是莊子處世第一方。（頁一二三）

所謂「隨物順應」，即隨物宛轉，無我見是非以爲善惡的判斷。亦即「因是」而「外心知」，非僅無我知爲善的執著以直言諍諫；亦無善惡的涇渭分明以嚴君子與小人的界限。故因其所是而是之，既無朋黨結私以相彼相非，又無知其不可爲而必爲之的執著。以此而遊宦於政治之場，雖事暴君而得以不辱，與同僚交遊而無患。以此處世，足以安其所處，以無與人爭，而得以優遊一世。故「隨物順應」而無容心於是非之端，利害之塗，乃所以外心知者也。以是，故能逍遙於世，亦甕谷所理解莊子處世之道的所在。

(五)〈德充符〉

甕谷之注解〈德充符〉通篇的旨趣，蓋由「才全」之義而出。所謂「才全」，《莊子》曰：

> 死生存亡，窮達貧富，賢與不肖，毀譽飢渴寒暑，是事之變，命之行也。日夜相代乎前，而知不能規乎其始者也。故不可以滑和，不可入於靈府，使之和豫通，而不失於

兌。使日夜無郤，而其物爲春。是接而生時乎心者也。是之謂才全。（頁一六八）

即生死壽夭，寵辱富貴、善惡得失之存在，皆自然之常，即便是心知的執取與情識的欲求，庶幾不能改變其常道。毋寧安其所處，不滑亂靈府之清澄，則能和以天倪，逍遙於世。此《莊子》「才全」之意旨所在。甕谷於「才全」的解詁：

人之賢不肖，亦出於天，故與窮達貧富類，同屬之于命，且以爲事之變也。……才所以處物，能與物相應而無於天和，故以爲才全。（頁一六九）

亦由「事之變，命之行」的自然常道立說。其「人之賢不肖，亦出於天，故與窮達貧富類」的疏解，乃上承〈逍遙遊〉篇之天生才性論，〈齊物論〉篇之是非得失不甚相遠的注疏而闡釋。至於「才所以處物，能與物相應而無害於天和」的理解，乃照應於〈人間世〉篇之莊子的哲學是人生應世哲學的探究，進而發明〈德充符〉篇的大旨。然則甕谷如何衍論〈德充符〉篇亦在申述應世之道者。甕谷曰：

死生之變雖大……不動心於死生。（頁一五二）不以富貴貧賤累其心，是之謂自其同者視之。苟以是心而往，死生窮達，亦莫不歸于一。（頁一五四）

即無以樂生哀死的偏執及顯達貶謫的進退而慮歎變慹。又：

得其心所安，是得常心。（頁一五五）德之充實於中者，必不至以好惡內傷其身。（頁一七五）我非拒物，常使來接於我，相繼無間隙，而斯心與之宛轉，莫不可以爲樂。（頁一六九）

蓋應世接物之道，在泯除是非善惡的成心，因彼之所是而是之，而無人我相彼相非的扞隔。即以自然界萬有天生而存在的常道觀照人間世的應接之理，乃有隨物順應，安其所安而圓滿適得，逍遙於世的體會。此甕谷以爲〈德充符〉的篇旨，亦在論述應世之道的所在。

探究甕谷疏解〈德充符〉，而著重「德充於內而應於外」（郭象注）之「應於外」的原因，蓋在於甕谷以爲《莊子》的思想側重於人生於世間而如何應世接物，若能外心知、隨物順應，即是和諧圓滿的處世之道，精神乃得以逍遙自在。至於如心齋而道德充盈於府內靈臺，或於〈養生主〉之「心知止而神欲行，依乎天理」的疏解，既已提出精神修養在「自然爲用於其間」，即內在精神的修養，乃因循天道自然存在的自然義而得。且以此存在即有意義的存在義而對應於人我關係，處世接物乃得以和諧順遂。此甕谷理解〈德充符〉的旨趣，而著重在「應於外」的疏解之所在。

㈥〈大宗師〉

何謂〈大宗師〉，岡松甕谷以爲：

（宗者），尊也。其所最尊崇，而平生師資，實在于此矣。故曰大宗師。此篇舉己之所以爲道，發揮盡矣。（解題，頁一七七）

即平生所最宗尚，窮其心力所架構者，即謂之「大宗師」。至於莊子之「大宗師」爲何，甕谷曰「道」，且非因襲老子者；而是莊子所自身體會的「道」。甕谷曰：

蓋自疑始，至於副墨。言初微而漸至於顯。且自誦之口以至筆於書，經日必久，非頃刻所能辨，故曰孫。至筆之書，人人得講讀而明之，猶子受之於父，故曰子。是莊生自述其思索立說之序也。夫莊生之學，非全襲於老聃。……所謂道者，實莊生所創作，非資之於老聃，是一節蓋爲之徵也。（解「聞諸副墨之子……參寥聞之疑始」，頁一九八）

甕谷蓋落實於著書立說之序，以解釋莊子進道之歷程。其由微漸至於顯的進程，猶如庖丁解牛，必經歷十九年，乃得以遊刃有餘。故甕谷以莊子平生所資，則在於內聖而外王之眞卓之道的提出。至於莊子之道爲何物，據甕谷的理解，乃是在天地之上，主宰自然諸現象生存的常道。甕谷曰：

莊生就天地之上，別立所謂道者。以爲人生禍福壽夭，皆繫於天；然天之所以能如此，亦道使之然，是之謂大宗師。此一節所謂卓、所謂眞，皆謂此也。（解「死生、命也。……況其眞者乎」，頁一八九）

探尋甕谷所提出的「莊生就天地之上，別立所謂道者」之義，乃以爲天地是宇宙間的個體，並無主宰性。即天地僅是生成、遮覆及承載萬物的資源。至於日月星辰的運行、朝暮之更迭、四時的循環、萬物之生殺榮枯、吾人之死生壽夭等現象，乃由冥冥中存有之常道所主宰。亦即天地猶如吾人及生物，僅是存在的個體；至於天地間的萬般諸象，乃依循此常道而有其常軌以循序地運行不息；或有其常數以循環不已。此甕谷所理解莊子之道乃超越天地之上，而具有主宰性。至於「人生禍福壽夭，皆繫於天；然天之所以能如此，亦道使之然」的疏解，即人的富貴得失、死生壽夭皆由道所主宰，非人所能強求而得的。再者，道有其常，天地生成萬物固有自然生成之理。由此常道自然之理以觀照人的禍福、窮達、死生、得失等人事，固非人所能非分冀求而得的。故知其不可而安之若自然之常，即「和以天倪」，視人人之存在及其所發之議論，如萬物之生成，乃自然的存在現象，皆合於天道，非必使他人之見皆齊同我見，所遇萬事皆如我意。如此以處人間世，自無人我的扞隔，亦無心知的執著和情識的欲求，乃能合於自然的常道，以通人我而和諧地生存於人間社會。此甕谷所理解莊子平生所資盡於道，且以天道應於人我相對待之義蘊所在。甕谷即以因天道之常以應人事之義，通貫〈大宗師〉全篇的義理。尤其是死生之義、隨化處順的應世之道，獨有會通。甕谷曰：

蓋夭老始終，付之自然，初無容心於其間。如上文所謂藏天下於天下，是之謂所不得遯。聖人之所以爲遊，常在于此，而莫不隨處存其樂。（解「聖人將遊於物之所不得遯而皆存」，頁一九二）則以人之生死壽夭自有其常數，且有生必有死，蓋無所遯逃。故能無容心於死生哀樂之情，則可常樂。至於如何能無容心於死生，甕谷解釋曰：

> 人資於陰陽以爲生，故曰假於異物。既受生，四肢百骸，與人無異，故曰託於同體。終始謂死生。遊意於死生之間，無所係累，不必生爲是，死爲非，故曰反覆終始，不知端倪。（解「假於異物，……不知端倪」，頁二〇六）

即人之生如萬物之得陰陽的調和以生，而死之事，亦如萬物之榮枯，人人皆同，且不得倖免。故視死生爲自然之常，則能泯除樂生哀死之情愛的負累。所以，甕谷曰：「隨所排定，安安而去，則斯心轉化，可以入於純一之地。」（頁二一三）即轉換世俗死生哀樂的執著，安時處順，乃能適得於世。推衍此死生安順之義，於人間社會之人我對待，若能隨化處順，豈有相彼相非的爭執與得失計較的困惑。此甕谷以天道應人事的義理所在。

㈦〈應帝王〉

岡松甕谷以爲《莊子・應帝王》的宗旨在「虛澹待物」。其曰：

> 篇首數節皆述虛澹待物之說。（頁二三一）

渾沌及前無爲名尸二章，更述虛澹待物，無侵擾其心之說也。（頁二三五）

蓋「虛室生白」（〈人間世〉），眞君清澄，乃能「和以天倪」，冥合於天道之自然義，肯定物我同體，以超越的觀點，包容他人及其物論之存在可能。故由致虛守靜的「虛澹」，是內聖工夫的涵養；到應世接物之圓滿和諧的「接物」，是外聖的實現，固爲〈應帝王〉的篇旨。也是甕谷所理解莊子思想是人生哲學的最終證成的理想所在。然則甕谷以「虛澹待物」疏解〈應帝王〉的根據何在，蓋在於《莊子·應帝王》之

遊心於淡，合氣於漠，順物自然，而無容私焉，而天下治矣。（「天根遊於殷」章，頁二二二）

即甕谷的「虛澹」之義，乃自「遊心於淡，合氣於漠」的眞君之恬淡沖漠的涵養而出。換言之，恬淡虛無，則無心知的我執，是非、得失、善惡、賢不肖的判準成見；沖漠廣大，則有無限涵藏包容的可能，即能接納天下諸般不齊之人及其物論。至於如何「虛澹」而「待物」，其具體的敘述，亦由《莊子·應帝王》之文章而出。

至人之用心若鏡，不將不迎，應而不藏，故能勝物而不傷。（「無爲名尸」章，頁二三三）

明鏡能容能照，且皆顯現自然本有存在之自身，亦即肯定天生自然存在的意義。用心如斯，

自可調適順遂的生存於人間世。是知甕谷內聖而外王之進程，固自《莊子》「遊心於淡、合氣於漠」而「用心若鏡、不勝不迎」之義，體會而得。然則綜觀甕谷於《莊子》思想之疏解，自有其前後相應的義理系統。如此篇之「虛澹待物」的外王義即是〈人間世〉「我心虛豁，無計較是非之私，則見事必明，自無差繆，如此者必得福」（頁一二五）的極致發揚。所謂「必得福」之義，於此節之後的《莊子》本文「徇耳目內通，而外心知，鬼神將來舍」及甕谷之疏義「設心虛澹，不與之相較，是外於心知也，苟外於心知，臨事自無差繆，不至背於理，而鬼神亦將有來輔我」，（頁一二六、一二七）有所發揮。然則細究其根結，虛澹外心知的終極，仍在〈人間世〉的應世接物。所謂「鬼神將來舍」的涵義，無非是「遊心於淡，合氣於漠」。即由「用心若鏡，勝物而不傷」之「心齋」、「坐忘」的內聖修養，而體現「應帝王」之外王境界。故此前後相應的義理疏解，即由「心齋」（〈人間世〉）之內聖工夫的提出，進而由內聖而歸結到「勝物而不傷」（〈應帝王〉）的外王之實踐。是知甕谷於《莊子》內篇之訓解，誠有深會於《莊子》思想者。

五、結語

岡松甕谷《莊子考》之旁徵博引以詳實地疏解《莊子》書，是其審愼用心的所在。尤其是以字音、字形以明字義的解詁方法、篇章眞僞之考辨的指陳、虛字運用於文章之起承轉合的作用等見解的提出，固有融合清儒考證學風、日本江戶考據學派的考證工夫、古文辭學派的文章賞析方法，就日本《莊子》學研究的情形而言，岡松甕谷於明治期（一八六九～一九一〇）所完成的《莊子考》，誠有其卓越的學術成就。

至於《莊子考》於《莊子》思想的疏解，甕谷固有援儒入莊、進而批評莊子爲名教罪人者。然則亦有其發明與會通之處。甕谷以爲《莊子》思想是人生哲學。〈逍遙遊〉的宗旨在逍遙遊地處於人間世之理想界的提出。〈齊物論〉至〈大宗師〉是內聖工夫的涵養及生存於人間社會之處世方法的陳述。〈應帝王〉則是虛澹待物之外王事業的證成。換而言之，甕谷的疏解在發揮內聖而外王的義理。其首先肯定的是，莊子逍遙徜徉的場所是在人間世，即逍遙義是架構在人間社會的，亦即以圓滿和諧的人我關係生存於世，才是眞正的逍遙遊。否則，藉隱居、丹藥以求閒散和虛幻的解脫，就非莊子逍遙遊的眞義了。

其次，既要在人間世逍遙遊，則其首要問題即在於如何應世。亦即如何安立在諸端不齊的人間社會。甕谷乃在〈逍遙遊〉的疏解中，開宗明義地以自然義說人之安立於世的問題。其提出人之天生才性論，即人的資賦乃天生自然而成。至於如何取得天生差異的協調，則是稟賦高者，盡其才能以成其大；天資低者則安其位。如此大小皆安立，乃無不自知才量而妄爲的困惑。此一疏解，乃就吾人之才賦雖有高低之不齊同，若自知其才性，進而安立於自身所處之地，則精神得以適得自在於社會安和之理想境界。

再者，人既生存於世，則人際關係如何和諧地建立，亦爲切要課題。針對此一課題，甕谷於〈齊物論〉至〈大宗師〉，逐一提出其見解，以爲處世之方。如「是非、得失之不甚相遠」（〈齊物論〉）、「心之自然爲用」（〈養生主〉）、「隨物順應，無容心於其間」（〈德充符〉）、「死生窮達，莫不歸于一」（〈大宗師〉）、「人生禍福壽夭，皆繫於天」（〈應帝王〉）等，舉凡人生在世所面臨的是非、得失、死生窮達、禍福壽夭等兩難困境，皆一一指陳以出，進而提出以自然存在之「和以天倪」的超越義，因任此兩難困境。亦即以「因是」、「兩行」的觀點，肯定萬象不齊而皆可並行於世。如此，雖面臨困境亦可迎刃而解。至於〈應帝王〉的義理疏解，甕谷則據《莊子》「遊心於淡，合氣於漠」及「用心若鏡，勝物而無傷」（〈應帝王〉）的旨趣，提出「虛澹待物」的義理。綜其疏解之義，「虛澹」是內聖；「待物」是外王。即在證成由內聖的工夫而至和諧處世之外王的思想體系。故通貫甕谷《莊子考》內七篇之疏解，則以《莊子》內篇爲內聖而外王的義理系統，固頗有見地。足見其於《莊子》思想甚有深會者。

六、江戶時代後期的《莊子》研究
——就如何接受明清莊子注的情形而言——

(一)

所謂江戶後期是指享保(一七一六~一七三五)到幕末(一八五〇~一八八六)的一百五十年。❶從思想史的觀點來說,開始批判傳統學術,提出接受蘭學(即西洋文化)的主張。至於中國學的承受方面,當時的知識分子大抵能消化中國的學術思想,除了江戶初期以來所重視的宋明理學外,江戶以前的五經正義之經學傳承,即漢唐注疏再度成爲研究的對象。而特別值得一提的是,當時中國本土最新的研究即明清的注釋也經常被引用。江戶時代的《莊子》研究,在荻生徂徠古文辭學派的大力提倡下,有極大的發展。

幕府初期以程朱理學爲官學,因此,宋學大行於世。隨著這個趨勢,對於《莊子》的

---

❶ 江戶時代的文化論,參照源了圓〈江戶後期の比較六化論的考察〉(《江戶後期の比較文化研究》,頁一—九,ぺりかん社,一九九〇年一月)。

理解也以宋代林希逸的《莊子鬳齋口義》爲根據。但是古學派興起，伊藤仁齋提倡直探聖人本義的古義學，荻生徂徠以古文辭發揮聖人著述要旨的古文辭學派，程朱官學就逐漸式微。仁齋的古義，大抵止於經學的研究，徂徠的古文辭學則兼及諸子。因此，對《莊子》的研究，徂徠的影響比較大。中野三敏氏指出，徂徠門下在反程朱學的旗號下，主張捨棄林希逸的老莊《口義》，而以王弼《老子注》、郭象《莊子注》來理解老莊思想。進而提出老莊治術論，即老莊思想有益於藩政。老莊宜與儒、佛並立爲三教，不宜以異端視之。相對於儒家的絕對存在價值論，老莊思想所呈現的是相對性的價值觀，即老莊的自然主義才是合理的世界觀。老莊思想與文人意識結合，對享保以後的文壇產生甚大影響。❷

根據目錄書❸的記載，明、清的《莊子》注本有：

莊子三十三卷	許宗魯	《六子書》本	台灣中央圖書館藏
南華標略六卷	張　位	據千頃堂書目	台灣中央圖書館藏
莊子解	楊　愼	載《升庵外集》	《莊子集成》續編所收
莊子闕誤一卷	楊　愼	據明史藝文志	《莊子集成》續編所收

❷ 參照〈近世中期に於ける老莊思想の流行〉（《戲作研究》，頁七八—一〇一，中央公論社，一九八一年二月）。

❸ 所謂目錄書，是指《千頃堂書目》、《明史藝文志》、《四庫全書總目》、《周秦漢魏諸子知見目錄》等。

莊子通義十卷	朱得之	據明史藝文志	《莊子集成》續編所收
荊川莊子釋略	唐順之	據古今圖書集成經籍典	未見
莊子內篇注	徐　渭	據浙江通志經籍志	未見
南華發覆八卷	釋性通	據四庫全書總目	《莊子集成》續編所收
郭子翼莊一卷	高　発	據天一閣書目	《莊子集成》初編所收
南華眞經副墨八卷	陸長庚	據明史藝文志	《莊子集成》續編所收
莊子雋一卷	陳繼儒	載《五子雋》	《莊子集成》續編所收
莊子通十卷	沈一貫		《莊子集成》續編所收
莊子翼八卷	焦弱侯	據明史藝文志	《莊子集成》續編所收
南華經精解八卷	陳懿典	據販書偶記	《莊子集成》續編所收
南華經品節六卷	楊起元		《莊子集成》續編所收
南華眞經旁注五卷	方虛名		台灣中央圖書館藏
莊子膏肓四卷	葉秉敬	據千頃堂書目	《莊子集成》初編所收
莊子南華經文髓八卷	黃洪憲	據江蘇省立國學圖書館總目	《莊子集成》續編所收
莊子內篇解二卷	李卓吾	據千頃堂書目	《莊子集成》續編所收
南華眞經評註十卷	帰有光		《莊子集成》續編所收
莊子因然六卷	呉伯與	據千頃堂書目	靜嘉堂文庫藏

莊子南華眞經三十卷	孫　鑛	據奕慶藏書樓書目	美國國立圖書館
莊子文歸一卷	鍾　惺	《諸子文歸》所收	日本國立公文書館藏
南華眞經義纂十卷	李　栻	《道宗六書》所收	日本國立公文書館藏
莊子翼評點八卷	董懋策	《董氏全書》所收	《莊子集成》續編所收
莊子解五卷	陶望齡	據明史藝文志	《莊子集成》續編所收
南華經集解七卷	潘基慶	據千頃堂書目	《莊子集成》初編所收
莊子內篇注七卷	釋德清	《夢遊集》所收	《莊子集成》續編所收
南華經薈解三十三卷	郭良翰	據明史藝文志	《莊子集成》初編所收
南華循本三十卷	羅勉道	據明史藝文志	《莊子集成》續編所收
南華眞經影史九卷	周拱辰	《周孟侯先生全書》所收	《莊子集成》初編所收
南華眞經本義十六卷	陳治安	據奕慶藏書樓書目	清紅蘭山重刊本
莊子南華經評三卷	譚元春	據千頃堂書目	《莊子集成》續編所收
南華眞經注疏四卷	程以寧	《道藏輯要》所收	《莊子集成》續編所收
藥地炮莊九卷	方以智	據傳是樓書目	《莊子集成》初編所收
莊子音義	閔齊伋		《百子全書》所收
莊子因六卷	林西仲		《莊子集成》初編所收
莊子解三十三卷	王夫之	《船山遺書》所收	《莊子集成》初編影印

莊子釋意三卷	高秋月	台灣師範大學藏	《莊子集成》續編所收
莊子詁一卷	錢澄之	據四庫全書總目	《莊子集成》續編所收
南華經解二十五卷	宣　穎		《莊子集成》續編所收
莊子辨正六卷	胡　方	據販書偶記	《莊子集成》續編所收
莊子鈔	浦起龍		《莊子集成》初編所收
莊子獨見三十三卷	胡文英	據史稿志	《莊子集成》初編所收
南華經大意解懸參註五卷	藏雲山房主人		《莊子集成》初編所收
莊子解	吳　峻	據史稿志	《莊子集成》初編所收
莊子口義考證	王太岳		《叢書集成》初編所收
莊子音義考證三卷	盧文弨		《莊子集成》續編所收
莊子雪三卷	陸樹芝		《莊子集成》續編所收
莊子章義五卷	姚姬傳	《惜抱軒遺書》所收	《莊子集成》續編影印
莊子韻讀	江有誥	《江氏音學十書》所收	《莊子集成》續編影印
讀莊子叢錄	洪頤煊	《讀書叢錄》所收	京都大學文學部藏
莊子雜志三十五條	王念孫		《讀書雜志》所收
莊子司馬彪注一卷	茆泮林		《百部叢書《所收
莊子內篇注二卷	王闓運	《王湘綺全書》所收	《莊子集成》續編影印

莊子平議三卷	俞曲園		《諸子平議》所收
莊子人名考一卷	俞曲園	《春在堂全書》所收	《莊子集成》續編影印
莊子雜錄	曾國藩		《經史百家雜鈔》所收
莊子南華經雪心編八卷	劉鳳苞		《莊子集成》初編所收
南華眞經正義	陳壽昌		《莊子集成》初編所收
莊子類纂	黎庶昌		《古逸叢書》所收
莊子故八卷	馬其昶		清陳氏遺經樓刊本
莊子札迻	孫詒讓		《札迻》所收
莊子集釋十卷	郭慶藩		《莊子集成》續編所收
莊子文粹二卷	李寶淦	《諸子文粹》所收	《莊子集成》初編影印
莊子點勘十卷	吳汝綸		《莊子集成》初編所收
莊子敘意一卷	廖　平		《莊子集成》初編所收
莊子集解八卷	王先謙		《莊子集成》初編所收
莊子解詁一卷	章太炎	《章氏叢書》所收	《莊子集成》續編影印

現今研究《莊子》而經常被引用的是清郭慶藩的《莊子集釋》和王先謙的《莊子集解》。郭慶藩的《莊子集釋》廣泛的引用經、史、子、類書及前人的《莊子》注，然後再做明確的

解釋。其所引用的《莊子》注主要是以郭象注、成玄英疏、陸德明音義爲底本，再參考明代方以智的《藥地炮莊》、清代王念孫的《莊子雜記》、兪曲園的《莊子平議》、姚姬傳的《莊子章義》、孫詒讓的《莊子札迻》、盧文弨的《莊子音義考證》、郭嵩燾的莊子說等。王先謙的《莊子集解》與郭慶藩的《莊子集釋》類似，博引經、史諸子、先秦古文而加以考證校訂。莊子注本則以郭象注、成玄英疏爲主，然後參採明代李頤的莊子說、清代王夫之的《莊子解》、宣穎的《南華經解》、及王念孫、兪曲園、姚姬傳、孫詒讓、盧文弨、郭嵩燾、郭慶藩《莊子集釋》等，再增添己見，以訓詁《莊子》的字句、解說《莊子》的思想。

(二)

根據《日本國見在書目錄》的載錄，早在平安時代，郭象《莊子注》已經流傳於日本。換句話說，當時是以郭象的《莊子注》來理解《莊子》。但是到了江戶時代，由於南禪寺僧惟肖和林羅山先後重視林希逸的《莊子口義》，江戶初期的《壯子》研究，乃以《莊子口義》爲主要的依據。根據慶應大學斯道文庫所編纂的《江戶時代書林出版書籍目錄集成》的記錄，從寬文十年（一六七〇）到正德五年（一七一五）的四十五年間，坊間刊行的《莊子》注本、以郭象《莊子注》、林希逸《莊子口義》和焦弱侯《莊子翼註》爲主。但是考察《近世漢學者著述目錄大成》的記載，當時學者幾乎是針對林希逸《莊子口義》而做研究的。即訓點、標注或俚諺抄（通俗性的解釋）林希逸《莊子口義》居多。

十八世紀中期以降，徂徠的古文辭學派以爲朱子的集註不能把握《論語》和《孟子》的原義。也主張儒、佛、道三家的思想宗旨有別，如果用儒、佛的思想解釋老莊，則不能理解到老莊的本義。因此以爲引用儒家思想和佛教思想以解釋《莊子》的林希逸《莊子口義》不足取。如徂徠的弟子服部南郭則有《校訂郭註莊子》和《考訂陸德明莊子音義》的撰述，服部的弟子千葉芸蘭則有《訓點郭註莊子》的出版。茲摘錄享保以後主要的《莊子》注釋於下。

荻生徂徠	莊子國字解	《漢籍國字解全書》所收
服部南郭	校訂郭註莊子	九州大學藏
服部南郭	考訂陸德明莊子音義	九州大學藏
渡邊蒙庵	莊子口義愚解	國會圖書館藏
五井蘭洲	莊子郭註紀聞	靜嘉堂文庫藏
中井履軒	莊子彫題	《無求備齋老莊列三子集成補編》所收
千葉芸蘭	訓點郭註莊子	據《周秦漢魏諸子知見目錄》
本居宣長	莊子摘腴	天理圖書館藏
片山兼山	莊子類考	據《傳記著述集覽》
皆川淇園	莊子繹解	同右

市川鶴鳴	讀莊子	據《著述目錄大成》
杜多秀峰	郭註莊子翼玄	《無求備齋老莊列三子集成補編》所收
龜田鵬齋	莊子獨了	據《著述目錄大成》
龜田鵬齋	莊子捃解	同右
海保漁村	莊子	同右
久保筑水	莊子解	同右
秦　鼎	補義莊子因	和刻諸子集成所收
葛西因是	莊子神解	京都大學圖書館藏
巖井　文	莊子增註	早稻田大學圖書館藏
巖井　文	莊子集解	國會圖書館藏
龜井昭陽	莊子彀音	慶應大學斯道文庫藏
龜井昭陽	莊子瑣說	九州大學藏
帆足萬里	莊子解	《帆足萬里全集》所收
東條一堂	郭註莊子標注	據《著述目錄大成》
東條一堂	莊子道德字義並性命	東北大學狩野文庫藏
宇津木昆台	解莊	九州大學文學部藏
岡松甕谷	莊子考	九州大學文學部藏

十八世紀初期以後，自中國傳來的《莊子》注本❹，則有：

寶永二年（一七〇五）
　增補莊子因
同六年（一七〇九）
　老莊通義
享保八年（一七二三）
　南華經解旁注
同十年（一七二五）
　莊子因
同十四年（一七二九）
　莊子口義俚諺抄　僅內篇
　莊子　白文　訓點付
文元四年（一七三九）
　老莊翼

---

❹ 參照《江戶時代書林出版書籍目錄集成》《唐船持渡書研究》等書。

寬延三年（一七五〇）
　莊子因
寶曆四年（一七五四）
　莊子因
　莊子精解
同六年（一七五六）
　莊子獨見
同七年（一七五七）
　莊子故
同十年（一七六〇）
　南華經解
寬政九年（一七九七）
　莊子解
同十二年（一八〇〇）
　增註莊子因
弘化四年（一八四七）
　南華經

嘉永三年（一八五〇）

老莊解

就江戶時代《莊子》的出版狀況而言，十七世紀中期到十八世紀（即江戶初期），郭象注・成玄英疏依然流行。集注形式的焦弱侯《莊子翼註》、陳懿典《莊子三註大全》也有刊行。而特別值得注意的是林希逸《莊子口義》不但有出版，而且以各種的形式刊行，如頭書、首書、俚諺抄等。由此可知林希逸的《莊子口義》廣爲流傳。十八世紀以後，坊間的書店或有對應於學者探索新的研究成果和學問方法的希求，《莊子》的新注疏本也由中國傳入。根據弘化四年（一八四七）的《唐船書籍元帳》的記載，除了《南華經》是郭象的《莊子注》以外，都是明・清的《莊子》注本。而林希逸的《莊子口義》則全無。這或許是郭象的注和林希逸的口義已爲日本的知識界所熟知，無須再由中國傳入的緣故。再者，或許是這個時期「批判性受容」的風尙盛行，知識分子的知識欲求高昂，因此，中國新刊行的《莊子》注釋便輸入日本。茲以享保以後的二、三《莊子》注本爲例，探究當時的學者如何理解明、清的《莊子》注釋。

(三)

秦鼎（一七六一～一八三一）、字士鉉、號滄浪。父峨眉是服部南郭的弟子，即徂徠學派的儒者。秦鼎承繼家學，尊奉徂徠學。又從學細井平洲、其後入學尾張（名古屋）藩校明倫堂。寬政四年（一七九二）成爲明倫堂的教授。天保二年沒，享年七十一。根據《近世漢學者著述目錄大成》的記載，秦鼎博學多聞，好古書校勘，「文章不襲古人、成一家之言」。著述有《周易解》十二卷、《春秋左氏傳校本》三十卷、《國語定本》二十一卷、《補義莊子因》六卷。

《補義莊子因》六卷完成於寬政八年（一七九六）。是江戶時代的《莊子》研究書中，唯一以《莊子因》爲底本的《莊子》注本，即根據林西仲《莊子因》的解釋以探究《莊子》思想內容。至於《莊子因》的注解有不明白的地方，則參考其他注釋而增益補足。秦鼎所參採的注釋有晉郭象的《莊子注》、唐成玄英的《莊子疏》、宋林希逸的《莊子口義》、明楊愼的《莊子解》、陸長庚的《南華眞經副墨》、沈一貫的《莊子通》、焦弱侯的《莊子翼》、李卓吾的《莊子內篇解》、清胡文英的《莊子獨見》。特別是胡文英的《莊子獨見》引用最多。

標注舉獨見最多、幅隘不能每條登、繼名無名者、皆是也。（〈逍遙遊〉「北冥有魚」一節的注）即徵引胡文英《莊子獨見》的注釋甚多，凡是欄外沒有標注書名的，全部是《莊子獨見》的注釋。因此可以說清朝林西仲的《莊子因》和胡文英的《莊子獨見》是秦鼎《補義莊子因》主要參考的二個注本，《莊子因》是底本，《莊子獨見》是欄外注釋。龜井昭陽曾說：「余災後、特藏秦氏所訂補義莊子因、西仲所得不贅」（〈齊物論〉「是兩也」的注），即秦鼎《補義莊子因》博引歷來的《莊子》注，尤其是對中國最新的注釋頗為注意，因此龜井昭陽才特別收藏秦鼎的《補義莊子因》。

寬保到天保年間，立於九州學界頂點的是龜井家一門。龜井聽因傾倒於徂徠學，聽說肥前的大潮和尚精通徂徠學，就讓兒子南冥從學於大潮門下，學習徂徠學派的文學。安永六年（一七七七）、南冥在上洛的途中，與德山的島田藍泉認識。藍泉早歲從鶴台學徂徠學。於是，寬政三年（一七九一）、南冥送長男昭陽到德山，受教於藍泉的門下。天明四年（一七八四）、南冥任命為黑田藩西學甘棠館的祭酒，講授徂徠系統的學問。但是，寬政二年、幕府頒行異學之禁，龜井學被認為是反朱子學的異端，而遭到彈壓，南冥也因此被解除教授的職位，並且受到終身禁錮的處分。昭陽只好在百道（今福岡市唐人町一帯）開設私塾，講授徂徠學。因此，就學問的系統而言，一般人認為龜井家三代的學問是繼承徂徠學的。其實龜井昭陽的學問未必只是徂徠學的繼承而已。甚至於有異於古文辭學的主張，如特別留意於經學的研究而別出新徑，即是龜井昭陽之學問的所在。昭陽說：「余用畢世之力於詩書，猶先考之於論語」。❺而且他的主要著述，如《周易僭考》《尚書考》《禮記抄說》《左傳纘考》《論語語因述志》等，都是有關經傳注釋的著述。町田三郎先生說：「龜井昭陽的經學研究的特色在於能發揮古學派的特徵，不但只是字句嚴密詳審的考證，而且用構造圖的方式分析全篇的段落章

---

❺ 參照《家學小言》。

節，凸顯文章內容特色」。❻幕末的朱子學者楠本碩水也說：「本邦異學之徒、學力無有過於伊藤仁齋父子・物徂徠者、龜井昭陽繼起，其經說遠出伊物之上」。❼即說明昭陽的學問特色乃在於經學方面的優異研究。昭陽的《莊子》研究亦然。他的《莊子瑣說》先適宜引用歷來的《莊子》注釋，並旁徵博引先秦古文以爲論說的根據。

《莊子瑣說》三卷，據《萬曆家內年鑑》❽所記，乃龜井昭陽寫成於天保六年（一八三五）、六十五歲之時。至於如何完成的，則在其所寫的《空石日記》❾中詳細地敘述《莊子瑣說》成書的經過。根據日記所載，龜井昭陽是從文政元年（一八一八）九月到天保六年（一八三五）八月的十七年間，先後講授五次《莊子》，而且招集弟子研讀《莊子》三次。並經過三個月

---

❻參照町田三郎先生「『漢學』二題」（川添昭二代表的平成九年科學研究費研究成果報告書《地域における國際化の歷史的展開に關する總合研究》所收）。

❼參照《碩水遺書》卷十一。

❽《萬曆家內年鑑》刊行於文化十二（一八一五）年。乃龜井一家的家譜，爲龜井昭陽所記錄的。始自其祖聽因出生的於寶永元年（一七〇四），止於文政九年（一八二六）、昭陽五十四歲之時。今收藏於慶應大學的斯道文庫。也收入《龜井南冥・昭陽全集》卷八（上）（葦書房出版，一九八〇年十月）。

❾《空石日記》四十卷，是龜井昭陽從文政元年九月一日到天保六年九月，十九年間的日記。收於《龜井南冥・昭陽全集》卷七（葦書房，一九七九年二月）。有關《莊子瑣說》成書的詳細情形，參閱覽拙著〈龜井昭陽及其《莊子瑣說》〉（書目季刊二十五卷一期、一九九一年六月）

的考對校正、增添補注，才完成《莊子瑣說》的。換句話說《莊子瑣說》，是龜井昭陽在十七年的歲月中，多數講授並討論《莊子》，然後適宜的取捨從來諸家的訓詁、校訂文字、闡述思想而完成的。

文政元年

九月十四日　夜會莊子。

十七日　夜會齊物論。

二十七日　莊子會。

二十四日　夜會莊。

二十七日　夜會莊。

十一月二十七日　夜會秋水畢。

文政二年

二月二十八日　夜始會莊子田子方篇。

閏四月一日　夜莊子卒會。

即在夜間聚集弟子研《莊子》，約以九個月的時間，讀畢《莊子》。又

文政五年

六月十一日　知厚請講莊子、許之。

十二日　先食起、一覽逍遙遊、食後、講逍遙遊、終篇。

十四日　朝校齊物論、食後談。

十五日　爲祇園會、輟莊子講。

十六日　校莊子。

十七日　朝披閱齊物論、養生主。食後談了。又披人間世通覽。

十九日　講了人間世。

二十二日　講德充符、覽大宗師。

二十四日　昨講德充符、大宗師。今又講大宗師、未盡。

二十五日　輟莊子講、校莊子、盡應帝王。

二十八日　講莊。

二十九日　應帝王講了。

即龜井昭陽應允弟子的請求，講完《莊子》內七篇。至於其注疏《莊子》而成《莊子瑣說》的時間路即在晚年，即在其六十二、三歲的時候。

天保五年

十月二十一日　始草莊子瑣說。

十九日　終日釋莊覺勞。

天保六年

正月十三日　句點莊子說。

十五日　瑣說句點了。

二十四日　莊子瑣說卒業。

閏七月十九日　釘莊子瑣說。

十七年間、經過多數講述、讀書會的研討、並詳細解釋而完成的《莊子瑣說》，到底有何特色。《莊子瑣說》不論日本或中國、廣採歷來的《莊子》注本。《莊子瑣說》經常引用的《莊子》注釋是，晉郭象的《莊子注》、唐成玄英的《莊子疏》・陸德明的《莊子音義》、宋林希逸的《莊子口義》、明朱得之的《莊子通義》・陸西星的《南華眞經副墨》・沈一貫的《莊子通》・焦弱侯的《莊子翼》・楊愼的《莊子闕誤》、清胡文英的《莊子獨見》・林西仲的《莊子因》，及時人秦鼎的《莊子因補義》等。可見昭陽是從漢魏以下，唐、宋、明、清的主要的《莊子》注釋，及當時新出的著書，沒有學派的分別，只要是值得參考的就全數收集，然後再詳審地的注解。就《莊子》研究史的立場而言，《莊子瑣說》不但參採郭象注、成玄英疏、陸德明音義，也引用日本江戶初期以來理解《莊子》而必讀的林希逸《莊子口義》。即中國和日本傳統研究《莊子》的注釋本，都收集有之。此外，也引述朱得之、陸西星、沈一貫、焦弱侯、胡文英、林西仲等明、清代的《莊子》注疏和時人秦鼎的《莊子因補義》，即著目於中國和日本較新的研究成果。就當時而言，像這樣兼顧中日古今研究成果的學術觀點是比較特出的。因此，就這個意義而言，龜井昭陽的《莊子瑣說》值得注目。

宇津木昆台（一七七九～一八四八）、名益夫、字天放、俗稱太一郎、號昆台。關於宇津木昆台的生平，《日本醫人譜》有如下的記載。

（宇津木昆台）、尾張國名古屋人、幼而好學。以松田棣園爲師、學醫於淺井貞庵・平野龍門二家。十八歲之時、負笈京都、出入於諸大家門、受益甚多、遂於京都置家、仕於廣福王府。以古醫法鳴世。嘉永元年五月八日、沒於平安車屋町御池之視別軒、年七十歲。著有古訓醫傳二十五卷、日本醫譜七十卷、解莊二十四卷、詩文集十五卷、和歌集五卷。……（中略）昆台博聞強記、一過讀而後紬大盡記、又好讀書、有志看盡當時世之書、故制度・文物・天地・動植無不通。昆台嘗自稱五足齋、其意謂神・儒・釋・老・醫五者皆各有得自足、仍作五足齋之言。而當時平安之人亦皆許昆台以五者而言。其於佛亦該博兼通、頗精其義。又於雪堂與禪師參憚悟人、五山之僧徒來受業、籍昆台之門者前後凡十餘人。解莊一部亦可知深湛於老莊之學。

昆台主張身爲儒醫，除了要研讀歷來醫學書籍及其注釋書以外，還要廣博地閱覽與醫學有關的儒學、佛教、博物學等書。換句話說，昆台是尾張（名古屋）的儒醫，由於受到當時考證學的影響，也提倡「該專兼通」的醫學考證學。

《解莊》二十四卷是嘉永元年（一八四八）、昆台臨死之前完成的。序文指出，此書是他經過五十年的歲月，旁徵郭象、成玄英、林希逸以迄林西仲等十數家《莊子》注，且博採經傳諸子以爲己說的依據。特別是明、清的《莊子》注，如陸長庚的《南華眞經副墨》、焦弱侯的《莊子翼》、羅勉道的《南華循本》、林西仲的《莊子因》等更是經常引用。例如：

林希逸云、逍遙、優遊自在也。遊者、心有天遊也。陸方壺云、遊者、心與天遊也、逍遙　漫自適之義。林西仲云、逍遙、自適之貌、所謂心有天遊是也。此蓋不繫心於萬境、優遊自在之謂也。（逍遙遊篇的解題）

昆台徵引林希逸《莊子口義》、陸方壺（長庚）《南華眞經副墨》、林西仲《莊子因》的解說，而認爲《莊子》所謂的「逍遙遊」是不受世間所有俗事的束縛，自由自在的生活著，乃是吾人最理想的生存方式。又

希逸以故昭氏之故字訓跡、又爲虛字訓固。西仲亦同。方壺訓昔、皆大同小異、而無優劣。（齊物論）篇・「有成與虧」節的注）

引用林希逸、陸方壺、林西仲的注釋，考校《莊子》的文字。像這樣引用中國歷來莊子注釋的情形，在《解莊》一書中是隨處可見的。但是特別值得注意的是，《解莊》並非以爲中國

的莊子注是完全無誤而全部接受。對於諸注錯誤的地方也有所指摘。特別是對林西仲的《莊子因》，有極激強烈的批評。何以昆台會對林西仲的《莊子因》作如此激烈的批評。此或許是昆台以考證學派經傳主義的立場，反對林西仲以詩文品評之文藝性的解釋方法。而這樣的批評也反映出當時批判性受容的學術風潮。茲舉例說明昆台批評林西仲《莊子因》之一端。

(1)西仲以溺為尿、小便一出、而不可復也、可笑。（〈齊物論〉「大知閑閑」節的注）

(2)西仲剽竊諸注以為己解不少矣、適至舉自己所解、則強合附會、無理義之條達。（〈齊物論〉「有成與虧」的注）

(1)「大知閑閑」節的「溺」，昆台理解為超越節度而過於熱中的意思，以為林西仲誤為「小便」。(2)昆台以為林西仲不但剽竊歷來注釋者甚多，即使是自己的解釋，其牽強附會、條理紊亂的所在也不少。因此，昆台以為「西仲未窺莊子之壺奧」❿，即林西仲未能理解莊子眞義之處甚多。這是昆台批評林西仲的第一個理由。又「說者唯愛文章之神奇、而不繹其旨、使蒙叟之眞情、千古埋沒也」⓫或「此義可與識者語、非泥文字拘理義者之所得而知也」⓬，

❿〈齊物論〉篇「有成與虧」節的注。

⓫〈齊物論〉篇「夫隨其成心而師之」節的注。

⓬〈齊物論〉篇「彼是方生之說也」節的注。

則以爲林西仲只是以古文辭學派的觀點，說明《莊子》是千古的好文章，而不能探究《莊子》的思想內容。這是昆台批評林西仲的第二個理由。由此可知，雖然昆台的《解莊》引用中國歷來莊子注頗多，特別是明清代的《莊子》注釋的引用隨處可見，但是也提出其反對古文辭學的考證學派的立場，進而反映當時批判性受容的學術趨勢。

(四)

王先謙的《莊子集解》和郭慶藩的《莊子集釋》是反映清朝考證學成果而且極爲特出的《莊子》注本。特別是郭慶藩的《莊子集釋》兼收郭象注·成玄英疏·陸德明音義，可稱是極爲便利的注解。⑬但是不論是王先謙的集解或是郭慶藩的集釋，雖然廣引歷來的諸注，於明朝、清初的《莊子》注卻引用的不多。反觀日本江戶後期的《莊子》注本，特別是秦鼎的《補義莊子因》、龜井昭陽的《莊子瑣說》和宇津木昆台的《莊子解》旁徵郭象注、成玄英疏、林希逸口義等十數家的注解，特別是中國最新的《莊子》注本，如明朱得之的《莊子通義》、陸西星的《南華眞經副墨》、沈一貫的《莊子通》、焦弱侯的《莊子翼》、清胡文英的《莊子獨見》、林西仲的《莊子因》等經常被徵引。這或許可以說江戶後期《莊子》注釋者頗留意於中國本土最新的研究成果，進而以學問研究的先端意識進行學術研究。就日本

⑬ 參照金谷治氏《莊子》內篇解說（岩波文庫、一九八八年）。

江戶時代的《莊子》研究史而言，這個時期不但承繼五山時代流行的郭象《莊子注》和江戶初期以來盛行的林希逸《莊子口義》的傳承，在學術趨勢的影響下，也注目中國最新出版的注本，從事研究以提出新的見解。因此，就傳統與創新的意識而有特出的研究成果而言，這個時期的研究可以說是江戶時代《莊子》研究的全盛期。

焦竑《莊子翼》及其在日本流傳情形

一、學術生平

焦竑（一五四一～一六二〇）字弱侯、號澹園、明江寧人。據《明史》卷二百八十八，〈文苑〉四所載：

（竑）爲諸生，有盛名。從督學御史耿定向學，復質疑於羅汝芳。舉嘉靖四十三年鄉試，不第還。定向遴十四郡名士讀書崇正書院，以竑爲之長。及定向里居，復往從之。萬曆十七年，始以殿試第一人官翰林修撰，益討習國朝典章。二十二年，大學士陳于陛建議修國史，欲竑專領其事，竑遜謝，乃先撰經籍志，其他率無所撰，館亦竟罷。……竑既負重名，性復疎直，時事有不可，輒形之言論，政亦惡之。……謫福寧州同知。……竑博極群書，自經史至稗官、雜説，無不淹貫。善爲古文，典正馴雅，卓然名家。集名澹園，竑所自號也。講學以汝芳爲宗，而善定向兄弟及李贄，時頗以禪學譏之。萬曆四十八年卒，年八十。❶

黃宗羲撰《明儒學案》列焦竑於「泰州學案」中，而歸屬於羅近溪及耿天臺之下，與《明史》載焦竑師承於耿天臺，學術淵源於羅近溪之事相同。羅近溪之師承，據《明史》及《明儒學案》所載，可上溯而知，乃陽明門下王艮（心齋）的流派，即

王陽明→王心齋→顏鈞→羅近溪

的師承傳家，至於耿天臺的學術宗尚的歸屬，《明儒學案》列之於「泰州學派」，《四庫全書總目提要》於《耿子庸言》的著錄曰：

> 定向之學出於泰州王艮。❷

即與羅近溪同屬泰州王心齋的陽明學流派，但是，據耿天臺「觀生紀」的敘述，自稱其無常

---

❶ 黃宗羲《明儒學案》以焦竑卒於泰昌元年，年八十一。實則萬曆四十八（一六二〇）年七月，神宗崩，光宗即位，改元泰昌。九月朔，光宗崩。故萬曆四十八年與泰昌元年同爲西元一六二〇年。是知，《明史》與《明儒學案》所記焦竑的卒年，雖有「萬曆」與「泰昌」的不同，其實並無二致，同爲一六二〇年。二書所不同的是享年，《明史》作八十；《明儒學案》則是八十一。容肇祖據《明儒學案》及錢大昕《疑年錄》等書的考證以焦竑生於嘉靖十九（一五四〇）年，享年八十一。（說見《燕京學報》二十三期，一九三八年六月）茲從容氏之說。

❷ 《耿子庸言》提要，見《四庫全書總目提要》子部，儒家類，存目二。

師，乃通過與其弟楚倥（名定理，字子庸）及友人知己的切磋，而逐漸形成其自身的思想。又《王龍溪集》卷四，「東遊會語」引耿天臺之言：

僕于陽明之學，初聞不惟不信，反加訾議。所以興起信心，全在楚倥舍弟。

意謂耿天壹原本宗尚朱子學，其所以轉向陽明學，乃受到其弟耿定理的影響。又《耿天臺文集》卷四，「與蔡見麓」，耿天臺自述：

僕嘗謂平生得三益友於大方，猶得良藥。以盧山胡丈爲正氣散，近溪羅丈爲越鞠丸，史丈（惺堂）則排毒丸。

羅近溪傳王心齋泰州之學，胡廬山亦宗王心齋之說，史惺堂之學雖與陽明學稍異，終以姚江之學爲宗尚。❸是知耿天臺與羅、胡、史三人相琢磨，因此轉而以陽明學的探究爲其學術宗尚。故其所撰「王心齋先生傳」曰：

（余）私淑（心齋）先生，（《耿天臺文集》，卷十四）

即耿天臺自稱其私淑王心齋之學術思想。此或爲黃宗義列耿天臺於「泰州學案」，《四庫全

---

❸ 說見《史惺堂遺稿凡例》。

書總目提要》論定「定向之學出於泰州王艮」的根據所在。雖然耿天臺於「觀生紀」自稱學無常師；畢竟其學與王心齋之學淵源頗深。是故追溯焦竑的師承淵源，蓋屬王心齋的泰州學派無疑。茲以圖示之。❹

「………→耿天臺→焦竑
王心齋→顏鈞→羅近溪……

再者，所謂「萬曆十七年，始以殿試第一人官翰林修撰」，據容肇祖的考證❺，焦竑乃經

嘉靖三十七（一五五八）年，鄉試下第。
嘉靖四十三（一五六四）年，中鄉試舉人。
嘉靖四十四（一五六五）年，會試下第。
隆慶二（一五六八）年，京師會試下第。
萬曆五（一五七七）年，會試下第。
萬曆十一（一五八三）年，會試下第。

❹ 虛線者表示私淑而未直接受業；實線表示師弟的學問授受。
❺ 見《燕京學報》二十三期，一九三八年六月出版。

而後於十七年登進士第。至於《明史》列焦竑於「文苑傳」的原因，蓋如黃宗羲《明儒學案》所述：

> 朱國楨曰，弱侯自是眞人，獨見偏見不可開。耿叔臺在南中謂其子曰，世上有三個人說不聽，難相處。問爲誰。曰，孫月峯、李九我、與汝父也。

所謂「說不聽」者，或以焦竑的學術主張頗參揉佛學禪理以詮釋儒家思想。如

> 空空如者，孔子也。庶手屢空者，顏子也。屢空，則有不空矣。蓋其信解雖深，不無微心之起也。有微心之起，即覺而歸於空，顏子不遠復也。有不善未嘗不知，知之未嘗復行也。不善，非其動於躬也，自其未兆而謀之，自其脆而破之，自其微而散之，則力少而功倍。老子曰，其未兆易謀，其脆易破，其微易散。顏氏散之於微者也。故曰，其殆庶幾。（《筆乘續》）

即焦竑以孔子之學「空空如」，乃是精微的妙道，至於顏淵見微知著，亦能深體「空空如」的聖學。如此，以空無所有爲妙道而詮釋儒門之學，故未得儒學的醇正之理，所以，即使焦竑有《易荃》《禹貢解》《遜國忠臣錄》《國史經籍志》等經解、史傳、目錄的撰述，也不能躋身於〈儒林〉，僅以《澹園集》《焦氏筆乘》等著作的古文，典正馴雅、卓然名家而列名〈文苑〉而已。

二、《莊子翼》的義理疏解

焦竑《莊子翼》凡十卷。其敘曰：

余既輯老子翼若干卷後，復取莊子義疏讀之，采其合者，爲此編，亦名之曰莊子翼。

乃既輯諸家注疏而成《老子翼》後，以「老氏門人之書傳於世者，獨莊子耳。」(同上)，故又博采衆說，以爲合於《莊子》本義，或足以發揮《莊子》精義者，輯成《莊子翼》。是故王元貞敘亦曰：「焦弱侯徧取注疏誦述，敘其與莊子合者，爲莊子翼。」而日人服部宇之吉編輯《漢文大系》❻，以焦竑《莊子翼》爲中國注《莊子》之精詳者，足資日本學者治《莊子》的參考。故知博洽廣搜歷代注疏，乃焦竑《莊子翼》的特色之一。據「莊子翼采摭書目」的焦竑自注指出：

莊義要刪（以上二十二家，係全書編削類次）

焦氏筆乘（以上十六家，係集解中所引竝他書采入）

---

❻ 《漢文大系》爲服部宇之吉擔任總編輯，於明治四十二（一九〇九）年至大正五（一九一六）年間，陸續由富山房出版刊行。全書共二十二卷，按經、子、史、集四部分類收集中國典籍三十八種。其主要目的，在有系統地介紹中國古典之基本典籍，故選擇具有代表性的古籍及其精審的注疏以出刊。

吳幼清訂正本一卷（以上十一家，竝章句音義）

乃《莊子翼》摘錄晉郭象注以來，四十九家《莊子》注疏，或取其「章句章義」，或採用其文辭解詁；或援引其思想義疏而成，以爲探究《莊子》精義的輔翼。然則四十九家注疏中，焦竑引述之數較夥者，據服部宇之吉指出：

> 莊子翼取郭象以下數十家。所主者郭象、呂惠卿、褚伯秀、羅勉道、陸西星五家。卷末別有闕誤，附錄。焦竑者，楊愼以後，博洽無出其右者而稱。

此五家注疏中，焦竑又以郭象注爲依據。如其於《莊子》本文注解的引述，乃首列郭象注，且通篇如一。此或可解釋爲注家時代先後的順序排列。然則，焦竑於《莊子》思想的解析，以「因之一字，老莊之要旨」❼，蓋與郭象的大小皆逍遙，明適性之分的疏解，頗相契合。又大宗師篇「若然者，其心志」節，

> 〔筆乘〕志字，趙氏（以夫）正爲忘字，與容寂義相協。其論似當。吉甫（呂惠卿）解役人，蓋本胥靡登高不懼，遺死生也。意則妙矣。然以下文役人之役語觀之，尤覺子玄（郭象）爲覈。

❼〈齊物論〉篇「因之」的焦竑注。

即權衡諸家之義，仍以郭象注為有深義。是知焦竑《莊子翼》頗以郭象注為宗。雖然如此，焦竑的《莊子翼》仍可觀之處，茲論述於后。

(一)有無論

焦竑《莊子翼》敘曰：

> 老氏門人之書傳於世者，獨莊子耳。

是焦竑以為《莊子》遠紹《老子》之道而宗尚相承。即「老子有莊，猶孔之有孟。」(同上)至於老莊之學為何，焦竑曰：

> 老莊詳於無。(同上)
>
> 老莊盛言虛無之理。(「讀莊子」)

即以致虛崇無為老莊之道的終極。然則老莊何以講虛無，又其「虛無之理」為何，焦竑曰：

> 孔孟之言詳於有，而老莊詳於無。……孔孟非不言無也，無即寓於有。而孔孟也者，姑因世之所明者引之，所謂下學而上達者也。彼老莊生其時，見夫為孔孟之學者，局於有而達焉者之寡也。以為必通乎無，而後可以用有。於焉取其所略者而詳之，以庶

幾乎助孔孟之所不及。（《莊子翼》敘）

意謂先有孔、孟的有而後有老、莊的無。且孔、孟志於學的下學，終能上達於「從心所欲不踰矩」的究極，但是後世學孔、孟之學，汲汲於禮義規制無可逾越的執著及弘毅自重的壓迫，終不能德業兼修，老、莊有鑑於此，乃「盛言虛無」，以化除我執與負累，而行「有」之用。換而言之，焦竑所謂的「必通乎無而後可以用有」，即以為老莊乃以「無」的作用，保存孔孟「有」的真實存有。❽因此，焦竑進一步具體地指出：

> 老莊盛言虛無之理，非其廢世教也。虛無者、世教所以立也。彼知有物者、不可物物、而覩無者、斯足以經有、故建之以常無有。……御有者必取諸無。（「讀莊子」）

所謂「虛無」非廢世教；而是立世教者，即說明「虛無」之旨在「有」的行用，亦即不物於物，物乃有其用。故通過「無」以化解「有」的執著，萬物之「有」乃有其真有。換而言之，由於有「虛無」的作用，萬有乃能真實的存有，進而行其用。

焦竑推衍此「無以存有」的有無論，以探究《莊子》〈養生主〉與〈人間世〉的關聯。其論述之曰：

---

❽ 參見牟宗三《中國哲學十九講》第七講〈道之「作用的表象」〉（學生書局，一九八三年十月）。

士彰❾云，養生主是出世法，人間世是住世法。余謂出世而後能住世。老子所謂執古之道，以御今之有也。（《莊子翼》「人間世」末尾，《筆乘》之引文）

「執古之道，以御今之有」，乃《老子》十四章之文。「今之有」以對「古之道」，則「古之道」乃「虛無之理」，是知焦竑以爲「出世法」乃是「虛無之理」；而「住世法」則是「有之用」。必通過「虛無之理」以養生之主，乃能逍遙遊於人間世。至於如何以「虛無之理」而養生之主，焦竑提出「因之」之義。

㈡「因之」之義

焦竑曰：

因之一字，老莊之要旨。（〈齊物論〉之「亦因是也」引注《筆乘》之文）

又

總之只是因之一字盡之也。（同上「朝三暮四，……亦因是也」引注《筆乘》之文）

❾ 士彰者，唐順之弟子徐常吉的字。武進人，萬曆十一（一五八三）年進士。累官戶秋給事中，以清廉聞。著有《四書原旨》等書。

意謂可以以「因之」理解莊子的思想。至於「因之」之義爲何，焦竑曰：

> 因人之是非以爲是非。（同上「無適焉，因是已」引注《筆乘》之文）

即無我見爲是的執著；而以超越觀照，肯定人我存在皆是的意義。換而言之，人既稟受於天，皆有其所以存在於天地之間的根據，故不必執著於我是彼非的偏執。亦即因之於天，則人我並存於人間世。因此，焦竑敷衍「和之以天倪」之義，具體地指陳「因之」之義，乃在於「忘己」、「忘物」。焦竑曰：

> 乘物遊心，則忘己。記不得已，則忘物。斯則因其命而致之。我無心也，何必有所作爲以還報哉。（「人間世」之「乘物以遊心，記不得以養中」引注《筆乘》之文）

「乘物」者不役於物，即超越於物論之上。能以「乘物」養生，則心虛而道集。心虛道集則能逍遙優遊於人間世。是故「無心」而「忘我」，乃能視命、義二戒爲人間世必然之事，而無擾於心。因此，焦竑以爲莊子思想可以以「因之」來理解。探究其義，蓋以因之於天，則我心虛無。「吾喪我」則無我是彼非的執著，亦無樂生哀死，人際關係難以處理的糾結與困頓。換而言之，因之以天道，則能「忘我」、「無心」以優遊於天地之間。

此「有無論」、「因之」之義乃焦竑《莊子翼》疏解《莊子》思想的根本所在。

三、《莊子翼》流傳日本的情形

焦竑《莊子翼》何時傳入日本，蓋不可知。唯據慶應大學斯道文庫所編《江戶時代書林出版目錄集成》❿的著錄：

寬文十年（一六七〇）　十八冊
寬文十一年（一六七一）　十八冊
延寶三年（一六七五）　十八冊
（老莊翼註　北海焦弱侯編訂、建業王元貞校閱並序，採古今註解而解）
貞享二年（一六八五）　十八冊
元祿五年（一六九二）　十八冊
元祿十二年（一六九九）　十八冊

即在十七世紀末期，日本坊間先後出版焦竑《老莊翼注》，凡六次。又據大庭脩《唐船持渡書研究》的載錄，於文元四（一七三九）年，《商舶載來書目》記載自中國輸入書籍中，有焦

❿《江戶時代書林出版書籍目錄集成》，慶應大學斯道文庫編（井上書房，一九六三年出版）。前有阿部隆一的解題，敘述江戶時代出版書籍的概況及各目錄的提要。

竑《老莊翼》一部一套，即半世紀後，再自中國傳入焦氏注本。至於何以引入並出版焦氏注本，據林羅山「答祖博」一文指出：

> 本朝昔儒讀注疏，不見口義。南禪寺巖惟肖始讀口義。今時往往人皆得見之。（《林羅山文集》卷二）

「口義」者林希逸《莊子鬳齋口義》。據林羅山所述，日本在江戶時代（一六〇三～一八六七）以前，多據郭象注、成玄英疏本研究《莊子》，然自京都南禪寺僧惟肖講授林氏《口義》、林羅山訓點《口義》後，乃形成以林氏《口義》治《莊子》的風尚。故小野壹《莊子鬳齋口義棧航》序文曰：

> 龍阜僧得巖就明魏問郭註，既而得希逸《口義》佔畢之。自是以降，郭註廢而《口義》行矣。

即是時在宋人新註的探求的情況下，乃講授、訓點林氏《口義》。由此可推，焦竑《莊子翼》之傳入東瀛並在民間出版，乃是因爲新注盛行的情勢所造成的。

江戶幕府初期，在學術上繼承五山以來的佛學，雖幕府立朱子學爲學官，而主掌當時學術的藤原惺窩及林羅山皆佛、儒兼修。因此，一旦研究老莊時，則不免援儒入道，或佛、道並參。故林希逸《鬳齋口義》即在此學術潮流下受到重視。至於焦竑《老莊翼》亦未始非在學尚運會下，於日本翻印出版的。

以上兩點乃焦竑《莊子翼》於十七世紀，即江戶初期流傳的因由。逮及江戶中，晚期以後，或有研究《莊子翼》，如角田青溪《莊子翼解》⓫。或《莊子翼》的引用，如龜井昭陽《莊子瑣說》。或批注《莊子翼》而收入叢書，如服部宇之吉所編《漢文大系》。角田氏的書，今未可見知。至於龜井氏的引用，或服部氏的編輯，蓋著眼於焦竑採輯古今注疏之便利。如龜井昭陽《莊子瑣說》不但引用焦注，並引述焦竑采擴的褚作秀《南華義海纂徵》及焦竑附以己意的《褚氏管見》。服部宇之吉的解題曰：「莊子翼取郭象以下數十家，……然往往不免有誇博而疎於考證之弊。」⓬即著眼於焦竑《莊子翼》的旁搜博引，便於《莊子》的研究，故輯入《漢文大系》。由二人所引述或編輯而推測，江戶中，晚期之徵引焦竑《莊子翼》，乃以其書廣博採輯的緣故。

⓫ 角田青選（？～一七八八），名平，字公熙，號青溪。江戶人，與片山兼山友善，卒於天明八年，著有《古今文同異》、《毛詩同異》、《老莊翼解》等書。

⓬ 服部宇之吉指出焦竑《莊子翼》疏於考證者，或相對於焦竑詳於注釋而說的。其實翻檢《莊子翼》，亦未嘗無涉及考證的文字。如「按漢藝文志莊子五十三篇。郭象去其巧雜，定爲三十三篇。則今之所存，特十之四耳。嚴（君平）書出象前，其所引皆其逸篇可知也。子瞻謂讓王、說劍、盜跖、漁父四篇爲僞撰。羅勉道者，又疑刻意、繕性，亦復淺膚，定爲二十六篇。大抵語意精麤，居然別矣。」（《莊子翼》凡例）即以《莊子》篇章有僞作之屬入。又「一因是已」，此句篇中凡數見，而解者俱

綜上所述，日本之流傳焦竑《莊子翼》，其於江戶初期，或以焦注爲新注，且援儒入道而疏解《莊子》，故板刻其書，到了中期以後，或以焦竑《莊子翼》的博采通說，便於研究《莊子》之用，故有引用其說或輯采以入叢書的情事。至於此一流傳遭遞之迹，恰可反映日本江戶時代漢學的流衍。江戶初期程、朱理學盛行，以焦竑《莊子翼》極言老莊之無在證成孔孟之有，亦即融合儒、道之說，頗合乎江戶初期的學術宗尚，故流傳焦竑《莊子翼》。江戶中期，繼古學派，折衷派之後，採乾、嘉考證學風而發展出來的考證學派興起，博采衆說以爲注疏，進而探究中國古典精義的學風倡行一時。龜井昭陽《莊子瑣說》引述焦氏翼注；服部宇之吉所編《漢文大系》之採用焦竑《莊子翼》，即是承受此一學風的作法。此爲焦竑《莊子翼》流傳日本的情形。

失之，以不知是已爲語詞，而連因字讀之故也。」（〈齊物論〉）即以《莊子》〈齊物論〉篇的文例，以爲前人句讀之有缺失。再者，「吾行卻曲，當從瑰碧虛（陳景元《南華解》）作卻曲。卻曲無傷吾定，庶與上文相協。蓋由傳寫者誤。」（〈人間世〉）即以爲「傳寫者誤」，指出所見之《莊子》有缺誤。至於「受命于地，至唯舜獨也正。文句不齊，似有脫略。張君房柱本作受命于地，唯松柏獨也正，在冬夏青青。受命于天，唯堯舜獨也正，在萬物之首。補亡七字。因郭註有下首唯松柏，上首唯聖人故也。今以松柏獨也在，舜獨也正爲句。亦自文順而義全矣。」（〈人間世〉）即參酌上下文義以補所見《莊子》的脫誤。因此可知，焦竑未必疏於考證；唯不如其訓解之那般博引而已。

附錄(一) 《莊子》寓言的思想

在秦漢以前的中國思想長流中，戰國是人文化成極致發揚的時代。在此以前，殷商的祭祀與貞卜，是原始性的宗教崇拜。他們所以敬天拜神，是由「天災人禍的恐怖情懷而來的原始性地對神秘力的依皈。」❶而周代則逐漸有人文精神的浮現。如

> 維天之命，於穆不已，於乎不顯，文王之德之純，純亦不已。（《詩・周頌》「清廟之什維天之命」）

是以人的功業匹配於天，而有永恒不朽的涵義。又如《周易》的八卦，用以表象自然；六十四重卦之以乾、坤爲首，以既濟、未濟爲終，是代表宇宙的進程，有生滅變化永無窮盡的寄託。另一方面也表現出人所體悟的自然秩序。

此天人匹配與自然秩序是周文的意義，對應於殷商的原始宗教情懷，是有人文精神的形上理則。但，探究周文的歸趨，仍然是以天爲依歸的。眞正的全面性地以人爲體，提出精神

❶ 徵引徐復觀《中國人性論史》第二章〈周初宗教中人文精神的躍動〉之文。

主體修證的，則是戰國的儒、道兩家。孟子繼承了孔子的忠恕，以仁義的善端，直養吾人的浩然之氣，故能盡心知性以知天。其所表現的是通體的「道德精神主體」❷。而荀子則汲取孔子的禮文，以禮義爲節度，化除爭亂窮的性惡根源。其所表現的是全幅的「知性主體」❸。私淑孔子的精神人格與生命錘鍊的修爲工夫。所表現的是將天道的美善，內在於人的生命精神之中。《莊子》則一方繼承《老子》形上之道的價值根源與自然無爲的理想歸趨；另一方面則神之中。❹進而開拓出優遊逍遙的開放心靈，呈顯出博大無礙，與物冥合的理想境界。❺換言之，是透過吾人內在精神的修爲，趨向於自然適得的逍遙；另一方面泯除我執的定限，明徹物我的同體，因而架構一個通體和諧的理想境域。所以，本文即以天人相接與物我冥合的思想體系統攝莊子思想，並以全書的寓言作爲印證。至於如何能以寓言作印證呢？《莊子·寓言》篇說：「寓言十九」；又太史公記莊子「著書十餘萬言，大抵率寓言也」。是寓言占《莊子》全書的十分之九，故《莊子》思想的探究可以用全書的寓言作根據。在此，即舉個寓言爲例，說明《莊子》寓言確實能架構莊子的思想。

❷ 徵引牟宗三《歷史哲學》第二部春秋戰國秦，第二章〈戰國與孟荀〉，第二節的標題，「全幅是精神通體光輝表現「道德精神主體」之孟子」。

❸ 同上，第三節的標題，「通體是禮義表現「知性主體」之荀子」。

❹ 徵引王邦雄先生〈莊子哲學的生命精神〉之文。此文載見於鵝湖月刊第三卷，六、七期。

❺ 引陳鼓應《莊子哲學探究·逍遙遊的開放心靈與價值重估》之文。

> 子桑戶、孟子反、子琴張，三人相與友。曰：孰能相與於無相與？相爲於無相爲？孰能登天遊霧，撓挑無極，相忘以生，無所終窮，三人相視而笑，莫逆於心，遂相與友。莫然有閒，而子桑戶死，未葬，孔子聞之，使子貢往待事焉。或編曲；或鼓琴，相和而歌曰：嗟來！桑戶乎？嗟來！桑戶乎？而已反其眞，而我猶爲人猗？子貢趨而進曰：敢問臨尸而歌，禮乎？二人相視而笑，曰：是惡知禮意？子貢反，以告孔子，曰：彼何人者邪？修行無有，而外其形骸。臨尸而歌，顏色不變，無以命之，彼何人者邪？孔子曰：彼遊方之外者也；而丘遊方之內者也。外內不相及，而丘使女往弔之，丘則陋矣！彼方且與造物者爲人，而遊乎天地之一氣。彼以生爲附贅縣疣，以死爲決𤴯潰癰。夫若然者，又惡知死生先後之所在？假於異物，託於同體。忘其肝膽，遺其耳目。反覆終始，不可端倪。芒然彷徨乎塵垢之外，逍遙乎無爲之業。彼又惡能憒憒然爲世俗之禮，以觀眾人之耳目哉？……（〈大宗師〉）

「芒然彷徨乎塵垢之外，逍遙乎無爲之業」是《莊子》所標舉的理想境域。然而如何達到此一境域呢？則是人「相造乎道」（〈大宗師〉）。此道是「參日而後能外天下。……七日而後能外物。……九日而後能外生。已外生矣，而後能朝徹；朝徹而後能見獨；見獨而後能無古今。無古今而後能入於不死不生」（〈大宗師〉）的專注於人的內在精神的修爲，而達到「與造物者爲人」的天人相契。另外一方面，當對應於人間世的現象時，則能「忘其肝膽，遺其耳目」，且「以死生爲一條，以可不可爲一貫」（〈德充符〉）的物我冥合了。

一、形上世界的本體和諧

> 至德之世，其行塡塡，其視顚顚。當是時也，山無蹊隧，澤無舟梁。萬物羣生，連屬其鄉，禽獸成羣，草木遂長。是故禽獸可係羈而遊。鳥鵲之巢，可攀援而闚。……惡乎知君子小人哉？同乎無知，其德不離，同乎無欲，是謂素樸。（〈馬蹄〉）

此段所描述的雖是一個素樸和諧的景象：萬物各順其性，各遂其生，並育而不相害。毫無功名利祿的價值希求與作爲爭亂的束縛困頓。但事實上，則是《莊子》形上境域的理想依託。誠如黃錦鋐先生所說的：

> 其實，莊子認爲宇宙本來就是和諧的。……宇宙間無論大小、美醜、和一切不同的事物，在整體的立場看，沒有彼此的分別，都是通而爲一的。那是一個定美和樂的逍遙境界。❻

素樸和諧的境域確實是《莊子》形上本體的歸趨。而此和諧的境域又凸顯了人的心靈自由與

❻ 徵引黃錦鋐先生所撰〈莊子的共通律及其對文學理論之影響〉之文。（此文載見於《中華文化復興月刊》第十四卷，第十期。）

心境的優遊。此意義黃先生也曾指陳出來：

> 人生活在那個理想的世界中，不知說生，不知惡死，其出不忻，其入不距，倏然而往，倏然而來吧了。心靈上充實不可以已，可以上與造物者遊，下可與外死生無終始者友。調適而上遂，獨與天地精神往來。無拘無束，芒乎何之，忽乎何適。是一個極其和諧的理想境界。❼

「調適而上遂」蘊涵著吾人內在精神的專注超拔，而後冲虛的心靈得以優遊，無拘無束，無往而無不自在。再者，心境既是徜徉自適，則世俗的材與不材，用與無用的價值取向，則可以超越。世俗所謂的不材與無用，如樗樹的「大本擁腫而不中繩墨，其小枝卷曲而不中規矩，立之塗而匠者不顧。」（〈逍遙遊〉）就其成材的功能而言，確實是無所施用；但是通過取向超越，明徹的觀照，樗樹之大，正可以「彷徨乎無爲其側，逍遙乎寢臥其下」，精神爲之自由解放，心靈爲之調適上遂。進而遊乎「無何有之鄉，廣莫之野」，開拓一個遼闊無邊的精神領域。徜徉乎其間，盡是自然和諧的景象。

二、精神修養而天人契合

❼ 同上。

《莊子》既開拓一個自然和諧的理想境域，而此境域是透過人的精神修養的工夫才能達到的。這種境域與工夫的契合，可由「至人無己，神人無功，聖人無名」表現出來。

至人者不離其眞（〈天下〉）。至人神矣！大澤焚而不能熱，河漢沍而不能寒。疾雷破山，飄風振海，而不能驚。若然者，乘雲氣，騎日月，而遊乎四海之外，死生無於己，而況利害之端乎？（〈齊物論〉）

至人是以天地造化自存於心，因此能超越外在觀象，如水火、生死，驚恐的骸形與執著。所以，至人的境界是《莊子》的終極依歸。

神人者不離於精（〈天下〉）藐姑射之山有神人居焉。肌膚若冰雪，淖約若處子。不食五穀，吸風飲露。乘雲氣，御飛龍，而遊乎四海之外。其神凝，使物不疵癘而年穀熟。（〈逍遙遊〉）

神人的境界是內在精神的飛昇所致。其於己身，是永生不死；至於發用，則萬物自然遂成。所以，神人的境界也是《莊子》的理想歸趨。

聖人者以天爲宗，以德爲本，以道爲門，兆於變化。（〈天下〉）聖人不從事於務，不就利，不違害，不喜求，不緣道。無謂前謂，有謂無謂。而遊乎塵垢之外。（〈齊物論〉）

聖人的境界是以自然爲宗，無爲無欲，調適上遂。也是《莊子》理想的寄託。

以上「至人」、「神人」、「聖人」都是《莊子》理想境界的寄託。而「己」、「功」、「名」指的是人的形軀官能，與其牽引而出的心的定著與情識的糾結。至於「無己」、「無功」、「無名」乃就工夫而言，專注於精神主體的修養，去除人身官能的束縛與欲求的糾結。故「至人無己，神人無功，聖人無名」是透過「無己」、「無功」、「無名」的修養工夫，以開顯至人、神人、聖人的超越境界。換言之，理想境界是由不爲一己的形軀官能與世俗的功名利祿所拘律的自得工夫之修養，才得以豁顯出來。❽所以，沒有工夫就沒有境界，由工夫開展境界。而工夫是人的精神修養；境界是天均的自然和諧。故由於人的精神修養以拓展自由逍遙的開放心靈，而遨遊乎天均的和諧境界。

至於「無己」、「無功」、「無名」的工夫又是如何修養呢？披閱莊子寓言，則有朝徹見獨；凝神壹志；集虛心齊；渾然坐忘等記載。

(一)朝徹見獨

南伯子葵問乎女偊曰：子之年長矣！而色若孺子，何也？曰：吾聞道矣。……參日而後能外天下；已外天下矣！吾又守之，七日而後能外物；已外物矣！吾又守之，九日

❽ 此段文字多參採王邦雄先生之〈莊子哲學的生命精神〉的論述。

而後能外生；已外生矣！而後能朝徹；朝徹而後能見獨；見獨而後能無古今；無古今而後能入於不死不生。（〈大宗師〉）

女偊的年事雖長而仍是「色若孺子」，與姑射山的神人「肌膚若冰雪，淖約若處子」，同爲《莊子》所寄託的理想境界。然而如何達到此一境界呢？則如文中所敘述的，層層的體道進程，參日、七日、九日代表工夫修養的逐次提升。第一層的工夫而達外天下的境界；第二層修養進而爲外物。此漸次超越，再由「慧照豁然，如朝陽初啓」（成玄英疏）的朝徹，進升爲「當所遇而安之，忘先後之所接」（郭象注）的見獨；由見獨而「任物之日新，隨變化而俱往」（成玄英疏）的無古今；繼而臻於不係於生死的永生不老的境界，故年雖長而「色若孺子」。

(二)凝神壹志

此亦爲體道的工夫，是透過心府的虛極靜篤，直接地與物冥合。乃以技藝進道的工夫境界，寄寓至道的和諧。

仲尼適楚，出於林中，見痀僂者承蜩，猶掇之也。仲尼曰：子巧乎？有道邪？曰：我有道也。五六月累丸二而不墜，則失者錙銖。累三而不墜，則失者十一。累五而不墜，猶掇之也。吾處身也，若厥株拘；吾執臂也，若槁木之枝，雖天地之大，萬物之多，而唯蜩翼之知。吾不反不側，不以萬物易蜩之翼，何爲而不得也。孔子顧謂弟子曰：

用志不分，乃凝於神，其病僂丈人之謂乎？（〈達生〉）

身雖痀僂，而捕蟬如掇拾事物的易舉。此純熟的技藝之句勒，誠然地寄託了《莊子》體道工夫。其累丸數量的增加，象徵著進道的進程，止於承蜩若掇拾，是至道的境界。而此境界的達成，其一，是處身若槁木的不動，而手之執竿亦如枯木的寂然。此刻就人的自身而言，是忘知忘己，身如槁木，心如死灰，保持心靈的虛靜。其二，大地之大，萬物之多，唯蟬翼是視，不以萬物易之。乃就對象而言，全神凝注於對象，換言之，是以虛靜心觀照對象，而達到心與物的冥合。故「用志不分」是以心觀照，忘知忘己，除對象之外已無他物；「乃凝於神」則是心與物的冥合，得於心而應於手。亦即由心與手的感通，心與物的合一，進而三者一體。手之捕蟬如取之於自身所固有。所以，痀僂丈人取掇的完成。象徵著《莊子》自然精純的至道。❾

顏淵問仲尼曰：吾嘗濟乎觴深之淵，津人操舟若神。吾問焉，曰：操舟可學邪？曰：可。善游者數能。若乃夫沒人則未嘗見舟，而便操之也。吾問焉而不吾告，敢問何謂也？仲尼曰：善游者數能，忘水也。若乃夫沒人之未嘗見舟而便操之也，彼視淵若陵，

❾ 此段文字是參採徐復觀《中國藝術精神》第二章〈中國藝術精神主體之呈現——莊子的再發現〉第十七節「莊子的藝術欣賞」之文。而以下各寓言的說明亦多徵引徐氏之說。

> 視舟之覆，猶其車却也。覆却萬方陳乎前，而不得入其舍，惡往而不暇。以瓦注者巧，以鉤注者憚，以黃金注者殙。其巧一也，而有所矜，則重外也。凡重外者內拙。
> （〈達生〉）

善游者的數能，以其忘水。沒人的嫻習操舟，以其未嘗見舟，且覆却萬水雖陳乎前，亦不入其舍，無所動心。故善游者數能與沒人便操是境界的挺立；然而此一境界的達成，則是忘水與未嘗見舟，且覆卻不入其心的修養工夫的上揚。此等工夫一如痀僂承蜩的「用志不分，乃凝於神」與庖丁解牛的「以神遇而不以目視」。乃由於主觀的我與客觀的物融合爲一，故游水若行陸，神色從容；操舟如駕車，操縱自如。至於「有所矜」的「矜」是主觀與客觀產生扞隔，因此，內在感覺受到外在事物的牽引，而有依恃。換句話說，由於內外判析爲二，外在的對象無法爲內在精神所涵攝，故內外不相及，而導致「重外」的「有所矜」。在此則寓言中，《莊子》即借「矜」與「忘」的對比，托出壹志凝神的工夫；並且用善游者數能與沒人便操寄寓精神自由逍遙的境界。

> 孔子觀於呂梁，縣水三十仞，流沫四十里，黿鼉魚鼈不能游也。見一丈夫游之，以爲有苦而欲死也。使弟子並流而拯之。數百步而出，被髮行歌而游於塘下。孔子從而問焉。曰：吾以子爲鬼；察子則人也。請問蹈水有道乎？曰：亡。吾無道。吾始乎故，長乎性，成乎命。與齊俱入，與汩偕出，從水之道而不爲和焉。此吾所以蹈之也。孔

子曰：何謂始乎故，長乎性，成乎命？曰：吾生於陵而安於陵，故也。長於水而安於水，性也。不知吾所以然而然，命也。（〈達生〉）

此寓言所描摹的是，於險境中，依然保有「被髮行歌」的坦然。誠然地，曲達了《莊子》逍遙適得的境地。而此中的「故」、「性」、「命」則說明了此一境地的三個修養進程，並以「安」爲超越進升的工夫。生於高山之上而安之，是相習之至，是爲故舊。及長，游於水中，「與齊俱入，與汩偕出」，是安於水而習於水性。進而順循水性而與懸瀑爲一，是自然天成，而安之若命。故此丈夫蹈水的安然一如庖丁解牛的神遇。庖丁以「官知上而神欲行」，而能「依乎天理」，「因其固然」的「恢恢乎其於遊及必有餘地」。而此人的安於水性，心無險巇的阻礙；目無流沫的驚慌，「從水之道而不爲私」，故能瀟灑行歌，若無其事。雖言「無道」，既已合道了。

列禦寇爲伯昏無人射，引之盈貫，措杯水其肘上，發之，適矢。方矢復寓。當是時，猶象人也。伯昏無人曰：是射之射，非不射之射也。嘗與汝登高山，履危石，臨百仞之淵，背逡巡，足二分垂在外，揖禦寇而進之。禦寇伏地，……汗流至踵。伯昏無人曰：夫至人者，上闚青天，下潛黃土，揮斥八極，神氣不變。今汝怵然有恂目之志，爾於中也殆矣夫。（〈田子方〉）

象人者，成玄英疏：「木偶土梗人也」。「猶象人」者，是保持全身不動的姿態，並且凝神壹志於射的目標。因而能隻隻中鵠，矢矢相接。然而，「猶象人」是射之射；非忘懷無心的「不射之射」。所謂不射之射，是超越專志的「猶象人」，不受射中的拘束；進而與天地萬物冥合，「揮斥八極」，內在精神為之自由開放，豁然曠達。故履危慄之地，而神氣不變。此不射之射的描寫，是《莊子》借伯昏無人寄託：由於吾人內在精神的修養，超越外在事物的既有定執，故能成就生命精神的順遂曠達。而在吾人生命精神中，所涵蓋的非但是客觀萬物的平等觀照；而且是「上闚青天，下潛黃泉」的與宇宙融合為一的思想。

在此類故事中，除痀僂承蜩外，其餘的寓言皆無「用志不分，乃凝於神」二句。雖然如此，以技術的精純，達到出神入化的藝術境界，比喻由於吾人內在精神專注，遂能臻於與自然萬物冥合的寄寓，則是以上各個寓言所共通的。故歸為一類，而以「凝神壹志」一詞統攝之。

㈢集虛心齋

《莊子・人間世》說：「唯道集虛，虛者「心齋」。虛者沖虛；齋著靜篤。集虛心齋，是將人的沖虛心靈，內在靈府致虛極，守靜篤，進而隨大化流行與自然冥合。如

回曰：敢問心齋？仲尼曰：若一志，無聽之以耳，而聽之以心。無聽之以心，而聽之

以氣。聽止於耳。（孩日：當作「耳止於聽」，傳寫誤例也。）心止於符。氣也直，虛而待物者也。唯道集虛，虛者，心齋也。（〈人間世〉）

此則寓言是就內在修養凸顯莊子生命的精神主體。而其進程，首先是凝神專注，摒除耳目官能的偏執，故外在的功名利祿，聲色欲求，善惡得失都不入於心。再進一層，則將內在精神往上提升，與天地之氣，大化流行相契合。故心齊之後，即臻於「至人之用心若鏡，不將不近，應而不藏，故能勝物而不傷」（〈應帝王〉）的境界。何以知其然呢？莊子說：

人莫鑑於流水而鑑於止水；惟止，能止眾止。……而況官天地，府萬物，直寓六骸，象耳目，一知之所知，而心未嘗死乎？（〈德充符〉）

靜如止水，明如懸鏡，故萬物無足以撓心。即靈府虛靜恬淡，則寂然無爲。再者，心如明鏡，虛靜無己，故能無扞隔地自由平等的觀照，而與天地萬物通體和諧。所以，直養吾人的精神主體，才能明徹通觀，遊於和諧的境域。

(四)渾然坐忘

坐忘者，植基於精神主體的專注，而消除形體官能的定執的工夫。「坐忘」一如齊物論「今者吾喪我」的「喪我」；逍遙遊「至人無己」的「無己」。都是由我執的混除，再通過

「坐忘」、「喪我」、「無己」的工夫修爲，以開顯「天地與我並存，而萬物與我爲一」（〈齊物論〉）的境界。

> 顏回曰：回益矣！仲尼曰：謂也？曰：回忘仁義矣。曰：可矣！猶未也。他日復見。曰：回益矣！曰：何謂也？曰：回忘禮樂矣。曰：可矣！猶未也。他日復見。曰：回益矣！曰：何謂也？曰：回坐忘矣。仲尼蹴然曰：何謂坐忘？顏回曰：墮枝體，黜聰明，離形去知，同於大通，此謂坐忘。仲尼曰：同則無好也，化則無常也，而果其賢乎？丘也請從而後也。（〈大宗師〉）

此則寓言是《莊子》假借顏回與孔子的對話，寄寓其坐忘的旨趣。此中由顏回的忘仁義、忘禮樂，進而爲「墮肢體、黜聰明，離形去知，同於大通」的坐忘。正是《莊子》精神修養的進程。人能墮肢體離形，即可不滯陷於形軀死生的桎梏中，故能「安時而處順」，「知其不可奈何而安之若命」（〈人間世〉）。再者，黜聰明，去知性，且泯除仁義禮義的拘限，則吾人的內在心靈才不受官能的牽扯，不膠著於是非的迷執上。故專注於「坐忘」的修養，則能「同於大通」的無限理境。⑩

以上的敘述雖有「朝徹見獨」，「凝神壹志」，「集虛心齊」，「渾然坐忘」的差別；

---

⑩ 此段文字多摘錄王邦雄先生〈莊子哲學的生命精神〉的論述。

但是主於靈台的致虛守靜與心府的明照通觀，以臻於自然和諧，天人契合的至道境界，則是一致的。換句話說，由於我執定限的泯除，視

> 死生存亡，窮達貧富，賢與不肖，毀譽飢渴寒暑，是事之變，命之行也。日夜相代乎前，而知不能規乎其始者也。故不足以滑和，不可入於靈府。（〈德充符〉）

即「專注於無己喪我，心齋坐忘的修養工夫上，以凸顯眞君之生命主體的自由無限」⓫開展心境的優遊，而「與造物者爲人。厭！則又乘夫莽眇之鳥，以出六極之外，而遊無何有之鄉，以處壙埌之野」（〈應帝王〉）。達到吾人心靈眞正的自由逍遙。

三、物我冥合而現象共通

前節所述：眞君的凸顯，自由逍遙的境界超越，乃由於吾人內在精神的心齋坐忘，遂能天人契合的。然則朝徹見獨所展現的是靈台的明徹通觀與地我的同體肯定。倘若將此通觀肯定的平等觀照落實到人生界，則現象諸事所呈顯的必是共通和諧的狀態。茲舉一則寓言以爲印證。

> 子列子問關尹曰：至人潛行不窒，蹈火不熱，行乎萬物之上而不慄。請問何以至此？

⓫ 同上。

關尹曰：是純氣之守也。非知巧果敢之列。居，予語女。凡有貌象聲色者，皆物也。物何以相遠？夫奚足以至乎先，是色而已。則物之造乎不形，而止乎無所化，夫得是而無窮之者，物焉得而止焉。彼將處乎不淫之度，而藏乎無端之紀。游乎萬物之所終始。壹其性，養其氣，合其德，以通乎物之所造。夫若是者，其天守全，其神無郤，物奚自入焉。夫醉者之墜車，雖疾不死。骨節與人同，而犯害與人異，其神全也。乘亦不知也，墜亦不知也。死生驚懼，不入乎其胸中，是故遻物而不慴。彼得全於酒，而猶若是，而況得全於天乎？聖人藏於天，故莫之能傷也。復讐者不折鏌干，雖有忮心者，不怨飄瓦，是以天下平均。（〈達生〉）

至人之能「潛行不窒，蹈火不熱，行乎萬物之上而不慄」，是他經歷過冲虛心靈，齋靜精神的「純氣之守」的工夫。換言之，至人是透過他的凝神專志，心齋坐忘，而含德之厚，故能超越形軀的拘限與心知情識的定執；靈台調適而上遂；進而隨物應變，順應自然之化，與天地合而爲一。「夫若是者，其天守全，其神無郤，物奚自入焉」。即是以人自身的內在精神無限飛揚提升，而與天地自然契合爲一；又以含德之厚，凝神之至，故人的自身又與萬物合爲一體。所以，由於吾人的「心養」（在宥），故能墮肢體的忘身與黜聰明的忘知。以此往上超越提升，則與天地精神往來；向外觀照則是萬物與我爲一的通體和諧。前者的天人相契，已於前一節申論過了；本節則就後者的物我同體，平等地觀照人間世諸現象，如用與不用；

生與死；是與非；有與無的通體和諧。

世俗所以爲的無用，由於莊子生命精神的超越，其於用的取向也隨之轉化，而有新的價值重估。

(一)用與無用共通

惠子謂莊子曰：魏王貽我大瓠之種，我樹之成，而實五石。以盛水漿，其堅不能自舉也。剖之以爲瓢，則瓠落無所容。非不呺然大也，吾爲其無用而掊之。莊子曰：夫子固拙於用大矣。宋人有善爲不龜手之藥者，世世以洴澼絖爲事。客聞之，請買其方百金。聚族而謀曰：我世世爲洴澼絖，不過數金。今一朝而鬻技百金，請與之。客得之，以說吳王。越有難，吳王使之將。冬與越人水戰，大敗越人。裂地而封。能不龜手，一也。或以封；或不免於洴澼絖，則所用之異也。今子有五石之瓠，何不慮以爲大樽，而浮乎江湖；而憂其瓠落無所容。則夫子猶有蓬之心也夫。（〈逍遙遊〉）

惠施拙於物的大用，以爲瓠雖大而無所施用，故將之擊碎。就像不龜手之藥，宋之人闇於其用，以百金易藥方，雖免於洴澼絖；但是某人得之，取其大用，而受到吳王的裂地封賞，終身受祿。故同樣是瓠，惠施以爲無用而將它擊碎；莊子則轉化其價值，取無用之用，做成大樽，浮於江湖，冶遊山川，得逍遙之樂。所以，莊子超越的觀照，轉化世俗所認爲的無用而爲大用。用與不用的取向，遂在莊子的生命精神中展現出和諧的共通。此用與不用的共通，又見於〈逍遙遊〉與〈人間世〉的寓言中。

> 惠子謂莊子曰：吾有大樹，人謂之樗。其大本擁腫而不中繩墨，其小枝卷曲而不中規矩。立之塗，匠者不顧。今子之言，大而無用，衆所同去也。莊子曰：……今子有大樹，患其無用，何不樹之於無何有之鄉，廣野之野。徬徨乎無爲其側，逍遙乎寢臥其下。不夭斤斧，物無害者。無所可用，安所因苦哉？（〈逍遙遊〉）

惠施以樗的不材而以爲無可用。莊子則認爲樗雖不材，但樗的自身正因不材而可以終其天年。更可使人臥遊於其下，得浮生之間。又

> 匠石之齊，至乎曲轅。見櫟社樹，其大蔽牛，絜之百圍。其高臨山十仞而後有枝。其可以爲舟者旁十數。觀者如市：匠伯不顧，遂行不輟。弟子厭觀之。走及匠石。曰：自吾執斧斤以隨夫子，未嘗見材如此其美也。先生不肯視，行不輟，何邪？曰：已矣！勿言之矣。散木也。以爲舟則沈；以爲棺槨則速腐；以爲器則速毀；以爲門戶則液樠；以爲柱則蠹。是不材之木也，無所可用，故能若是之壽。匠石歸。櫟社見夢曰：女將惡乎比予哉？若將比予於文木邪。夫柤梨橘柚果蓏之屬，實熟則剝，則辱。大枝折，小枝泄。此以其能苦其生者也。故不終其天年而中道夭，自掊擊於世俗者，物莫不若

> 是。且予求無所可用久矣。幾死。乃今得之，爲予大用。使予也而有用，且得此大也邪？（〈人間世〉）

匠石以行家的法眼判斷櫟社樹必爲無所可用的散木，成器必速毀壞。「是不材之木也，無所可用，故能若是之壽。」然則，莊子借櫟社寄寓以不材故能終天年而不中道夭折的意義。剋就櫟社的本質而言，是爲不材的散木；但就無用之用而言，櫟社樹因不材，所以能不中道夭折而終其天年。故「以義譽之」（〈人間世〉），在莊子的生命精神中，材與不材是爲一體的。又

> 南伯子綦遊乎商之丘。見大木焉，有異。結駟千乘，隱將芘其所藾。子綦曰：此何木也哉？此必有異材夫。仰而視其細枝，則拳曲而不可以爲棟樑。俯而視其大根，則軸解而不可以爲棺槨。咶其葉，則口爛而爲傷。嗅之，則使人狂酲，三日不已。子綦曰：此果不材之木也，以至此其大也。嗟乎！神人以此不材。宋有荊氏者，宜楸柏桑。其拱把而上者，求狙猴之杙者斬之。三圍四圍，求高名之麗者斬之。七圍八圍，貴人富商之家，求禪傍者斬之。故未終其天年，而中道夭於斧斤，此材之患也。（〈人間世〉）

此寓言是借南伯子綦爲說，並用對比的方式凸顯神人以不材而終其天年。至於求爲世用者則如文木的夭於斧斤而不能終天年。所以，不材而能成其大；材用而夭於斧斤，其材與不材的取向，不材而材的價値轉換，又在莊子的超越境界中展現。又

莊子行於山中，見大木，枝葉盛茂，伐木者止其旁而不取也。問其故？曰：無所可用。莊子曰：此木以不材得終其天年夫。子出於山，舍於故人之家。故人喜，命豎子殺雁而烹之。豎子請曰：其一能鳴；其一不能鳴，請奚殺？主人曰：殺不能鳴者。明日，弟子問於莊子曰：昨日山中之木，以不材得終其天年；今主人之雁以不材死。先生將何處？莊子笑曰：周將處夫材與不材之間。似之而非也，故未免乎累。若夫乘道德而浮游，則不然。無譽無訾，一龍一蛇，與時俱化，而無肯專爲。一上一下，以和爲量。浮游乎萬物之祖，物物而不物於物，則胡可得而累邪？此神農、黃帝之法則也。（山木）

山木以不材而成其大；雁以不鳴而死。是人落入材與不材的理念定執，遂有無所適從的困難。而《莊子》所說的：「周將處夫材與不材之間」，並非推諉兩可的閃爍；而是專就內在精神超越爲言的。以明徹通觀的心靈，平等觀照現象萬物，則外界事物與內在精神契合爲一，而無內外之分。既無內外之分，則材與不材的抉擇，一如人自身的手足，隨心所欲而自由適得。

㈡生死一體

莊子以爲俗人受到樂生哀死的拘限，因而指出：

死生，命也。其有夜旦之常，天也。……夫人大塊載我以形，勞我以生，佚我以老，

息我以死。故善吾生者，乃所以善死也。（〈大宗師〉）

死生是命運之行，如天道的自然遂行。且「大塊載我以形，勞我以生，佚我以老，息我以死」。又何必執著於樂生哀死的定限呢？所以，「善吾生者，乃所以善吾死也」。順循自然天道的遂行，超越的觀照，則生死如晝夜的必然常道，「死之道即是生也」（程子之說），此即生死一體的共通。又

老聃死，秦失弔之，三號而出。弟子曰：非夫子之友邪？曰：然。然，則弔焉若此，可乎？曰：然。始也，吾以爲其人也；而今非也。向吾人而弔焉，有老者哭之，如哭其子；少者哭之，如哭其母。彼其所以會之，必有不蘄言而言，不蘄哭而哭者。是遁天倍情，忘其所受，古者謂之遁天之刑。適來，夫子時也；適去，夫子順也。安時而處順，哀樂不能入也。古者謂是帝之縣解。指窮於爲薪；火傳也，不知其盡也。

（〈養生主〉）

此寓言首先借祭弔老聃之死，三號而出的秦失是破除俗人的哀死的我執。繼而，以超拔的內在精神爲之通觀，以死生如夜旦的往來，乃天地自然的運行。是死生爲天地自然之性。故「安時而處順，哀樂不能入」，是「帝之縣解」的「休乎天均」。再者，「薪盡而火傳，有不盡者存也。太虛往來之氣，人得之以生，猶薪之傳火也，其來也無與拒，其去也無與留，

極乎薪而止矣。而薪自火也，火自傳也，取以爲無盡也。」（郭嵩燾注）是死生之情如薪盡火傳，循環無盡，而死猶生也。

除此寓言外，在〈大宗師〉也有曲達死生爲一體的連章寓言。⑫

> 子祀、子輿、子犁、子來四人相與語。曰：孰能以無爲首，以生爲脊，以死爲尻？孰知生死存亡之一體者，吾與之友矣。四人相視而笑，莫逆於心。……俄而子來有病，喘喘然將死。其妻子環而泣之。……子來曰：……夫大塊載我以形，勞我以生，佚我以老，息我以死。故善吾者，乃所以善吾死也。今大冶鑄金。金踴躍曰：我且必爲鏌鋣。大冶必以爲不祥之金。今一犯人之形，而曰人耳人耳。夫造物者必以爲不祥之人。今一以天地爲鑪，以造化爲大冶，惡乎往而不可哉。成（武延緒曰：成釋文一本作俄）然寢，遽然覺。
>
> 子桑戶、孟子反、子琴張三人相與友。曰：孰能相與於無相與，相爲於無相爲？孰能登天遊霧，撓挑無極，相忘以生，無所終窮？三人相視而笑，莫逆於心，遂相與友。

首、尻、脊是人的肢體，而「以生爲脊，以死爲尻」，則生死爲一體。

---

⑫《莊子》書中有就一意義而層層推衍出數個寓言的記載，稱之曰「連章寓言」。這種連章寓言屢見於《莊子》書中。就文章結構而言，連章寓言的組合，誠爲《莊子》文學的特色之一。

> ……孔子曰：彼，遊方之外者也。……彼方且與造物者爲人，而遊乎天地之一氣。彼以生爲附贅縣疣，以死爲決疣潰癰。夫若然者，又惡知死生先後之所在。假於異物，託於同體。忘其肝膽，遺其耳目。反覆終始，不可端倪。芒然徬徨乎塵垢之外，逍遙乎無爲之業。

由於子桑戶、孟子反、子琴張三人相與「遊乎天地之一氣」的精神逍遙。故能外其形軀，生死存亡一如身外的異物，皆可相忘，若魚相造乎水；而相忘乎江湖。所以，不悅生，也不哀死。

> 顏回問仲尼曰：孟孫才其母死，器泣無涕，中心不感，居喪不哀。無是三者，以善喪蓋魯國，固有無其實而得其名者乎？回一怪之。仲尼曰：……孟孫比不知所以生，不知所以死。不知就先，不知就後。若化爲物，以待其所不知之化已乎。且方將化，惡知不化哉？方將不化，惡知已化哉？……安排而去化，乃入於寥天一。

此就形上超越的境界觀照死生之情。死生既爲天道流行的必然現象，安於天道的排適，親死是無所避就的，故人哭亦哭，無矯常情；然而通過精神的飛揚提升，而與化俱往，「入於寥天一」的境界中，則死生如日夜的相代，循環往復，無終無始。則「不知所以生，不知所以死」，故能安化死生的哀樂。

(三)是非無辯

人間世的一切是非爭論都由於偏執我見所產生的。《莊子》通過「吾喪我」的修養提升，「我」是封閉定執的形軀我；「吾」則是開放自由的眞宰。「吾喪我」是摒除偏執與獨斷之後所呈現的眞宰，而在眞宰的觀照下，萬物與我爲一，人間萬物現象都呈顯出通體和諧的狀態。一切的是非爭論也就不齊而齊了。

瞿鵲子問乎長梧子曰：吾聞諸夫子，聖人不從事於務，不就利，不違害，不喜求，不緣道。無謂有謂，有謂無謂。而遊乎塵垢之外。夫子以爲孟浪之言，而我以爲妙道之行也。吾子以爲奚若？長梧子曰：是黃帝之所聽熒也，而丘也何足以知之。且女亦大早計，見卵而求時夜，見彈而求鴞炙。予嘗爲女妄言之，女亦妄聽之。奚？旁日月，挾宇宙，爲其脗合，置其滑涽，以隸相尊。眾人役役；聖人愚芚，參萬歲而一成純。萬物盡然，而以是相蘊。……萬世之後而遇一大聖，知其解者，是旦暮遇之也。既使我與若辯矣。若勝我，我不若勝，若果是也；我果非也邪？我勝若，若不吾勝，我果是也；而果非也邪？其或是也，其或非也邪？其俱是也，其俱非也邪？我與若不能相知也，則人固受其黮闇。吾誰使正之？使同乎若者正之，既與若同矣，惡能正之？使同乎我者正之，既同乎我矣，惡能正之？使異乎我與若者正之，既異乎我與若矣，惡能正之？使同乎我與若者正之，既同乎我與若矣，惡能正之？然則我與若，與人，俱不能相知也，而待破也邪？何謂和之以天倪？曰：是不是，然不然。是若果是也，則是之異乎不是也亦無辯。然果然也，則然之異乎不然也亦無辯。化聲之相待，若其不相待，和之以天倪，因之以曼衍，所以窮年也。忘年忘義，振於無竟，故寓諸無竟。（〈齊物論〉）

由於言隱於榮華，故有是非爭辯。又因爲有我見的偏執，「自彼則不見，自知則知之」（〈齊物論〉），故有人我是非的爭執。如此，往復循環，終陷入無窮的是非與爭執中。既使有第三者公正，亦未必有公論。所以，《莊子》不由因是因非，因非因是的不定循環著眼；而照之於天的兩行天均。以超越的觀照，泯除我執的定限與人我的扞隔，則是與非，然與不然皆無辯了。因爲「吹萬不同，而使其自己也，咸其自取，怒者其誰邪？」（〈齊物論〉）又如王邦雄先生所論的：

> 蓋風透過萬竅怒呺，以來顯與完成其自身，吾人亦可透過天地萬象，以上體天道的存在。以天籟超越經驗界，故以「怒者其誰邪」的反問，以逼顯天道的存在。⓭

是莊子以上契天道自然的境界的超越觀照，而有物我同體肯定的徹悟。至於莊子如何天人相接而物我爲一，是非無辯呢？王先生又說：

⓭ 徵引王徵引王邦雄先生〈莊子哲學的生命精神〉之文。

> 風一而聲殊，是爲地籟；宇宙人生一而情態知見多，是爲人籟。每一竅皆各有其特立之存在形狀，每一人亦各有其獨行的生命歷程，故就每一竅的自取之聲，每一人的自得之見而言，雖不免有限，然既來自同體之一是以雖彼此有異，人我不同，亦同屬眞實的自然之音。莊子就由此一存有的眞實，來確立其天地萬有的平等觀，是爲物我的同體肯定。是以，天籟之全必在萬竅怒呺的整體中尋求；天籟之眞，亦必在人我生命之見的相互攝受中才能獲致。由是而言，莊子並不想止眾聲，息眾論。若此則宇宙固斷滅，而人生亦告死寂，天籟又何以藉而顯現其自身？何況，風本常在，心亦常存，言求其無風無心而後眾聲眾論息，根本就悖離了存有之常理。依吾人之見，莊子僅志在表明一竅之鳴乃地籟之一，一家之見乃人籟之一，具有其限制，而非即宇宙的全貌，與生命的眞相。天籟本無聲無形，吾人惟有在地籟人籟的全體眞音中去證悟契入。⑭

是天籟雖無聲無形，却爲冲虛的。正因爲冲虛，故能涵容天地萬物的聲息，是自然，平等地兼收並色。而人的體悟天籟的自然平等，則從喪我無己的修養工夫，超越由感官所定執的形象牽扯，來證悟。進而，由天人契合的眞宰明照通觀，則天地萬象都是和諧的，我與物也是同體，是「物固有所然，物固有所可，無物不然，無物不可」（〈齊物論〉）的因是兩行，休乎天均。又豈爲我是若勝的偏執而爭辯不休呢？

---

⑭ 同上。

(四)有無共通

是非的無辯是通過喪我無己而物我冥合的明徹來觀照；而有無的共通，則經由莊子的物化來呈顯。

> 昔者莊周夢爲胡蝶，栩栩然胡蝶，自喻適志與，不知周也。俄然覺，則蘧蘧然周也。不知周之夢爲胡蝶與？胡蝶之夢爲周與？周與胡蝶則必有分矣。此之謂物化。（〈齊物論〉）

物化者，就萬物的本身而言，各有其形軀，皆有分別象。然就變化的觀點著眼，人的生死，是生而有其身；死而血肉消解。蝶蟲的蛻變，爲蝶則非蟲；是蟲則非蝶。此自身形軀的變化如日月代行的天道律則，是自然現象。所以，就變化的律則而言，人與我是通體的，萬物異類是合一的。此之謂物化。若以物化觀點人間諸象，一切外在現象，如利害得失，貴賤榮辱都不會束縛心靈的自由適得。因此，外在現象是有；其不束縛心靈，又是無，在物化的觀點下，有無是共通的。至於人於我，雖是「假於異物」；但是是同源於造化之天，實乃「託於同體」。所以，莊周夢蝶，雖無莊子的自身；卻有蝴蝶自喻適志的逍遙。覺而爲周，雖無蝴蝶的逍遙；卻有曉悟物化，精神調適上遂的莊子。故以物化爲觀點，物我的有無是共通的；而此有無的共通其實又契合於宇宙自然的有無共通的律則。此契合黃錦鋐先生引〈齊物論〉

> 有有也者，有無也者，有未始有無也者，有未始有夫未始有無也者。俄而有無矣！而

> 未知有無之果孰有孰無也。

而申論道：

> 莊子以宇宙萬物是一種有無共通的構體，說宇宙萬物是有吧，而萬物都是在不斷的變動中，有者已經在改變，不是原來的有，只是一個無而已。但無者不能存在，又是寄寓於有。⑮

是就物化的觀點持論，宇宙確實是一個有無共通的整合體。有無往復，薪盡火傳，「振於無竟，故寓諸無竟」（〈齊物論〉）。此變化之宗是永無窮盡的。然則吾人在此有無的共通契合中可體悟《莊子》天、人、物通體和諧的理想領域。倘使吾人專注於物化的修證，其超拔上揚，則契合於天道變化的律則，其觀照現象，則泯除我執的偏見而人我爲一。所以，《莊子》天人相接，物我冥合的思想體系，經由物化的體悟而得到印證。

綜合以上的論述，剖析《莊子》的義理架構，吾人可以發現：由於人的心齋坐忘，精神上揚，遨遊於自由逍遙的理想境域；又由於人的明徹通觀，物我冥合，下攝人間世萬物現象的通體和諧。因此，人的位格因爲《莊子》的發揚凸顯，而得到肯定。換言之，《莊子》思想所展現的是人的哲學，且由於人的精神主體修證而天人相接，物我同體。

---

⑮ 徵引自黃錦鋐先生〈莊子的共通律及其對文學理論之影響〉的論述。

附錄(二) 《莊子》內篇的轉換義

一、轉換義

所謂轉換，是反省現有俗成的價值觀，從自然界、人間世普遍存在的事象，及主觀的精神主體，肯定實存的價值。反省俗成的價值觀是精神主體的超越性：就存在說明其有價值是觀照。是故，在超越的觀點下，俗成價值轉換了。而此轉換價值義，乃《老子》和《莊子》共同關懷的命題。

「無爲之益，天下希及之。」（老子四三章）爲是人爲，其極致在於美善境界的達成。美善本是人生理想的歸趨。《老子》的復歸於自然，《莊子》的人間世的逍遙，何嘗不是在這一層說，然則美善一旦落入事理的判別，我是彼非的爭辯；外在可欲事物的追求，美好珍玩的蒐羅，則不美不善了，故《老子》的「無爲」是對世俗尙賢，貴難得之貨的價值觀所作的反省。蓋以尙賢則有我是彼非的爭論：而政治結構的秩序，乃因爲賢與不肖的判別，寵辱毀譽的得失，而紛雜殽亂了。故曰：「天下皆知美之爲美，斯惡已，皆知善之爲善，斯不善已」（二章）。再者，縱情於耳目口腹之慾，或導致心亂，口爽的地步，而難得之貨的收藏，則不免於盜竊亂賊的滋生❶。是以，人間世遂充斥著貪多務得，是非爭辯不已的現象。故轉換此俗成價值，「不尚賢，不貴難得之貨，不見可欲」，則有「不爭，不爲盜，心不亂」之益❷。而《老子》所謂「無爲益」的轉換義，乃取譬於水善萬利而無爭；江海處卑下而能匯百川❸，印證於「人之生也柔弱，其死也堅強」（七六章），說明柔弱，卑下的存在價值，無爭而復歸素樸自然的意義。

《莊子・逍遙遊》：「宋人資章甫而適諸越，越人斷髮文身，無所用之。」成玄疏：「章甫，冠名。章甫本充首飾，必須雲鬟承冠，越人斷髮文身，資貨便成無用。」章甫儒冠之資貨，是俗定的價值，然則求售於無所用之地，有用的價值，頓然轉變成一文不值的累贅。此爲莊子於俗用價值的反省。再者，

> 民濕寢則腰疾偏死，鰌然乎哉？木處則惴慄恂懼，猨猴然乎哉？三者孰知正處。毛嬙、麗姬，人之所美也，魚見之深入，鳥見之高飛，麋鹿見之決驟，四者孰知天下

---

❶ 取義於《老子》十二章：「五色令人目盲；五音令人耳聾；五味令人口爽；馳騁攻獵，令人發狂。」

❷ 引用《老子》第三章：「不尚賢，使民不爭；不貴難得之貨，使民不爲盜；不見可欲，使民心不亂」之義。

❸ 水善利萬物而不爭，爲《老子》第八章之文。江海處卑下而能匯百川則引用六十六章「江海所以能爲百谷王者，以其善下之」之義。

之正色哉？（〈齊物論〉）

鰌魚悠遊於江河之中，猨猴遨遊於山林之間，誠逍遙自得；然吾人處之，則驚懼失措。毛嬙、麗姬爲傾城之絕色，但鳥獸蟲魚見之，則飛馳深潛。由此觀之，吾人所制定的是非判斷，放諸自然界中，便有了轉換。此爲莊子從自然現象，對俗成價值反省。

章甫之用，至越變成無用，人所謂的美色，就異類觀之，則不以然。所以，俗定的材用，是非的成心，乃是就自我本位說。《莊子》的轉換義即就自我本位的反省上立。蓋面對人生的生死、是非有兩難困境，乃因心知的執著和情識的糾結。換句話說，樂生哀死，趨利避害，我是的執著，是人間世的共相，然則有死有生，利害相生，是非對待，又是自然界的通理，以是，共相與通理交結，便造成生存的困難。故莊子反省此一鬱結現象，通過自然存在的客觀事象，及精神主體的超越性觀照，轉換俗成約定的價值取向，肯定吾人的存在價值。

二、深沈反省

春秋以來，人文精神逐漸凸顯，先秦諸子所關懷的是人間世的社會、政治及生存問題。或安仁行義，恢復禮文；或主張兼愛非攻；或致力於富國強兵的王霸政治。而莊子則著眼於人生問題，即反省人間世所存在的人我扞隔和生存困苦。因爲我見的執著而有是非的爭辯；因爲價值取向的唯一性而導致生存空間的狹隘。換言之，莊子的思想即在人生諸問題的反省下開展出來。

> 是非之塗，樊然殽亂，吾惡能知其辯。（〈齊物論〉）

此爲莊子於人間世之是非言辯的反省。因爲人間世存在是者爲善，有用；非者爲不善，無用的約定，而人的價值觀又以善、有用爲上。以故，勞神明於唯一的是，善與有用，而造成我見的執著。一旦與人相接，由於「自彼則不見，自知則知之」，即產生分別與對立，凡是同於己者，即爲是，爲善；異於己者即爲非，爲不善。一有爭端，則如機括之發而無休止。以故，是非不一，論辯不休，人間世便紛擾不安。

> 予惡乎知說生之非惑邪？予惡乎知惡死之非弱喪而不知歸者邪？……予惡乎知夫死者不悔其始之蘄生乎？（〈齊物論〉）

樂生哀死爲人間世的常情；莊子則以爲哀樂之情乃違反自然常道與人有死有生的必然現象。蓋「死生命也，其有夜旦之常也」（〈大宗師〉），人的死與生如天道的日月運行，有日夜寒暑，如大地的萬物，有生殺榮枯。再就人間世的諸象而言，若以生爲可樂，死爲哀傷，以致於求長生而畏懼死亡，則生而有死的恐懼。或者生而有無窮是非的爭端；追求榮華的負累，以致於仰鬱以終，則哀死樂生，果眞是大惑不解，迷途而不知返。

> 遊於羿之彀中，中央者中地也，然而不中者，命也。（〈德充符〉）

人所生存的人間世猶如羿的射靶。市井鄉民爲了寸頭小利的營求，而有詈罵鬥毆的紛爭。類似於靶心的朝廷遊宦，其是非善惡的爭辯，榮辱得失的汲求，固如「自狀其過，以不當亡者衆；不自狀其過，以不當存者寡」（〈德充符〉），全以自身的權益爲著眼，凡所經營者非斗筲之利，故所牽涉的是身家性命，存亡的關係，其中受傷害則勝於漫罵。加以龍顏的恩辱，繫以喜怒爲用，一旦觸犯逆鱗，輕則貶官流放，鞭笞受刑；重則身首異處，族滅坑殺。如此朝野，「天下之刖者多矣」❹，形驅不受污辱刑戮，殆幾希矣。故《莊子》所謂的「然而不中者，命也」，乃針對時代政治的反省而言，蓋處身於這樣的時代，得免於爭亂與受辱者，實在是很萬幸的。此爲莊子於強霸思想，求爲有用的反省，其價值轉換義，亦在此深沉的反省下產生。既不得免於官宦，則安之若命，亦即，面對此一時勢，既不強求有所作爲，亦不逃避命義之行。此爲莊子轉換義之所在。

三、現象證成

《莊子》的轉換義，一者源自人間世執取而致糾結的深沉反省，即反省心知是非的我執與求爲有用，樂生哀死的情識仰鬱，所造成價值取向的偏差。一者則由現象界天地生成萬物的自然義來證成。《莊子》曰：

---

❹ 所引者爲《韓非子·和氏》第十一之文。

夫吹萬不同，而使其自己也，咸其自取，怒者其誰邪？（〈齊物論〉）

萬物的生成形狀，如大木之竅穴，雖有「似鼻、似口、似耳、似枅、似圈、似臼、似洼者、似污者」的差異，而皆存在著。其稟受於四時寒暑，日月陰陽，天地之正，六氣之辨，以故，有榮枯消長，則又相同。如山林衆竅之受於大塊之噫氣，「泠風則小和，飄風則大和，厲風濟，則衆竅爲虛」。由此以觀人間世的衆生，形軀雖有差異，如竅穴的不同，而皆生成如此。所發之聲，所吹之音，雖抑揚頓挫，不一而足；如萝竅之怒號，雖有「激者、謞者、叱者、吸者、叫者、譹者、宎者、咬者」的殊異，而皆爲自然界的天籟。故郭象曰：「物皆自得之耳。」成玄英復申明郭象之義而曰：「自取由自得也。言風竅不同，形聲乃異，至於各自取足，未始不齊。群生紛紛，萬象參差，分內自取，未嘗不足。」蓋生靈萬物因爲承受天地的遮覆而生存；得到陰陽調和之氣而長成。形軀有大小的差異，聲音有高低的不同，是自然而然的。由此以推之，若視其所爲發聲，亦自然如此，則不齊而齊了。❺

此《莊子》以天生不齊同的自然現象，證成其「因其固然」（〈養生主〉）的轉換義。亦即人的生死如萬物的榮枯，壽夭不同亦如朝菌與大椿的差異，乃自然天生如此。而人間世的諸說不齊同，如衆竅、比竹的宮商不一，是造物者的氣息所致。故萬端諸說雖不齊，若因其固然，則自然玄同了。再者

❺ 此段文義或引《莊子·齊物論》之文而稍略；或用郭象注，成玄英疏而申述〈齊物論〉之義。

百骸、九竅、六藏，賅而存焉。（〈齊物論〉）

耳目口鼻形能各有司職，雖不相能，皆自然具全於生靈形軀之中。由此以觀人間世，生民百態，雖有俗定所謂的賢與不肖，材與不材，得與失、福與禍、榮與辱不齊，然吾人各有所長，亦各有所短，際遇雖相對而相倚，要皆自然而然。豈因不齊平而相輕相非，或執著於唯一價值觀的追求，而致「慮嘆變慹」（〈齊物論〉），爭亂窘迫呢？

此《莊子》通過現象界諸象乃天生自然如此的事實，反省俗成約定之價值取向與是非判斷所造的偏執，而有因其自然，安排去化與天地爲一，物我冥合的轉換價值義。

四、精神主體的超越

莊子思想蓋淵源於老聃，關尹及隱者，如接輿等先驅道家之因其自然的思想；又私淑孔子、顏回之安仁無憂之樂；浸染於宋國文化，卑弱而自持的傳承❻，及自身對於時代整體文化、社會、政治之深沉反省，而有「獨與天地精神往來，而不敖倪於萬物；不譴是非，以與

❻ 莊子私淑孔、顏精神者，本王邦雄先生之主張，說見〈莊子哲學的生命精神〉（收載《中國哲學論集》學生書局，七五年二月出版）。淵源於道家先驅及浸染於宋國文化之說者，則是福永光司之主張，說見《莊子》之解說，（此書是朝日新聞社，一九七八年八月發行）。

世俗處，（〈天下篇〉）之既超越又內在的思想。以其精神主體有超越性，於人間世有關懷，故能解脫人間世的執著與糾結的桎梏，其曰：

> 乘天地之正，而御六氣之辨，以遊無窮者。（〈逍遙遊〉）

日月四時的循環運行，風雨陰陽的變化無常，要皆自然天理。以精神主體能順其正，應其變，因其自然，故自在適得，遊於逍遙之場。此莊子之精神主體爲超越性之所在。然則精神主體何以有超越性的可能？即〈逍遙遊〉所說的「無功、無己、無名」的體驗境界。亦即能化解利害之端的汲求，死生情愛的過分執著而忘我外物，則能精神逍遙自得，遊乎四海之外。以此觀物，則能肯定人間世的所有存在，皆有其所以存在的意義和價值。再進一步的說，精神主體的超越性，乃透過體驗修證的❼。如

> 北冥有魚，其名爲鯤。鯤之大，不知其幾千里也。化而爲鳥，其名爲鵬。鵬之背，不知其幾千里也。怒而飛，其翼若垂天之雲。是鳥也，海運則將徙於南冥，南冥者天池也。（〈逍遙遊〉）

---

❼ 本王邦雄先生之說，出處同前注。

北冥者，孳育萬物的胚胎所在，故鯤能由小而衍生爲大❽。至於能化，能乘雲氣，而遊乎四海之外的超越，則是由修養而致者。因爲「化」包含有鯤演化成鵬，是形軀的改變。膊扶搖而上，由胎源根據飛昇上九霄雲外，是生存空間的改變，然則本有形軀可以變化，是喪我，即沒有形軀執著所形成的負累。而生存空間可以改變，是超越，即沒有我是彼非，相非相彼的紛爭。故由於有「化」的涵養，乃能解脫飛昇而遊於南冥的逍遙境界。再者，

> 參日，而後能外天下。已外天下矣，吾又守之七日，而後能外物。已外物矣，吾又守之九日，而後能外生。已外生矣，而後能朝徹。朝徹而後能見獨。見獨而後能無古今。無古今而後能入於不死不生。（〈大宗師〉）

所謂參日、七日、九日之守而後能外天下等，是說明爲道的進程。由於有「守」，即涵養精神主體，故能逐次超越價值取向，我身的執著，達到明徹通觀的境界，而沒有身處於人間世的各種紛爭和拘限，或與古爲徒，或與今爲友，所適無不自得，以不執著於死生情愛，故沒有生的憂慮和死的哀傷。既不哀死樂生，即能「安時而處順」，故曰「不死不生」。此一精神主體的修證義，又載記於內篇的諸敘述。如〈逍遙遊〉所論，「知效一官，行此一鄉，德合一君，而徵一國者」，是世俗的價值觀，即成就功名的一般取向。然則「宋榮子猶然笑

---

❽ 方以智《藥地炮莊》曰：「鯤，本小魚之名，莊子用爲大魚之名。」而此冥爲胎源，故鯤能由小而大，則取義於憨山大師《莊子內篇注》。

之」，以其「滯於爵祿」（成玄英疏），不能「外天下」，不免有汲汲榮名而爭奪的負累。其次「舉世而譽之，而不加勸；舉世非之而不加沮，定乎內外之分，辯乎榮辱之境」，即不以毀譽榮辱內傷其身，亦即不從事於務，而無是非的爭論；不喜求，而無得失的在意。故曰此類人未汲汲於求爲世用。然則爲「全身保眞」，執著於形軀之不害傷害，故曰能外天下、外物而猶不能忘身。其次，「御風而行，冷然善也」，則能外生而遺身獨立，超然於物象之外，然則不能因任自然，故不能逍遙於自由之域。唯生存於人間世，而忘身外物，物我冥合，因是兩行，合乎天理，故能「乘天地之正，而御六氣之辯，以遊無窮。」又

> 至人神矣，大澤焚而不能熱，河漢沍而不能寒，疾雷破山，風振海，而不能驚。若然者，乘雲氣，騎日月，而遊乎四海之外，死生無變於己，而況利害之端乎。（〈齊物論〉）

「若然者」之前的敘述是修爲的工夫；之後的則是境界的敘述。至人之所以神，在於忘身、外死生，安其所處，順其自然。故能超越世俗的妄執，精神主體乃得以順遂悠遊。以是而遊於人間世，既沒有死生情愛的執著，也沒有是非利益的爭端，所以精神主體之能超越而神遊人間世。即由於喪我、誠忘❾而致者。此一工夫而境界的義理，「心齋」、「坐忘」與「庖

---

❾《莊子・德充符》：「人不忘其所忘，而忘其所不忘，此謂誠忘。」所不忘者形軀，情愛的執著。所忘者齊同的肯定。故化解執著，肯定齊同與存在價值，乃是無負累，而自在自得。

丁解牛」之含蘊皆相符合。

庖丁之解牛，其初「所見無非牛者」，蓋比喻縱身於人間世的紛擾之中，而不知如何自處。「三年之後，未嘗見全牛」，則知是非利益之辨，而未必能解脫。至十九年之解牛，「以神遇而不以目視，官知止而神欲行，依乎天理，批大卻，導大窾，因其固然，技經肯綮之未嘗」，而「遊刃有餘」❿。所謂「不以目視，官知止」，即解脫心知、情識的欲求，既不聽之以耳，亦無任之以心，因此精神主體乃得以超越官能欲求，心知執見，以此觀照人間世，則能因是兩行，如庖丁解牛，「以無厚入有間，恢恢乎，其於遊刃，必有餘地矣。」再者，庖丁解牛乃「道也，進乎技矣」，則「牛」以喻人間世，其解牛技巧的前後差異，則是進道歷程，以逐次超越，而至與天理冥合的境界。以之而遊人間世，乃能「十九年而刀刃若新發於硎」，蓋以齊同的觀點，肯定人我存在的意義而應世，故能逍遙自在。至於〈大宗師〉篇借孔、顏申明竹的「坐忘」，也清楚地指出精神主體的修證進程。即由「忘仁義」而「忘禮義」而「墮肢體，黜聰明，離形去知，同於大通」的「坐忘」。仁爲儒家的思想本體；義爲道德之用，是利害是非之辨根據。禮樂則爲仁義的發用，爲人文制約和行爲規範。所謂義利之辨，君子與小人之分，固然有聖賢與不肖之別，然則「德蕩乎名，知出乎爭」（〈人間世〉），道德和禮義適足以爭亂的根源，故《莊子》以爲「仁義之端，是非之塗，樊然殽亂」

---

❿ 引《莊子・養生主》庖丁解牛之文。

(〈齊物論〉)。故超越發用的本體；解脫制約規範，則無擔負之累，是非之爭，而物我相接而相通。亦即〈德充符〉之德不形，無成德與否的差異分別價值，物不離析，亦不謂和，故能隨任所適，「死生存亡，窮達貧富，賢與不肖，毀譽，飢渴，寒暑」，皆必然存在著，而安之若命。如是，精神主體涵養而成，乃能超越觀點，而有價值轉換義，肯定存在義。

五、轉換義的事例

(一)生死夢覺

麗之姬，艾封人之子也。晉國之始得之也，涕泣沾襟；及至於王所，與王同筐牀，食芻豢，而後悔其泣也。(〈齊物論〉)

麗姬之所以哭泣者，是因爲有去國懷鄉的淒苦。而生離如同死別的感傷固人之常情。一旦承受晉獻公的寵，享受榮華富貴，豈是出身於守備封疆之家的女子企望所及的。故因爲離別親戚，眷戀鄉井而悲慟；或因爲蒙受恩寵，極盡珍物慾得的滿足而歡樂，都是理所當然。然則《莊子》爲何以「後悔」之義，反省此當然之理和人情之常呢？蓋以人有悲歡離合，如天理之常；豈以際遇的差異，而哀喜爲用。再者，悔不當初的感嘆，或用情於窮達的境遇；或因執於善惡的辨別，而不免於迷惘的困惑，因爲「夢飲酒者，旦而哭泣；夢哭泣者，旦而田獵。

方其夢也，不知其夢也，夢之中，又占其夢焉」。則不知夢境爲實事，抑或實事之爲夢境。所以，一旦夢覺不辨，則迷妄終身，不得解脫，故需有大覺的涵養，超越執迷的樊囿，然後知解夢覺的眞諦。然則大覺何得而養？夢覺之義爲何？《莊子》曰：

昔者莊周夢爲胡蝶，栩栩然胡蝶也，自喻適志，不知周也。俄然覺，則蘧蘧然周也。不知周之夢爲胡蝶與？胡蝶之夢爲周與？周與胡蝶則必有分矣，此之謂物化。（齊物論）

由「栩栩然胡蝶也，蘧蘧然周也」，而「不知周之夢爲與？胡蝶之夢爲周與」？而「周與胡蝶必有分矣」，是大覺的進程。夢爲胡蝶，適志自在，冷然善也，夢醒則回復爲生存於人間的莊周。人間世生活的莊周是實體，若無能解脫形軀是未必善；胡蝶逍遙自得，却是虛幻，是故虛者爲善；實者未必善。此爲第一義。莊周夢蝶，抑或蝶夢爲莊周，即虛幻爲眞，或實存爲眞的存疑，與虛實爲善或不善的困惑。此爲第二義。然則人與物自有其定分，善或不善皆眞實存有，即就存在即有其位觀之，變易或不易皆有其存在意義，乃自然天理的法則。故覺時爲人，則不與接爲構，不以心鬥，死生夢覺皆無變於己；夢爲胡蝶，則自由自在，了無遠志成器的掛礙，即所在皆逍遙的大覺。此爲夢覺的眞義。由此以論人間世的死生觀，乃有以死生存亡爲一體，「安排而去化」之義轉換世俗樂死哀死的取向。

老聃死，秦失弔之，三號而出，弟子曰非夫子之友邪？曰然。然則弔焉若此可乎？曰然。始也吾以爲其人也，而今非也。而吾入而弔焉，有老者哭之，如哭其子，少者哭之，如哭其母，彼其所以會之，必有不蘄言而言，不蘄哭而哭者，過遯天倍情，忘其所受，古者謂之遁天之刑。適來夫子時，適去夫子順也，安時而處順，哀樂不能入也，古者謂是帝之懸解。（〈養生主〉）

爲喪者哭，中心哀慼，是情愛的難以割捨。而至親之死，甚且有「雞斯徒跣」（〈士喪禮〉）的景象。要皆世俗哀死的常情。然而莊子則以爲人的生死如四時變化，草木的生榮枯殺，皆自然之事，即得時而生。自然而死。以故，因爲親友死亡而悲慟哀傷，乃違反自然天理。因此，秦失弔喪，三號而出是轉換人間世情愛的執著，而以安其生，順其死之義解脫世人執取的繫累，免於因愛戀而懸念，憂慮而苦痛的困擾。此「安時而處順」的生死觀又載見於〈大宗師〉。

子祀、子輿、子犂、子來四人相與語曰：孰能以無爲首，以生爲脊，以死爲尻。孰知死生存亡之一體者，吾與之友矣。

所謂以生死存亡爲一體，是將人的生、老、病、死的必然過程，看做是一個整體，如人的官能，自然具全於形軀之中，是生而自有。即有生，就有亡，乃是自然現象。由之反省人間世的樂生、憂老、苦病、哀死之生存觀，爲不祥，爲糾結而不能懸解。鑑於汲汲於求生存以致糾纏不能自解的愁苦，《莊子》乃有安順生死爲自然之常的轉換義。其曰：

> 父母於子，東西南北，唯命之從。陰陽於人，不翅於父母。彼近吾死，而我不聽，我則悍矣，彼何罪焉。夫大塊載我以形，勞我以生，佚我以老，息我以死。故善吾生者，乃所以善死也。今之大冶鑄金，金踴躍曰我且必爲鏌鋣，大冶必以爲不祥之金。今一犯人之形，而曰人耳人耳。夫造化者必以爲不祥之人。今一以天地爲大鑪，以造化爲大冶，惡乎往而不可哉，成然寐，蘧然覺。（〈大宗師〉）

人之受命於天，猶子女之聽命於父母。性命之行，有生有死，是義也，爲必然之事，既不可逃，亦無可違。若執意於生的可樂，則不免有不能遂願的遺憾和失落的恐懼。果眞人的生存有著恐懼，則生豈不是如「附贅縣疣」，而死又何嘗不是「決疣潰癰」⑪，故曰「大塊載我以形，勞我以生，佚我以老，息我以死」。蓋以生而有是非之爭，得失的擔憂等困苦，則死何嘗不是息止。再者，以自然的循環觀之，則生爲出，而死便是歸。故因任自然，不以生爲樂，死爲憂，乃能所逼皆自在。又

> 顏回問仲尼曰：孟孫才其母死，哭泣無涕，中心不戚，居喪不哀，無是三者，以善處喪蓋魯國，固有無其實而得其名者乎，回壹怪之。（〈大宗師〉）

---

⑪ 此二句引自《莊子．大宗師》，「以生爲附贅縣疣，以死爲決疣潰癰。」

親死而哭泣哀號，戚傷悲痛，乃孝子的常態表現。這是儒家於事親的反省，蓋在世則定省不違，死則無限哀慼，愼其終，居其喪。才是人間世的至孝和至情。然則《莊子》於儒家之喪祀儀節，必守喪三年、一年、三月等者；或愼愴苦楚，形毀骨立，幾至哀慟欲絕，乃爲盡孝，不免拘禮太甚。其以爲父子之親，義也，故敬事不違，是天經地義的⑫。而人之生死有常，既不可違，也無所逃。故生而有親，是義；死而視之如歸，安之若命，是自然之常。故曰：「孟孫才其母死，哭泣無涕，中心不戚，居喪不哀，無是三者，以善處喪蓋魯國。」蓋以孟孫才「有骸形而無損心，有旦宅而無情」，即有人之形而無人之情，以生死存亡爲一體，視死生爲自然的變化。以不因爲情愛的執著而內傷其身的超越性處於人世。又能因其固然，「人哭亦哭」（〈大宗師〉），而順應時俗，與物冥合的內在於世。此之謂「善處喪」。此義即是《莊子》轉換世俗生死觀的所在。蓋有人之形，且合同於俗，故居喪哭泣，以父子之親，義也。然則不戚不哀而不損心，以死生如四時循環，萬物的生殺，即自然的天理如此。故內在於人間世而順應時宜；超越樂生哀死的俗義而因其自然，即《莊子》的轉換義。

㈡強霸政治的反省

方今之時，僅免刑焉。福輕乎羽，莫之知載；禍重乎地，莫之知避（〈人間世〉）

⑫ 取義於〈人間世〉：「事其親者，不擇地而安之，孝之至也。」

此爲《莊子》於時勢政治的反省。蓋當時的政治傾軋，縱橫奇詭。君主致力於國富兵強的王霸政治，則仁義王道之說則不得入聽，加以以利害得失爲生存的前提，而此前提又因權勢的轉移與利益的衡量爲尙，其原則就不是恒常不變的。以故，小事大，臣事君，便因爲主上的求利而喜怒爲用，以致左右爲難，要全身保眞就非易事，至於功成名就的汲求就更難。故曰：「福輕，禍重」。再者，

（養虎者）不敢以生物與之，爲其之之怒也。不敢以全物與之，爲其決之之怒也。時其飢飽，達其怒心。虎之與人異類，而媚養己者，順也，故其殺者，逆也。夫愛馬者以筐盛矢，以蜄盛溺。適有蚉虻僕緣，而拊之不時，則缺銜毀首碎胸。意有所至，而愛有所亡，可不愼邪？（〈人間世〉）

臣之事君，如養虎秣馬，要知其性，得其時宜，乃能承其歡心。否則，即便是曲意迎合，若拊之不時，反而招致殺身之禍。《莊子》之以虎、馬以喻人君，蓋以其善喜怒無常，操生殺之柄，故倉皇猝發，臣民輒爲之身首異處，胸裂屍分。是以有「輕用民死，死者以國景乎澤，若蕉」（〈人間世〉）的沈鬱指陳。以事此人主，若忠言直諫，只有速禍而已，如關龍逢，王子比干、伍子胥皆盡患竭誠而亡。若遊說與國，由於秉益交爭，則不免於奇巧譎詐的施用，或爲了不辱使命，而幾欲九死一生。所以，《莊子》有「傳兩喜、兩怒之言，天下之難者」的反省，畢竟此類情事「若不成，則必有人道之患；事若成則必有陰陽之患」（〈人間世〉）。

故又有事君遊宦，如「遊於羿之彀中。中央者，中地也，然而不中者，命也」（〈德充符〉）的感嘆。進而轉換政治有爲，名利汲求的價值取向，而以無爲是上，順其自然，安之若命爲依歸。

> 昔者堯攻叢枝胥敖，禹攻有扈，國爲虛厲，身爲刑戮。（〈人間世〉）

叢枝、胥敖、有扈並是蠻夷小國，堯、禹代之，固然有以仁伐不仁，誅暴禁亂，與禮儀教化之名正言順的名號。然則「國爲虛厲，身爲刑戮」，則是借之反省強霸政治。弱肉強食，大小併吞，固未嘗無理所當然以與正義之師，莫須有之罪名加焉而嘗其貪欲。是故，戰禍連延，幾無寧日，於此深沈反省，乃有無爲的轉換取向。

> 堯治天下之民，平海內之政，往見四子，藐姑射之山、汾水之陽，窅然喪其天下。（〈逍遙遊〉）

所謂「窅然喪其天下」，是功成不居，爲而不有的意義。亦即〈應帝王〉篇所說的明王之治，

> 功蓋天下，而似不自己。化貸萬物，而民弗恃。有莫舉名，使物自喜，立乎不測，而遊於無有者也。

乃胎源於《老子》「功成事遂，百姓皆謂我自然」（十七章）之義。即無所謂而爲，凡所成就，

皆出於百姓的常心，而自己達成的。故能「乘雲氣，御飛龍，而遊乎四海之外。」（〈逍遙遊〉）至於何以能「喪天下」？固然是不以物爲事而致者；然則因其自然，肯定所有存在者的存在價值，乃是「喪天下」之爲可能的根據。

昔者堯問於舜曰：我欲伐宗膾胥敖，南面而不釋然，其故何也？舜曰：夫三子者，猶存乎蓬艾之間，若不釋然，何哉？昔者十日並出，萬物皆照，而況德之進乎日者乎？（〈齊物論〉）

「不釋然」者，不自在。聖王之伐番國，本來是教化施恩，如風雨之潤澤，是德政。然莊子借之反省儒家禮儀教化所衍生的我是之執著，彼此的爭辯，及強霸一統思想所造成的大小攻伐，紛亂不已的現象，故有「南面而不釋然」轉換義，肯定存在的價值。即是弱小卑微如蓬艾，以風雨的博施，陰陽的調和而得以生長的情況，與參天喬木並無殊異。人君之德如日之「萬物皆照」，肯定生存的權利，因任其自然的存在，而不事併吞，乃能逍遙自在。

求爲有用，或爲名，或營利，是臣民的價值判斷。以故有「士不可不弘毅，任重而道遠（〈論語・泰伯〉）的道德擔負；或者奔走驅聘於諸侯之間，而得斗斛之祿。由於有負擔，企求而致不釋心，甚且有是非的爭執和利益的衝突。加以，所事之君，富強爲上而喜怒爲用，則臣下專務強爲造作，則不免於繫結而不能自解。所以莊子曰：

名也者相札也，知也者爭之器也。二者凶器，非所以盡行也。且德厚信矼，未達人氣，多聞不爭，未達人心。而強以仁義繩墨之言，術暴人之前者，是以人惡有其美也，命之曰菑人。菑人者必反菑之。（〈人間世〉）

成玄英疏解之曰：「札，傷也，夫矜名則更相毀損；顯智則爭競路興，故二者並凶禍之器，盡不可行於世。」再者，以仁義禮智自持而遊宦事君，固然是誠信忠實的君子；然則未嘗不會遭致猜忌而困惑危殆，畢竟「德厚信矼」，昭昭若鏡，人與人相對，則自顯不善而已，故「人惡有其美」，而構陷讒害之。此爲莊子於務求名利之反省。至於如何處亂世，事昏君，則是因應之而安之若命的自然。其以爲政治結構，社會倫常已然存在，無所逃憠，故對應之道，則是因是而安任之。

天下有大戒二，其一命也；其一義也。子之愛親，命也，不可解於心。臣之事君，義也，無適而非君也。無所逃於天地之間，是之謂大戒。是以夫事其親者，不擇地而安之，孝之至也。夫事其君者，不擇事而安之，忠之盛也。自事其心者，哀樂不易施乎前，知其不可奈何，而安之若命，德之至也。爲人臣子者，固有所不得已行事之情，而忘其身，何暇至於悅生而惡死。（〈人間世〉）

以臣子之事君父爲命義之行，乃於人間世之倫常秩序有極大的關懷，固非消極的退纓思想。

蓋以父子之親，君臣之義爲客觀事實的存在著。既是自然實存，則不擇事、不擇地而安之若命。以故，則不得失是非之悅樂，懊恨而內傷其身。所以，於事君一事而有安任之義。其曰：

> 入遊其樊，而無感其名。入則鳴，不入則止。無門無毒，一宅而寓於不得已，則幾已。

（〈人間世〉）

郭象解之曰：「放心自得之場，當於實有止，譬之宮商，應而無心，故曰鳴也。無心而應者，任彼耳，不強應也。使物自若，無門者也，付天下之自安。無毒者也，毒，治也。不得已者，理之必然者也。體至一之宅，而會乎必然之符者也。」則以因任自然，如比竹、萬竅之受於噫氣而有響應，爲遊宦之因應之道。此強霸政治之反省，而有安任隨適之轉換義。其清晰地體現，則是〈德充符〉所載魯哀公欲傳國與衛醜人哀駘它，而哀駘它的對應之道。

> 寡人傳國焉，悶然而後應，氾而若辭，寡人醜乎，卒授之國。無幾何也，去寡人而行。

人君之號令，無可違逆，故無可奈何而安之若命。然則明王之治，不弊弊以物爲事，唯以「百姓皆謂我自然」爲依歸。故「無幾何也，去寡人而行」，則是不以功名爲專務，因其自然，而逍遙於自得之場的轉換義之所在。

> 道行之而成，物謂之而然。物固有所然，物固有所可，無物不然，無物不可（〈齊物論〉）

有所然，有所可，無不然，無不可之義，乃莊子對於人間世的關懷。以俗成的價值取向與我是的執著，而形成爭端與不適，故有此超越性的反省和觀照，進而肯定人的存在價值。亦即於約定之局狹的價值觀，由於轉換義的作用，以自然界事物普遍存在的現象，印證人的實存意義。以萬物榮枯消長的必然循環，說明人間世情愛執著的偏差。是故以精神主體的超越性，觀照人間世的諸多偏執所衍生的困苦，而有安時處順的死生義；因是兩行而物我冥合的是非義；無可奈何而安之若命的政治觀等轉換取向，此一轉換義如下圖之架構

（世俗價值）	（轉換）	（超越價值）
樂生哀死	無	死生一體
我是彼非		物我冥合
用	化解	大用

亦即由於轉換的作用，解脫世俗價值取向之困苦，而體現超越價值，展開逍遙自在的境界。

附錄(三) 《莊子》內篇的實存義

一、實存義

反省周文的崩潰和儒家的仁義，《老子》有「絕聖棄智」、「絕仁棄義」的主張❶。亦即時代發生鉅變，舊有的禮制蕩然，雖然儒家欲以忠恕弘毅的道德擔負意志，匡救時弊；而《老子》則以爲仁義禮智的本質性之規範，內存道德的實踐而起振興重建之功的必然性義理，徒然造成樊然殽亂，無法體現的困頓而已。故其以爲絕棄儒家仁義禮智的本質規範及義理實踐，超越儒家所要重建的舊有周文禮制，轉而以素樸、無爲、復歸於自然和諧。❷

《莊子》承繼《老子》的超越性，進而轉化其素樸之形上義蘊，成爲觀照人間世的生命

❶ 引《老子》十九章：「絕聖棄智，民利百倍。絕仁棄義，民復孝慈」之文。

❷ 素樸、無爲、自然之義，乃《老子》思想主旨所在。其書屢見之，如二章、三章、十章等述無爲之義。十七章、二十三章、二十五章、五十一章等言自然。十九章、二十八章、三十二章、三十七章等明素樸之旨。

哲學。故《莊子》的思想，或有反省俗成的樂生哀死和我是彼非之價值取向所引發的困擾之轉換義；也有「化無入有」❸，肯定人間世既有存在的實體，即有其眞實價值的實存義。其轉換義一者源自人間世執取而致糾結的深沈反省，即反省心知是非的我執與求爲有用，樂生哀死的情識抑鬱，所造成偏差的價值取向。一者則由現象天地生成萬物的自然義，如萬竅之生成，五臟之各有司職，雖不齊同而皆存在。如是，證成其轉換義，亦即人的生死如萬物的榮枯，壽夭的不同如朝菌與大椿的差異，乃自然生成如此，至於人間世諸論說固然不齊，果眞如衆竅怒號，比竹宮商之不一，皆造物者的氣息，爲自然的天籟。是故，萬端諸說雖不均等，若能以因其固然視之，則自然玄同，不齊自齊了。此《莊子》的轉換義。

　　爲重建宗法秩序，凸顯人文精神，儒家以「志於道，據於德，依於仁，游於藝」❹的安仁義內的本質作爲規範，期以恢復禮義之統。《老子》則以爲仁義禮智爲「大多政法而不諜」（人間世），故主張絕棄聖智仁義，以復歸於素樸自然。《莊子》則轉化儒家之有爲與《老子》的無爲，超越人間世的執著糾結，以因是，兩行的無是無非之觀照，肯定實存價值，以逍遙遊於人間世。至於實存義，福永光司氏以爲：

❸ 「化無入有」之旨，爲王邦雄先生講述老莊異趣之所在。蓋《老子》之無，在形上智慧之開展，《莊子》之有，則是人間世精神主體的超越觀照。

❹ 爲《論語・述而》篇之文。

實存主義是關心自身現實存在的一個哲學思想。是相對於客觀的抽象性思想體系，主張人個別性、具象主體性思想的哲學。此一哲學反對人之概念思惟的一般化和固定化；批評一旦面對外在事物，則呈現機械性的僵化。故肯定自身的存在，超脫於固定性僵化之外，是實存主義的特徵。換句話說，人的存在是隸屬於神靈之下，屈從於外在權威，拘束於日常的儀禮習慣，束縛於集團或組織的均一性而沒有自我思考的能力，習慣於機械化反應而缺乏人性的思維等，都是實存主義所尖銳批判的所在。所以，肯定自身的眞實存在價值，乃是實存主義的根底立場。❺

《莊子》內篇未必有嚴厲的批判；其反省強霸政治所造成的危殆，約定俗成的價值觀所產生的僵化思惟。進而以超越的精神主體關懷人間世，轉換機械性的我執和一般化制約的價值取

---

❺實存主義之義，見福永光司所著《莊子——古代中國之實存主義》（中公新書三十六，一九八六年四月四十四版）一書之第二三頁。實存主義即存在主義。福永光司氏以爲《莊子》思想頗有與實存主義相合者，蓋以莊子生於「西元前四世紀的古代中國。處於戰禍連緜，且飽受階級組織和專制權力的凌辱壓迫的時代。而莊子能解脫此一生存絕望的現實，超越如道具似的生存方式。強調「物物而不役於物」的人的主體性，否定世俗的有用性，主張「無用之用」。捨棄日常的禮儀規範和常識性價值觀。其大鵬怒飛的寓言，立學鳩與大鵬的小大之辨，則在說明由埋沒於世俗常識性價值，而飛昇至九萬里之長空，逍遙自在之至人境界的意義。此一自人間世超越而出，把握自己之自由精神的思想，誠與實存主義的哲學有關連性。」

向，肯定人間世存有的眞實價值，即存在實體皆有其自在適得的可能。此一實存義誠爲《莊子》思想的主旨所在。

二、因是——實存義的根據之一

莊子的精神主體之所以能超越地觀照，肯定人間世存在諸象，皆有其實存意義，乃在於因其固然，順其自然的思想。成玄英曰：

> 夫達道之士無作無心，故能因是非而無是非，循彼我而無彼我。我因循而已，豈措情哉。

蓋是非、彼我乃是人爲情識的成心與分別。自然天體原本混沌，其道運行固有其常。所謂「萬物皆照」，其陰陽之調和而萬物得以滋生，則未嘗有分別與執著。故思想之冥合自然常道，則無是與非的價值判斷，我見執取所造成的人我扞隔。亦即順應自然常道，觀照並肯定人間世之固有與本有，而無作是非之論，亦無彼我的分別，即是「因循」，即是「因是」。❻

❻ 成玄英以因循疏解因是。見〈齊物論〉「是以聖人不因，而照之於天，亦因是也。」之註疏。金谷治氏則以爲莊子爲因循主義者。其以爲《史記・太史公自序》：「以虛無爲本，以因循爲用」，說明道家的思想。而《莊子》內篇，如「因是」（齊物論）、「因其固然」（養生主）、「常因自然

《莊子》的「因是」思想，見於〈齊物論〉：

> 道惡乎隱而有眞僞，言惡乎隱而有是非。道惡乎往而不存，言惡乎存而不可。道隱於小成，言隱於榮華，故有儒墨之是非，以是其所非，而非其所是。欲是其所非，而非其所是，則莫若以明。物無非彼，物無非是，自彼則不見，自知則知之，故曰彼出於是，是亦因彼。彼是方生之說也，雖然，方生方死，方死方生，方可方不可，方不可方可，因是因非，因非因是。是以聖人不由，而照之於天，亦因是也。

蓋舉儒墨之顯學而言，義與不義，愛與不愛，乃是自自我的思惟觀點所提出的自知我見，若以此而相彼相非，則造成小成的偏執。《莊子》以爲，所謂彼是、生死、是非、可與不可之論，不過是剎那乍現的念頭而已，若以此而作是非之論，則人間世便樊然殽亂。故

者」（德充符）及坐忘、喪我等皆是「因循」的意義，即絕對地放棄形軀我執，而任由精神主體逍遙自得，近於宗教之解脫的境地。至於絕對的意思，金谷治氏則認爲並非宗教神靈的信奉，而是人間世之萬物存在皆有其自然法則的固然性因循。萬物的存在是宇宙秩序自然而然的形成，是本然自性的存在，而非由任何一個人使然的。因循此一自然，而觀照人間世，則因循主義，即萬物齊同的哲學。換句話說，因循自然法則，凸顯人間世無差別，無對立的眞實相，進而安住於「眞人」、「至人」、「聖人」的理想境界。故泯除相對價值的追求，絕對的因其自然，即是因循，即是《莊子·齊物論》「因是」的意旨所在。

《莊子》主張超越人間世的爭亂，轉換方生之說，以冥合天道自然恒常之明照與遮覆之義。所以，《莊子》「因是」之理，乃是因循天地生成的自然之道，以此通觀人間世的物論，則能化解自知我是的執著，肯定彼非的自然存在義。換句話說，《莊子》的「因是」，是「依乎天理，因其固然」（〈養生主〉），故能明照通觀，無是無非。又

以指喻指之非指，不若以非指喻指之非指也。以馬喻馬之非馬，不若以非馬喻馬之非馬也。天地一指也，萬物一馬也。可乎可，不可乎不可，道行之而成，物謂之而然。惡乎然，然於然；惡乎不然，不然於不然。物固有所然，物固有所可，無物不然，無物不可。故爲是舉莛與楹，厲與西施，恢詭譎怪，道通爲一。其分也成也，其成也毀也，凡物無成與毀，復通爲一。唯達者知通爲一。爲是不用，而寓諸庸。庸也者用也，用也者通也，通也者得也，適得而幾矣，因是已。已而不知其然，謂之道。（齊物論）

指與非指，馬與非馬，固爲名家之概念指稱，亦爲轉換俗定價值判斷的論題。唯名家者流主於否定邏輯的辯證；而《莊子》則引申爲「天地一指也，萬物一馬也」的齊物論。蓋道之行，自然而成；物之可謂亦自然而然。既是自然如此，則無所謂可與不可，然與不然的相彼相非。故《莊子》曰：「惡乎不然，無物不可。」其以爲美善醜惡只是有限情識的界定而已，豈必然以所長而相輕所短。是故知識分別心的形成，若衍生情識執取的判別，則有彼我是非的扞隔。要能「知通爲一」，不用分別判準的我見，彼我相容，而同於大通，調適自得於人間世。

因此，《莊子》所謂的「因是」，乃是聖人知通爲一，幾近大道的所在。亦即不用是非的偏執，因循道通爲一之理，肯定人間世的實存價值。又

> 天地與我並生，萬物與我爲一。既已爲一矣，且得有言乎？既已謂之一矣，且得無言乎？一與言爲二，二與一爲三。自此以往，巧歷不能得，而況其凡乎？故自無適有，以至於三，而況自有適有乎？無適焉，因是已。（〈齊物論〉）

郭象註曰：「各止於其所能，乃最是也。」蓋萬物皆得天地之陰陽的調和以生成，而生靈亦同受其遮覆與承載。既同一稟賦，則各式之生存，亦有同一之意義。故無是非成心，各以其性向才能而實存，則是《莊子》「因是」的義蘊。此因是而不相勝的意義，於〈大宗師〉篇，有如下的說明：

> 其好也一，其不好也一。其一也一，其不一也一。其一與天爲徒，其不一與人爲徒。天人不相勝也，是之謂眞人。

所謂「不相勝」，乃是人我的同體肯定，既無天馬行空的批判，也無粗陋缺漏的鄙視。故以眞人「因是」的超越性觀照，則人間世的物論，誠各有專擅，或有形而上的通徹義理；或有具體可行的實踐通道，要皆相容而相得也。

《莊子》「因是」思想誠有不由方生之說，不用是非之成心，不適自知我見的分別之轉

換價值義。至於「依乎天理，因其固然」的「照之於天」，「知通爲一」的因循，以之肯定人我的物論。亦即，以冥合天道的超越性，通觀人間世的實有存在，雖才情稟賦不齊，皆有其生命存在的底據。如此，因循自然之理，存不齊而齊之肯定，則是「因是」之實存義。誠如郭象所說的：

夫自是而彼，彼我之常情也。故以我指喻彼指，則彼指於我指獨爲非指矣。此以指喻指之非指也。若復以彼指還喻我指，則我指於彼指復爲非指矣。此亦非指喻指之非指也。將明無是無非，莫若反覆相喻，反覆相喻，則彼之與我既同於自是，又均於相非。均於相非，則天下無是；同於自是，則天下無非。何以明其然邪？是若果是，則天下不得彼有非之者也；非若果非，亦不得復有是之者也。今是非無主，紛然殽亂，明此區區者，各信其偏見，而同於一致耳。仰觀俯察，莫不皆然。是以至人知天地一指也，萬物一馬也。故浩然大寧，而天地萬物各當其分，同於自得，而無是無非。（釋〈齊物論〉「天地一指也，萬物一馬也。」）

非指、非馬之「反覆相喻」，乃是彼我自是取向的轉換。至於「各當其分，同於自得」，是精神主體之冥合天理恒常之道，進而復歸於人間世，則以「照之於天」的觀照，而有因循固然，肯定萬物諸象不齊而咸同的實存義。

三、兩行——實存義的根據之二

「兩行」是《莊子》通人我，逍遙而遊於人間世的底據之一。蓋逍遙是其精神主體的理想境界，此境地之實現，乃精神主體的集虛、朝徹；進而喪我、坐忘，無是非、忘死生；再以精神主體的誠忘，因循天道自然之理，因是，兩行，終能物我同體，與萬物並生，而逍遙自得。故何以能兩行的融貫，乃由於吾喪我和照之於天的兼修而致者。至於何謂「兩行」，《莊子・齊物論》曰：

聖人和以是非，休乎天鈞，是之謂兩行。

「和以是非」是不以外在的是非價值判斷，內傷其身，亦不以自知我見的執著，否定彼見，而造成相彼相非的扞隔。故「和以是非」是「吾喪我」。而「休乎天鈞」之義，郭象註曰：「莫之偏任，故付之自均而止也。」實則以天道自然的法則，宇宙之生成秩序爲因循，均齊人間世萬物的存有之本然價值。此一實存意義之貞定，誠與天道符應，止於天鈞的理想境界。然則兩行何以能通人我，而逍遙遊呢？蓋兩行者，相對價值並行共存而不相悖之義也。無論是天生的材與不材、美與醜，或人爲界定的用與無用，善與不善，可與不可，然與不然；甚且價值取向之富貴貧賤、生死壽夭等，雖有差異，以必然性之存在視之。非但無相彼相非的扞隔，且以生命主體的眞實義肯定存在價值，故能通人我，而徜徉自在於人間世。故郭象以

「任天下之是非」釋之。而成玄英疏則於是非因任之義外，更申明並行之理。其曰：「不離是非，而得無是非，故謂之兩行。」所謂「不離」，是在人間世觀照；「無是非」，則無是非的成心與彼我的分別。故不由是非而衍生無窮是非，乃因循天理而超越成毀的分別，肯定存有的價值，即兩行之義。如〈齊物論〉所述：

> 物固有所然，物固有所可，無物不然，無物不可。故爲是舉莛與楹，厲與西施，恢詭譎怪，道通爲一。」

就事物存在的本然說，萬物皆有其基本存在的意義，故「惡乎不然，惡乎不可」。楹莛縱橫大小雖不一，於疊樑架屋之不可或缺的必要性則無分別。西施嫫母雖有美醜的天壤差異，於人之所以爲人的生存可能則是相同的。是故，如郭象所說的：「各然其所然，各可其所可，則理雖殊而性同得。」蓋品類雖有萬般的殊異，因循天理，而皆並行共存於人間世。又

> 今且有言於此，不知其與是類乎？與是不類乎？類與不類，相與爲類，則與彼無以異矣。（〈齊物論〉）

所謂「類與不類，相與爲類」，即兩行的超越性觀照，並行不悖的實存義，蓋言筌成見固有相彼的是非，若不由是非優劣的判斷作衡量；而兩可並存，則無窮是非無由衍生，彼是無以爲異。是非既無得而遣，則相與爲類，自然玄同了。此兩行玄同之旨，於〈大宗師〉

其爲物也，無不將也，無不迎也，無不毀也，無不成也。

之議論得以說明。誠然地，不將不迎，則無逆。無毀無成，則因任自然而兩行。如此以遊人間世，而逍遙適得。

四、兀者——實存義的事例之一

《莊子．德充符》庶幾通篇爲形骸殘缺，相貌醜惡的寓言。而〈養生主〉〈人間世〉篇亦各有一則。何以莊子以兀者、醜人、支離者爲命題，蓋有俗定價值判斷之轉換及因循固然，肯定存在本體的實存之寓義。此中各寓言的疑問處，如「是何人也，惡乎介也，天與，其人與？」（〈養生主〉）「彼兀者也，而王先生，其與庸亦遠矣？」「子不謹，前既犯患若是矣，雖今來何及矣？」（〈德充符〉）皆反映常人以外在形軀爲判準，凡形殘者必德不全的價值斷定。對於此一觀點，《莊子》則有轉換之觀點，如

「遊於羿之彀中，中央者中地也。然而不中者命也。」（〈德充符〉）

遊宦於君臣關係未必諧調的政治場中，或處於相彼相非的人間世，其不受中傷者，雖有而甚稀。此以形骸殘缺爲必然，而形全者爲非常之轉換義，乃對俗定價值判準所作的反省。至於以形殘爲無可奈何，而安之若命，則是照之於天的超越性解脫。亦即進一層的轉換，泯除自

身情愛的執著。再者，因循萬物皆照的天道，復歸於人間世的觀照，則凸顯實存個體皆有其生存的意義。故形全者有其存在的道，殘缺亦有存全之義。如

> 公文軒見右師而驚之曰：是何人也，惡乎介也，天與，其人與？曰：天也，非人也。天之生是使獨也，人之貌有與也，以是知其天也，非人也。

蓋以既有存在，肯定其實存價值。即以萬物並存而皆得承載遮覆的天理觀之，則常人是人，介者亦是人。甚且以人之形貌既然有介者，則其介乃是自然之常。若然，介者亦是天生自然而然，則其肯定存全之實存義，乃得以知之。又

> 支離疏者，頤隱於臍，肩高於頂，會撮指天，五管在上，兩髀為脅。挫鍼治繲，足以餬口，鼓筴播精，足以食十人。上徵武士，則支離攘臂而遊於其間。上有大役，則支離以有常疾，不受功。上與病者粟，則受三鍾與十束薪，夫支離其形者猶足以養其身，終其天年，又況支離其德者乎？（〈人間世〉）

形體詭異不全者固有其維持生存的方法。由於形軀殘缺怪異，而免於征召徭役，甚且得到貧病者的矜恤。以此生活雖不免有苟且之意。然則「挫鍼治繲，足以餬口，鼓筴播精，足以食十人。」非但可以自給自足，且能養家口。以此生計，與常人並無差異，則頗有實際存在的正面意義。故支離疏之形軀雖然不全；但得以「養其身，終其天年」，而與常人同，則兩行

並存的實存意義。又

> 魯有兀者王駘，從之遊者與仲尼相若。衛有惡人焉，曰哀駘它。丈夫與之處者，思而不能去也。婦人見之，請於父母曰：與爲人妻，寧爲夫子妾者。十數而未止也。……寡人（魯哀公）傳國焉。（〈德充符〉）

形骸殘缺，或面貌醜惡者，其於約定俗成的習用相去甚遠；但是或「從遊者與仲尼中分魯，或願授之國，爲妾、爲徒。固爲說明實存義的事例。推尋此一義理，則是「才全而德不形」的發用。才雖全，而行不言之教，則無望之儼然而不可接近的扞隔。德不形，則無與之相處，但見自身缺憾的疏離。換句話說，由於才全與天合德，故以「德不形」觀照人間世，終能通人我。亦即以滑疑之耀，含藏潛沈的光明遊於人間，故從遊者亦能與之遊於形骸之外，與之爲侶者，亦「非愛其形也，愛使其形者」的眞宰。此即《莊子》以兀者之類的寓言，凸顯兩行而並存，德不形而通人我的義蘊所在。

五、材與不材——實存義的事例之一

材用固爲俗成價值的判準，以是而有成材大用的界定，進而汲汲於求爲世用，企望成器的追逐。然則政治組織與社會結構的金字塔似組成，致有爭奪的相彼相非；或不能如願的失落。是故形成人生的困頓與糾結。由於材用價值的唯一性，以致造成情識的執著，衍生「與接為構，日以心鬥」的人對待的鴻溝。《莊子》深沈反省此殽亂的人間世，乃有材用價值的轉換觀點，相待價值兩行因是的實存義。如〈人間世〉所載「匠石之齊」「南伯子綦遊乎商之丘」二則寓言。或「其大蔽數千牛，絜之百圍。其高臨山十仞，而後有枝。其可以為舟者，旁十數」；或「結駟千乘，隱將芘其所籟」。誠巍峩矗立，罕見的巨大神木。衆人見之，莫不驚嘆，蓋以其為大而有用之異材。如匠石之弟子所說的：

> 自吾執斧斤以隨夫子，未嘗見材如此其美也。

《莊子》則以其為不足以材用的散木。或「以為舟則沈，以為棺槨則速腐，以為器則速毀，以為門戶則液樠，以為柱則蠹」；或「拳曲而不可以為棟樑，軸解而不可以為棺槨。咶其葉，則口爛而為傷，嗅之，則使人狂酲，三日而不已。」固徒然為大而已，並沒有作為器用的價值。此大而未必有材用的反省，乃是《莊子》的轉換觀點。至於不材的散木，居然能如此其大，甚至可以結駟庇蔭，則是存在的肯定。故大而未必有成器用，是俗用價值判定的轉換；泯除既定的觀點，以異於習常的方式生存，而成就其大，則是兩行的存在觀點。猶如〈逍遙遊〉篇末尾，莊子和惠子的答問。苟數數於求合於俗用價值，則必然以為大瓠雖大而不夠堅硬，不足以盛水漿，太大而不適於作水瓢；或者以為散木雖大，而不能規矩繩墨，無法作成器材。然而轉換此一俗用價值取向的觀點，或作為舟楫，逍遙自得於江湖；或乘其庇蔭，則可「徬徨手無爲其側，逍遙手寢臥其下。」是故，以俗定之用未必有用，是習用觀點的轉換；轉換材用而無所不可用，即無用之用，則是既有存在之肯定的實存義。

六、遊——實存義的歸趨

照之以天的因是，休乎天鈞的兩行，是和以是非，溝通人我，肯定存在實體之實存意義的底據。而冥合天道，彼是並存的終極歸趨，則是精神主體能與天地並生，與萬物合一，而逍遙自在的遊於人間世。如〈逍遙遊〉莊、惠答問的寓言，「浮乎江湖」、「逍遙乎寢臥其下」，乃轉換既成的材用之觀照，既「不夭斧斤」，也無執著的負累，進而因其固然，發用其本體價值，故能逍遙遊。又應帝王所託：

> 遊心於淡，合氣於漠，順物自然，而無容私焉，而天下治矣。

亦頗合於轉換俗成價值，因循其實存價值，而歸趨於理想境界之意義。蓋唯道集虛，而心止於恬淡，精神主體乃與廣漠之宇宙秩序冥合。以此返觀人間世的萬象，則能泯除自知我是的執著，因任天道自然存在的理則，肯定他彼實有的眞實意義。如此既超越又內在的觀照，亦即不由是非的判準，陷溺相彼相非的糾結與無窮是非的循環；而「與造物者爲人」❼，且順物自然，故能歸趨於適得自在的境界。由是以知，精神主體所以能逍遙者，乃透過休乎天鈞的心齊，和以是非的坐忘、順物自然、彼我爲一的因是兩行之修證而體現的，茲以《莊子》內篇所敘述的「遊」，尋繹此一工夫進境而至於精神上遂調適的思想架構。

《莊子》首揭逍遙遊，旨在高標精神主體之適得自在的境界。而此自在的境界，似乎未必存在於人間世。如大鵬怒飛的終極之南冥天池；藐姑射山之神「乘雲氣、御飛龍」而遊的「四海之外」；甚至《莊子》以爲足能「逍遙寢臥於其下」的標木，也樹之於「廣漠之野」。所謂「四海之外」，意義甚明，在天下之外；而「天池」、「廣漠之野」則甚爲抽象。因此之故，或有人以爲莊子的逍遙遊乃是消極的隱世思想之象徵。實則並不盡然，其適得自由的境界即在吾人所生存的人間世。如「入遊其樊」（人間世）、「遊於羿之彀中」（德充符）之樊籠與彀中；即物我所生存的天地，以此生存空間充斥者相彼相非，且又無能解脫情愛我見的執著，故謂之樊籠，彀中。若能超越，如「支離攘臂而遊手其間」（人間世）、「其於遊刃必有餘地」，則支離疏的攘臂，庖丁的遊刃，皆非在人間世之外，而別有逍遙的天地。亦即，《莊子》於殽亂紛雜的人間世有深沉的反省，提出轉換價值取向的觀點，而超越既定的仁義

---

❼ 引述〈應帝王〉：「予方將與造物者爲人。厭則又乘夫莽眇之鳥，以出六極之外，而遊無何有之鄉，以處壙埌之野。」一節之文。蓋「與造物者爲人」，是與天道合德。厭，宜作悅，（從俞樾《諸子平議》解「豫，厭也」之義。）乃豫悅於自然法則，精神主體得以上遂適得，超越彼我是非之爭，解脫我執成見而相仞相靡的困頓，故能逍遙的遊於人間世。

規範、俗成制約的價值觀與自我爲是的成心❽，是故能自得於「遙蕩恣睢轉徙」（〈大宗師〉）的境域。由於了無掛礙，自得之場便顯得寬闊，故謂之大川江湖、廣漠之野，甚至是四海之外。至於精神主體如何能超越成心的執著而逍遙自在，則在於其既超越又內在的修證而致者。

自其異者視之，肝膽楚越也，自其同者視之，萬物皆一也。夫若然者，且不知耳目之所宜，而遊心乎德之和。（〈德充符〉）

異則殊異；同則玄同，這是《莊子》對俗成是非價值取向的反省，蓋物論有類與不類的截然不同的判斷，倘因任耳目視聽，則不免於無窮是非的輪轉，故不由耳目之所宜，無聽之以耳，乃成心我見的轉換。至於「遊心乎德之和」，乃「成和之脩」（〈德充符〉）之心齊的修證。由於心齊的修證而成，精神主體乃有和以天倪，坐忘而兩行的可能。

「彼方且造物者爲人，而遊乎天地之一氣」（〈大宗師〉）

子桑戶、孟子反、子琴張三人以「相與於無相與，相爲於無相爲」爲友，固超越於仁義禮節

---

❽ 超越既定的仁義規範，乃疏解「遊於方之外」（〈大宗師〉）之義。超越俗成制約的價值觀，乃疏解「遊於無何有之鄉」（〈逍遙遊〉）之義。超越自我爲是的成心，乃疏解「無厚」（〈養生主〉）之義。

的規範之外，精神主體與天地爲友，甚且「乘天地之正，而御六氣之辯，以遊無窮」之和以天倪，故能「假於異物，託於同體，忘其肝膽，遺其耳目」（〈大宗師〉）之誠忘的境界。以此而應世！自能衆異而玄同。

> 吾與夫子遊十九年矣，而未嘗知吾兀者也。（〈德充符〉）

因循萬物殊異而皆自然存在之玄同天道，觀照人間世的諸象，雖有秉賦不同，形貌差異，由於「遊心於成和之脩」，自能因是兩行，而物我皆能同體流行，亦即以其眞實而存在於人間世，肯定他彼異相之存在意義，故能逍遙自在地遊於廣漠的人間世。

後記

原載刊物一覽

從文獻資料看日本江户時代的《莊子》研究
第六屆中國域外漢籍國際學術會議論文集　聯經出版事業公司　一九九三年五月

中井履軒及其《莊子雕題》
慶祝莆田黄天成先生七秩誕辰論文集　文史哲出版社　一九九一年六月

龜井昭陽及其《莊子瑣説》
書目季刊二十五卷一期　一九九一年六月

帆足萬里及其所著《莊子解》
書目季刊二十四卷三期　一九九〇年十二月

岡松甕谷《莊子考》內七篇注之研究
書目季刊二十三卷四期　一九九〇年三月

江户時代後期的《莊子》研究——就如何接受明清莊子注的情形而言——

（江戸後期における明・清代の《莊子》注の受容について）
中國明清期文人の文集出版とその和刻本に關する基礎的研究　九州大學竹村則行氏科研報告書　一九九四年三月
焦竑《莊子翼》及其在日本流傳的情形
第十一次中國學國際學術大會發表論文要旨　韓國中國學會　一九九一年八月
《莊子》寓言的思想
國際言語文化研究一號　鹿兒島純心女子大學國際言語文化學部　一九九五年一月
《莊子》內篇的轉換義
大陸雜誌七十八卷三期　一九八九年三月
《莊子》內篇的實存義
鵝湖雜誌一六六期　一九八九年四月

國家圖書館出版品預行編目資料

日本江戶後期以來的莊子研究

／連清吉著. --初版. --臺北市：
臺灣學生，1998(民87)
面；　公分
ISBN 957-15-0926-4 (精裝)
ISBN 957-15-0927-2 (平裝)

1.莊子 - 專題研究 - 日本

121.33　　87016770

日本江戶後期以來的莊子研究

著作者：連清吉
出版者：臺灣學生書局
發行人：孫善治
發行所：臺灣學生書局
臺北市和平東路一段一九八號
郵政劃撥帳號〇〇〇二四六六八號
電話：二三六三四一五六
傳眞：二三六三六三三四
本書局登記證字號：行政院新聞局局版北市業字第玖捌壹號
印刷所：宏輝彩色印刷公司
地址：中和市永和路三六三巷四二號
電話：二二二六八八五三
定價　精裝新臺幣三五〇元
　　　平裝新臺幣二八〇元
西元一九九八年十二月初版

12138

ISBN 957-15-0926-4 (精裝)
ISBN 957-15-0927-2 (平裝)